Jürgen Majewski

Die Welt im Wandel

12 Schlüssel für einen Bewusstseinssprung

Reichel
Verlag

ISBN 978-3-941435-03-2

Inhalt

Vorwort

Im Herbst 2006 hat sich für mich durch eine innere spirituelle Arbeit, über die Öffnung des dritten Auges, sehr überraschend ein Tor zu einer spirituellen Dimension, zu einem inneren Kanal geöffnet, der eine erhebliche Transformationskraft, ein großes heilendes Potenzial und eine gänzlich neue Sicht der Dinge hervorbrachte. Viele Probleme, die zu diesem Zeitpunkt bei mir existierten, verschwanden dadurch oder wurden unwesentlich. Es schien mir, als sei ich nach 22 Jahren spiritueller Entwicklung endlich an meinem Ziel angelangt. Es folgten zunächst Monate der inneren Einkehr, der Zurückgezogenheit und des Suchens und Findens der inneren spirituellen Kraft.

Im Juli 2007 wurde ich von dieser mir nun stets zur Verfügung stehenden Inspirationsquelle klar und deutlich aufgefordert, das vorliegende Buch zu schreiben. Deshalb begann ich, die mir übermittelten Botschaften festzuhalten. Spürbar war eine große Reinheit und eine unwiderstehliche Kraft. Es war mir schnell klar, dass diese Arbeit nicht in der Geschäftigkeit der Woche gemacht werden konnte. Deshalb zog ich mich, der reineren Atmosphäre wegen, an Sonntagvormittagen zurück, um die zu empfangenden Botschaften auf Band zu sprechen. Nach mehr als einem Jahr sind die Arbeiten des direkten Empfangens, des Aufschreibens und der Nachbearbeitung nun abgeschlossen.

Die Verhältnisse auf dem Planeten haben sich mittlerweile bedrohlich aufgebaut. Es hat eine Weltwirtschaftskrise begonnen, die einen großen Schatten in sich birgt. Auch wenn die derzeitige pessimistische Stimmung der Menschen wieder etwas in den Hintergrund treten wird, wird die Grundtendenz anhalten.

Gleichzeitig fangen die spirituellen Kräfte, die übernehmen sollen, an, sich zu formieren. Sie folgen dem kosmischen Gesetz, dass Kräfte, wenn sie benötigt werden, sich aufbauen und positionieren, ähnlich etwa dem, wie beim Erlernen einer Fremdsprache plötzlich ein Verstehen anfängt.

Die Menschen, besonders in den USA, fangen an, sich für hoffnungsvolle neue Wege zu öffnen. Die Polarität auf dem Planeten nähert sich jetzt einer Intensität, die immer mehr den Verhältnissen entspricht, die ungefähr vor Mitte des letzten Jahrhunderts vorherrschten. Bald wird es diese Verhältnisse übersteigen. Dann wird die Transformation des Planeten ins Neue Zeitalter beginnen. Von dieser Transformation handelt dieses Buch.

Deshalb ist es kein rein spirituelles Buch, kein rein gesellschaftspolitisches Buch und auch kein politisches Buch. Vielmehr ist es eine Synthese von all dem. Alles hängt zusammen. Alles spielt ineinander. Nichts kann getrennt werden. Die Zeiten der Trennung und der Aufspaltung werden sowieso bald vorbei sein. Deshalb spricht das Buch auch viele Themenbereiche des menschlichen Zusammenlebens an.

Trotzdem ist es ein spirituelles Buch, ein geistiges Buch, da es Offenbarungen aus den geistigen Welten sind.

Die Grundlagen des alten, nun zu Ende gehenden Zeitalters werden nach und nach in sich zusammenstürzen. Die Grundlagen des Neuen Zeitalters werden, aus zunächst nicht greifbaren spirituellen Wegen heraus, sich immer mehr aufbauen. Dieses Buch soll dazu beitragen, aus einer bestimmten Sicht heraus – es werden auch andere Sichtweisen entstehen – Lösungsvorschläge anzubieten, wie aus den nun verstärkt entstehenden Problemen der Menschheit herausgefunden werden kann. Die Transformation des Planeten samt seiner Schöpfung wird nur aus einer ganzheitlichen Sicht vollzogen werden können. Anstelle der vielfältigen Aufspaltungen wird die universelle Einheit treten. Die Eine Menschheit wird schließlich das Tor ins goldene Neue Zeitalter durchschreiten.

Ich bin sehr dankbar, dass ich die Aufgabe aus der geistigen Welt bekommen habe, dieses segensreiche Werk aufzuschreiben. Ich danke vor allem meinem geistigen Meister und auch allen spirituellen Lehrern und Weggefährten, die mich auf meinem persönlichen inneren Weg in den letzten Jahrzehnten unterstützt und begleitet haben. Speziell danke ich meiner Frau Cornelia für ihre Geduld und Liebe und Gertraud Reichel für die professionelle Unterstützung bei der Fertigstellung des Buchprojektes.

Ich wünsche jedem Leser, der dieses Buch in den Händen hält, eine positive, lichtvolle persönliche Transformation, die ihn in sein inneres Sein führt.

Jürgen Majewski

Einleitung

Die Lichtwesen aus den helfenden Bereichen des göttlichen Lichts, die sich einerseits auf dem Planeten Erde als erleuchtete Meister verkörpert haben, andererseits direkt von den Lichtebenen her wirken, haben am 17.07.2007 eine sehr kraftvolle lichtvolle Bewusstseinsausschüttung auf dem Planeten vollzogen. Ein Strahl dieser Bewusstseinsausschüttung hat zu diesem Buch geführt. Es spielt keine Rolle, welchem göttlichen Strahl dieses Buch Ausdruck verleiht. In den höheren geistigen Lichtebenen ist alles eins. Deshalb wird die geistige Quelle dieses Buches nicht speziell erwähnt. Das Bewusstsein der universellen Einheit ist unteilbar, nicht der Polarität unterworfen, sondern ist absolut alles und jedes. In diese Bewusstseinsstufe der All-Einheit sollen die Menschen jetzt vorstoßen. Weil das Buch mithelfen soll, die vielfältigen Definitionen der Abspaltung vom Göttlichen zu überwinden, wird es sich dieser Definitionen auch nicht bedienen.

Dieses Buch richtet sich ausnahmslos an alle Menschen. Es ist kein Buch für eine spezielle Gruppe oder nur für Menschen mit spirituellen Kenntnissen. Jeder, der sich frei und unvoreingenommen für die Lektüre dieses Buches entschieden hat, wird es auch verstehen.

Wird etwas aus der geistigen Welt in den unvollkommenen Worten der Menschen ausgedrückt, verringert sich die Schwingung des Gesagten. Wird hingegen das Buch über das sogenannte dritte Auge gelesen, kann die geistige Botschaft klarer erfasst werden. Viele Menschen können das besser, als sie es denken. Manche haben es aber noch nicht versucht. Das Buch sollte nicht beliebig hin und her gelesen werden, sondern chronologisch von vorne bis hinten. Es sollte auch nicht skeptisch analysiert werden. Es geht um die darunterliegende Schwingung und um die geistige Botschaft. Es geht nicht nur um Worte.

Der Erde steht ein Umbruch bevor, der gewaltige Zerstörungen durch die Elemente hervorrufen wird. Diese Zerstörungen sind die Folge geistiger Disharmonien der Menschen, falsch verstandener Freiheiten und angesammelten Karmas früherer Taten. Die kommenden globalen Zerstörungen können längst wissenschaftlich hochgerechnet und genau benannt werden. Die Erderwärmung, die Umweltverschmutzung und die sich steigernde menschliche Uneinigkeit führen den Planeten an den Rand der Vernichtung. Die Menschen werden sich deshalb rasch für klare geistige Wege entscheiden müssen, die in eine bessere Realität führen. Die Zeit der spirituellen Experimente ist endgültig vorbei. Das Überleben der Menschheit kann jetzt eingeleitet werden. Das Bewusstsein der universellen Einheit, der Liebe und der Wahrheit muss sich jetzt schnell unter den Menschen ausbreiten, damit die Zerstörungen abgemildert werden. Es bleibt nicht mehr viel Zeit.

Die Menschheit soll auf eine Bewusstseinsstufe gehoben werden, in der sie das universelle Lebensprinzip in seiner Vollkommenheit verwirklicht. Die Menschen werden fähig sein, bald eine Verbindung zum göttlichen Licht herzustellen, das sie endlich ausreichend versorgt. Der Lebenskampf wird dann durch ein freudiges Miteinander abgelöst und Hass gegen Liebe eingetauscht werden. So können endlich all die negativen Eigenschaften der Menschen überwunden werden. Diese negativen Eigenschaften sind so zahlreich, dass sie hier nicht aufgezählt werden können. Genauso unsagbar ist das menschliche Leid, das daraus entstanden ist. Dieses Leid soll jetzt überwunden werden, damit der Planet Erde sich in eine höhere, vollkommenere Dimension hineinentwickeln kann.

1. Kreis des Lebens

Dieser Kreis ist der Mittelpunkt allen Lebens.

Das Leben pulsiert kreisförmig.

Jede Seele durchläuft den Lebenskreis und schließt ihn ab.

Spiralig geht es von einem Kreis zum nächsten.

Dieses ist das innewohnende Prinzip allen Lebens.

Gott ist im Kreis des Lebens.

Die Größe des Kreises und die darin pulsierenden Rhythmen des Lebens sind abhängig von den vergangenen vollendeten Kreisen. Jeder Kreis des Lebens ist ein genau festgelegter Entwurf. Dieser Entwurf ist der Schnittpunkt aller vergangenen Handlungen der verkörperten Seele und damit die Folge der Entscheidungen früherer Existenzen. Dieser Rahmen ist genau festgelegt und enthält trotzdem freie Entscheidungen und freies Handeln. Deshalb kann der Kreis des Lebens in einer kürzeren oder einer längeren Zeit durchlaufen und abgeschlossen werden.

Wenn die karmische Frucht sich geöffnet, die karmische Reaktion sich offenbart und manifestiert hat und die verkörperte Seele die ihr zugedachten Reaktionen und Manifestationen erfahren hat, schließt sich der Kreis des Lebens. Der Zeitpunkt des Todes ist den Seelen in allen Lebensbereichen als Wissen verschlossen. Keine Seele erfährt, wann sich der Kreis schließt. Sie erfährt es erst, wenn es so weit ist. Trotzdem sind gewisse Vorausberechnungen möglich. Zeichen, dass eine Seele nicht mehr lange zu leben hat, sind Krankheit oder ein schwerer Unfall. Dieses Prinzip wohnt in jeder Existenz, von der Urzelle bis zum vollendeten Avatar. Die Schöpfung ist nach diesem Grundsatz aufgebaut und ein Ausbrechen aus diesem Prinzip ist nicht möglich. In höher schwingenden irdischen Existenzen wie z. B. bei einem erleuchteten Meister oder einem

Avatar ist ein spielerisches Tanzen im Lebensprinzip aufgrund der übergeordneten Göttlichkeit möglich und erwünscht.

Der Kreis des Lebens wurde manifest, um allen Seelen auf dem irdischen oder einem anderen Planeten einen Lernprozess in der Polarität zu ermöglichen. Die Seelen können dadurch Manifestationen in der stofflichen Welt direkt erfahren. So lernen sie, in der Polarität stereotyp Lernprozesse zu durchlaufen – von der niedrigsten Stufe bis zur höchsten Stufe.

Dieser Lernprozess ist nicht schmerzfrei. Schmerz kann nicht verhindert werden – er ermöglicht aber auch die Freude. Die stereotype Manifestation dieser beiden Pole erlaubt der Seele ein Wachstum auf der materiellen Ebene. Da die materielle Schöpfung eigentlich nicht existiert, sondern lediglich eine Projektion des Geistes ist, gibt es diesen Lernprozess in Wirklichkeit nicht. Auf dem Strahl der Zeit wird, ähnlich den Theateraufführungen in der menschlichen Realität, ein künstliches Leben projiziert, das den Seelen die Möglichkeit gibt, im Spiegelbild der Täuschungen Erfahrungen zu machen. Dadurch können die Seelen erfahren, dass die Freiheit, Gutes oder Böses zu tun, dazu führt, Freude oder Leid zu erfahren. Keiner menschlichen Seele bleibt es erspart, sogenannte Fehler zu machen.

Durch göttliche Gnade wurde und wird es jeder Seele aber immer wieder durch die Jahrmillionen der Schöpfung ermöglicht, eine Korrektur vorzunehmen, das heißt, aus dem Leid der Illusionen in die Perfektion des Göttlichen zurückzufinden. Es ist seit Anbeginn der Schöpfung allen Wesen garantiert, dass das Göttliche immer wieder eingreift, wenn ein Pol überhand nimmt und die gesamte Schöpfung unterzugehen droht. Lediglich Teilbereiche der materiellen Schöpfung des Planeten sind in vergangenen Zeiten untergegangen und verschwunden. Es waren große Reinigungen. Kontinente mussten geopfert werden, um den Planeten zu retten. Diese karmischen Reinigungen ermöglichten jeweils einen Neubeginn der Schöpfung.

Das Universum, das gleichzeitig auch dem Kreis des Lebens unterworfen ist, funktioniert in seiner Gesamtheit nach diesem Prinzip. Jede einzelne Zelle hat sich dem Lebenskreis unterzuordnen. Wenn eine Zelle sich nicht unterordnet, wenn sich zu viele Teilbereiche verselbstständigen und die Freiheit dazu missbrauchen, abgetrennte Ziele zu verwirklichen, lässt Gott es zu, dass Teilbereiche zerstört werden, um das Ganze zu retten. Dadurch überlebt der Planet Erde so lange, bis der Lebenskreis des Planeten vollendet ist. Dieses ist die äußere Manifestation der göttlichen Garantie, dass die Erde ihren Lebenskreis vollenden darf und wird.

In der Erdgeschichte gab es schon drei sehr große globale Zerstörungen, bei denen zweimal Kontinente untergegangen sind. Keine Seele ist dabei verloren gegangen. Alle Seelen haben sich gemäß ihres Lebenskreises und ihres Manifestationsgrades wiederverkörpert und von vorne angefangen, die Schöpfung zu durchlaufen. Das Universum, obwohl aus menschlicher Sicht unendlich, ist aus göttlicher Sicht begrenzt. Die gesamte materielle Schöpfung funktioniert nach demselben Prinzip wie z. B. ein menschlicher Körper. Alles hat sich dem großen Ganzen unterzuordnen und erfährt die größtmögliche Freude, wenn es dieses tut. Jede Seele kann sich frei entscheiden, sich dem universellen Prinzip unterzuordnen oder nicht.

Wenn eine Seele, wie hoch entwickelt sie auch sein mag, sich dazu entscheidet, ein anderes Prinzip, z. B. das Prinzip der Sinnesbefriedigung im privaten Rahmen zu leben, kann sie das tun. Die Seele wird es so lange tun, bis sie im Rahmen der Kreise des Lebens eine Korrektur erfährt, die auf der irdischen Ebene als Schmerz, Leid und/oder Schicksalsschlag empfunden wird. Das Außen spiegelt dann die Ungerechtigkeit, das Unverständnis, warum Gott so etwas zulässt, wider. Gott will nicht, dass die Menschen leiden. Gott will, dass die Schöpfung weiter besteht und sich fortentwickelt. Gott weiß, dass sich jede Seele, von der Urzelle bis zum vollendeten Avatar, freiwillig dazu entschieden hat, die irdischen Lernprozesse zu durchlaufen.

Der Kreis des Lebens ist projiziert auf die Theaterbühne der materiellen Schöpfung, der materiellen Illusion. Jede Seele weiß tief in sich, dass alles nur ein Spiel ist. Es gibt in der göttlichen Ewigkeit etwas viel Größeres und Erhabeneres. Jede Seele erfährt das, wenn sie einen Lebenskreis abgeschlossen hat und in der spiraligen Welt des Nicht-Stofflichen ankommt. Dort taucht sie wieder in den Ozean des absolut Göttlichen ein und erfährt die Illusion der grobstofflichen Materie. Jeder Schmerz wird voll und ganz ins Göttliche transformiert. Und dennoch entscheidet sich jede Seele, wieder zurückzugehen in den Kreis des Lebens, um weiterhin zur materiellen Vollkommenheit zu streben. Jede Seele wird letztendlich im Laufe der Inkarnationen das Ziel der absoluten Vollkommenheit erreichen. Durch absolute Aufgabe der irdischen Freiheit kann die Seele schließlich die universelle Freiheit erleben. Dieses ist das höchste Glück in der materiellen Schöpfung.

Die materielle Schöpfung entfaltet im Verlauf der irdischen Entwicklung ihre Vollkommenheit nach und nach und auch das nicht unbedingt chronologisch. Es gab deshalb in der Erdgeschichte schon sehr viel niedriger entwickelte Schöpfungsmanifestationen, aber auch schon geistige Hochkulturen.

Am Ende eines jeden Zeitalters erfolgt eine Schwingungsanhebung in die nächste höhere Dimension. Gegenwärtig vollendet sich der Kreis eines Zeitalters und wird sich schließen. Es entsteht ein neues Zeitalter mit einer neuen, höheren Dimension. Diese Transformation wird durch einige wenige menschliche Seelen vollzogen, die die Vollkommenheit erreichen und das Schwingungsfeld der Erde global anheben. Das wird in den nächsten 2 Jahrzehnten geschehen. Dann wird der Planet Erde als Ganzes schwingungsmäßig erhöht sein, mit allen Seelen, von der Urzelle bis zum Avatar. Die Transformation wird alle niedrigen Schwingungen, alle nicht enden wollenden Irrtümer, alle falsch verstandenen Freiheiten und alles starrsinnige Festhalten an den Unwahrheiten radikal beseitigen. Dieses wird dann als eine äußere Katastrophe auf der irdischen Ebene wahrgenommen werden.

Zurzeit zeigt der Planet Erde bereits deutlich Manifestationen von Krankheit und Verderbnis. Lebendige Organismen sind gestört. Das Wetter und das Klima fangen an, sich zu verändern. Die Verhältnisse sind nicht mehr so, wie die Menschen es gewohnt sind. Die Schöpfung beginnt, sich gegen die Menschheit und andere lebendige Organismen zu richten. Ursache ist eine große Unreinheit, die, ausgehend von einem falschen Bewusstsein der Menschen, in die Atmosphäre strahlt und jetzt zunehmend zurückgeworfen wird. Diese Unreinheit besteht aus falsch verstandenen Freiheiten, Ich- und Mein-Denken, Habgier, Zorn, Angst und Falschheit, die immer mehr um sich greift. Dieses steht der universellen Wahrheit entgegen und wird deshalb widergespiegelt durch globale Veränderungen des Wetters, des Klimas und der Luft. Es entstehen vermeintlich zufällige irdische Entladungen, wie Erdbeben, Tsunamis und auch kriegerische Auseinandersetzungen, die durch vermeintlich falsch gewählte Staatsmänner in bestimmten Ländern ausgelöst werden. All dieses sind keine Zufälle, sondern Reaktionen der irdischen Selbstheilungskräfte, um den ganzen Planeten zu retten.

Es ist garantiert, dass die Erde nicht untergehen wird. Die Verschmutzung von Luft, Wasser und Erde wird nicht so weit fortschreiten, dass der gesamte Planet sterben muss. Es werden lediglich Selbstheilungskräfte der Erde eingeleitet, die das Leben auf dem Planeten wieder ermöglichen. Manchen menschlichen Seelen wird das Schwierigkeiten bereiten. Aus Gründen der Sinnesbefriedigung, der Privilegien und des persönlichen schönen Lebens missbrauchen viele Menschen ihre Freiheit dazu, um an Unwahrheiten festzuhalten. Das Göttliche aber muss sich nicht den Menschen anpassen, sondern die Menschen haben sich dem Göttlichen unterzuordnen. Jede höher stehende Seele weiß, dass es kein größeres Glück gibt, als sich dem Göttlichen hinzugeben, irdische Freiheit aufzugeben, allen Wesen zu dienen, um eine viel umfassendere Wahrheit und damit eine vollkommene Freiheit zu erfahren.

Die derzeitigen Führungskräfte in den Gesellschaften, die vorgeben, die irdischen Gesetze, den Individualismus und die sogenannte Freiheit zu schützen, werden sich stark auflehnen. Sie tun es bereits durch immer zahlreicher werdende irdische Gesetze. Niemand findet sich mehr in diesem Gesetzesdschungel zurecht. Dieses ist die Aufspaltung der materiellen Schöpfung, die schon in der Bibel als der Turm von Babylon beschrieben wurde. Hier zeigt sich die Manifestation der Doppelzüngigkeit der Schlange im Paradies.

Die universelle Wahrheit ist einfach und niemand muss auch nur eine Stunde in einer Schule zugebracht haben, um sie zu verstehen. Keine Universität kann die Wahrheit lehren. Die Wahrheit läuft über die Einfachheit des Herzens und nicht über die Aufspaltungen des Verstandes. Das Prinzip des Lebens ist sehr einfach. Es geht jeder Seele einzig darum, auf der projizierten Bühne der Maya, der materiellen Täuschung, in der Polarität, d. h. den Polen von Gut und Böse, die universelle Wahrheit zu erfahren. Die Menschen sind erst wirklich frei, wenn sie ihre irdische Freiheit dem Göttlichen unterworfen haben. Dann werden sie ein Glück erfahren, das ewig ist und ihnen nicht mehr genommen werden kann.

Alle Wesen haben das Recht – verbrieft im universellen Bewusstsein –, in der materiellen Schöpfung angemessen zu leben. Alle verdienen die Liebe Gottes. Alle Wesen haben das Recht, ausreichend versorgt zu sein. Jeder Mensch hat ein Recht auf Nahrung, Kleidung, auf die Schönheit und die Wunder der Natur, auf Unversehrtheit und auf das göttliche Glück. Es darf nicht sein, dass aus Habgier unvorstellbare große Mengen an materiellen Gütern gehortet werden und gleichzeitig Menschen verhungern und/oder keinen Zugang zu reinem Trinkwasser haben. Niemand hat das Recht, so viel Geld für sich zu horten, wie es mengenmäßig nur für Völker angemessen wäre. Diese Missstände, die Ausdruck von extremen Disharmonien auf dem Planeten sind, werden im Angesicht der nun aufkommenden universellen Wahrheit bald ganz verschwinden. Die Schöpfung in ihrer Vielfalt erlaubt auch weiterhin, dass Menschen aufgrund ihrer verschiedenen Entwicklungsstufen unterschiedlich materiell versorgt sind. So wird es weiterhin reichere und ärmere Menschen geben, aber keine Menschen, die nicht genug zum Überleben haben. Niemandem wird mehr das Recht abgesprochen werden, sich in Frieden und Würde in seiner Heimat aufzuhalten.

Kümmert euch nicht darum, was andere falsch machen. Arbeitet nur an eurer Vervollkommnung. Das ist der Weg, damit sich das planetarische Schwingungsfeld erhöhen kann und sich die Dinge wie von selbst regulieren können. Die menschlichen Seelen, die sich der universellen Wahrheit nicht anpassen wollen, werden zunehmend Schwierigkeiten bekommen. Bestimmte Menschen werden nach immer mehr Gesetzen verlangen, damit ihre Privilegien und ihre seltsamen Rechte geschützt und gewährleistet sind. Haltet einen gesunden Abstand zu diesen Menschen. Versucht mit ihren zweifelhaften Gesetzen Frieden zu schließen. Da sie nicht mehr in Kontakt sind mit dem Leben, obwohl sie einem Lebenskreis unterworfen sind, ist die Illusion sehr groß und der zu durchlaufende Lernschritt wird sehr schmerzhaft sein. Haltet ihnen beide Hände entgegen und heißt sie willkommen, wenn sie eine Kehrtwendung zur Wahrheit machen wollen. Ansonsten kümmert euch nicht um sie.

Das Prinzip des Lebens ist unumstößlich und seine Gesetzmäßigkeiten sind sehr tief im Göttlichen verankert. Keine Seele kann länger als ein Leben gegen diese Gesetze verstoßen, ohne schon im nächsten Leben eine Korrektur zu erfahren. Trotzdem ist es möglich, bestimmte Illusionen über mehrere Leben zu leben.

Da die Menschen auf der Erde in den nächsten Jahrzehnten eine sehr starke Umwandlungsphase erleben werden, wird ein Reinigungsprozess entstehen, der jede Seele vor die Wahl stellt. Die Gesetze der Materie werden verschärft und deshalb deutlicher reagieren. Die Zeiten sind nun endgültig vorbei, wo lange in einer Illusion gelebt werden kann. Das private Ich- und Mein-Glück wird immer schwieriger durchsetzbar und aufrechtzuerhalten sein. Von allen Seiten wird die Wahrheit an die Tür klopfen. Dieses wird bei vielen Betroffenen sehr viel Zorn auslösen. Schon jetzt sehen die Menschen in den Gesellschaften die Bestrebungen, das Unperfekte nach außen auszugrenzen. In der materiellen Schöpfung gibt es aber nichts Unperfektes. Alles hat seinen Sinn. Alles hat seinen Platz. Alles hat seine absolute Richtigkeit.

Die Selbstheilungskräfte des Planeten und des Universums sind so groß, dass jeder Fehler automatisch korrigiert wird. Auch wenn es Fehler aus Sicht des Göttlichen nicht gibt. Nur auf der Projektionsfläche der Maya, der materiellen Täuschung, gibt es richtig und falsch. Und es gibt immer wieder Aufforderungen des Göttlichen, dieses zu beachten. Die universelle Wahrheit ist sehr einfach.

Jedes Zeitalter ist in sich ein Kreis des Lebens. Jeder Kreis des Lebens funktioniert nach dem Prinzip, dass etwas neu in die Materie geboren wird, heranwächst, sich vervollkommnet, reift und schließlich altert. Dann stirbt es. So ist es auch mit Zeitaltern. Das gegenwärtige Zeitalter steht kurz vor dem Sterben. Da es aber immer Leben auf dem Planeten geben wird, ist der Übergang fließend. Während ein Zeitalter sich dem Ende zuneigt, entsteht bereits das nächste. Das Neue Zeitalter wird von Menschen begründet werden, die im sterbenden Zeitalter keine politische Führungsverantwortung haben. Es ist im Schöpfungsplan vorgesehen, dass das „neue" Leben dem „alten" Leben unbekannt ist und als bedrohlich empfunden wird. Deshalb muss sich das neue Leben schützen und darf nicht zu stark öffentlich auftreten. Es muss in einer ruhigen Keimzelle, ähnlich des Mutterleibes, geschützt und behütet werden. Jeder Lichtarbeiter sollte sich, gemäß seiner individuellen göttlichen Inspiration, vor den Anfeindungen der Welt schützen. Diese Tarnung bedeutet meistens, sich bescheiden den Gesetzen der Welt zu unterwerfen und kein großes Aufheben um spirituelle Erkenntnisse zu machen. Sucht die göttliche Inspiration, um den besten Weg zu finden. Sonst können unnötige Schwierigkeiten auftreten.

Die Begründer eines Neuen Zeitalters sind oft die hohen Seelen des untergegangenen vorletzten Zeitalters. Gewisse Menschen werden bald erfahren, dass sie in Atlantis an den Schaltstellen der Macht saßen. Sie schienen wie verantwortlich zu sein, dass der Kontinent unterging. Doch der Lebenskreis von Atlantis war vollendet. Das lebendige Wesen – in diesem Fall ein Zeitalter – musste sterben. Deshalb war plötzlich das, was immer richtig gewesen war, falsch. Aus irdischer Sicht schienen Fehler gemacht worden zu sein, aber nicht aus universeller Sicht. Auf irdischer Ebene waren es Fehler, und sie mussten über das Karma korrigiert werden. Im Verborgenen ist das jetzt über einen langen Zeitraum geschehen.

In den Traumata, die das untergegangene Zeitalter hervorgerufen hat, soll nicht mehr herumgerührt werden. Niemand soll sich übermäßig um das kümmern, was gewesen ist, auch wenn es wieder detailliert erinnert wird. Die führungsverantwortlichen Seelen aus dem alten Atlantis werden das Neue Zeitalter mitgestalten.

Das Universum gründet sich nicht auf Zufälle, auch wenn es von vielen auf der irdischen Ebene so wahrgenommen wird. Das Universum stützt sich auf klare Hierarchien. Es wird sich eine biblische Prophezeiung bewahrheiten: „Die Letzten werden die Ersten sein".

Die Lenker des Neuen Zeitalters, die Begründer der neuen Wirklichkeit, werden zunächst von den degenerierten Entscheidungsträgern des jetzigen Zeitalters nicht als solche erkannt werden. Die Regierungen vieler Völker sind in den letzten Jahrhunderten sehr stark degeneriert. Der Planet würde untergehen, wenn diese Menschen noch lange das Sagen hätten. Deshalb wird es nicht mehr lange dauern, bis die Veränderung eintritt. Die Elite des Neuen Zeitalters steht an allen Orten des Planeten bereit. Diese Menschen werden wie selbstverständlich übernehmen, wodurch das Zustandekommen des Neuen Zeitalters gewährleistet ist. Der Plan ist so perfekt, so von langer Hand vorbereitet, dass er nicht aufgehalten werden kann. Die Schöpfung ist beschützt und kann nicht zerstört werden. Trotzdem werden große Zerstörungswellen über die Erde gehen, und es können Menschen, die auf der richtigen Seite stehen, sterben oder verletzt werden. Es geht um die Seelen, nicht um äußere Prozesse. Auf der Projektionsfläche der Maya, der materiellen Täuschung, ist alles möglich. Auch das, was wie ein Widerspruch aussehen mag. Die Befreiung der menschlichen Seelen schließt nicht zwingend eine Unversehrtheit auf der materiellen Ebene ein.

In vielen Fällen wird es aber so sein. Lasst euch nicht auf Verwirrspiele der untergehenden rationellen Vernunft ein. Das rationell intellektuelle Denken ist jetzt so aufspaltend, so trennend, dass wirklich niemand mehr weiß, was noch richtig ist. Die Experten streiten sich und große Verwirrung greift um sich. Ein geistiges Fundament, das im 15. Jahrhundert seinen Höhepunkt fand, seitdem stetig degeneriert, fängt nun endgültig an, zusammenzubrechen.

Es wird jetzt zunehmend versucht werden, immer mehr Menschen in eine Zone der Nicht-Legitimität zu verbannen. Kümmert euch um diese benachteiligten Menschen. Kümmert euch aber zunächst nicht um jene, die für diese unheilvolle Entwicklung verantwortlich sind. Diese Menschen versuchen, ihre sich verselbstständigten, unwahrhaften Realitäten zu schützen. Dieses Verhalten ist mit der universellen Wahrheit nicht vereinbar. Jede Gesellschaftsform, die einen zu großen Teil ihrer Mitglieder ausgrenzt, ist zwangsläufig dem Scheitern unterworfen.

Vertraut auf das Göttliche. Es ist für alle Wesen da, die sich in den Kreis des Lebens einreihen. Der Kreis des Lebens ist mit Leben versorgt und wird weiterhin dem Leben zugewandt sein. Alles andere wird sterben. Kümmert euch nur um die Fragen: Was ist das Prinzip des Lebens? Was ist Liebe? Was ist Wahrheit? Was ist wirkliches Mitgefühl? Was ist die menschliche Familie?

Jetzt soll nach vorne geschaut werden. Schreitet voran unter dem Schutzschild der Bescheidenheit, der Seriosität und der Unauffälligkeit. Manche Menschen würden lieber die gesamte Schöpfung untergehen lassen, als ihre weltlichen Privilegien zu verlieren. Das Prinzip des Lebens wird dieses regulieren. Seid ihm deshalb möglichst nahe. Sucht in Wahrheit, Einfachheit und Liebe die Verbindung zum Göttlichen, unter welchem Namen auch immer, um genügend inspiriert zu sein.

Das Universum ist nicht zufällig aufgebaut, auch wenn es aus menschlicher Sicht so aussieht. Das Universum hat eine sehr klare hierarchisch gegliederte Wahrheitsstruktur. Universelle Wahrheit und Liebe sind die Urprinzipien des Universums. Jedes Abweichen von der Wahrheit, die im innersten Kern die universelle Liebe birgt, hat eine Korrektur zur Folge, die auf der Ebene der grobstofflichen und feinstofflichen Realitäten als willkürlicher Schmerz, Schicksalsschlag und ein hoffnungsloses Ausgeliefertsein wahrgenommen wird. Die Menschen erleben es als eine abenteuerliche, keinen Sinn ergebende, willkürliche Zufallswiedergabe, denn den verkörperten Seelen fehlt die Sicht auf das Ganze. Dieses ist absichtlich so angelegt, damit die Seelen tatsächlich bewusst ihre Lernprozesse vollziehen können. Das Spiel, welches wirklich ein Spiel ist, muss auf der materiellen Ebene ernst sein. Sonst sind die Resultate unvollkommen.

Erst wenn ein Lebenskreis abgeschlossen ist und die Seele alles als oberflächliches Spiel erkennt, wird sie für den erfahrenen Schmerz voll und ganz entschädigt. Sie erkennt dann auf höchster Ebene, dass dieser Schmerz in Wirklichkeit gar nicht existiert. Erfährt eine Seele auf der unreinen irdischen Ebene Schmerz, ist dieses Wissen kein großer Trost. Eine unangenehme Situation wird auf der irdischen Ebene sehr real wahrgenommen. Der Schmerz wird als unendlich groß und oft auch als unerträglich empfunden. Seit Menschengedenken, seit Anbeginn der Menschheit, ist das so.

Immer wieder wird die Frage gestellt: „Wieso lässt Gott so etwas zu?" Gott lässt nur zu, wozu sich die menschlichen Seelen in seinem Angesicht freiwillig entschieden haben, um ein bestimmtes Resultat zu erreichen. Stellt es euch so vor: Ein Theaterstück wird eingeübt, ihr sucht euch die Rollen aus. Jeder Darsteller bestimmt das persönliche Tempo des Voranschreitens selbst und legt die Geschwindigkeit der Entwicklung damit fest. Jede Seele kann schneller oder langsamer wachsen, wie es ihr beliebt. Manche stehen am Anfang, manche sind weiter fortgeschritten. Einige sind bereits dabei, Stufen zu vollenden. Dieses hat auf der materiellen Ebene seine Entsprechungen.

Irdische Urteile über Recht und Unrecht sind sehr grob, oberflächlich und ungenau. Sie sind, um einen Vergleich gemessen an der Computertechnologie von heute anzustellen, auf der technischen Stufe des zwölften Jahrhunderts. Dieses grobe Raster des juristischen Rechts ist im Plan der Schöpfung enthalten, damit die menschlichen Seelen ihre Entwicklungen im karmischen Fenster machen. Aus göttlicher Sicht ist es aber kein Recht. Die karmischen Prozesse sind nicht identisch mit der Denkweise, die hinter den irdischen Gerichtsurteilen steht. Es gibt nicht nur Gut und Böse. Es gibt sehr mannigfaltige Entsprechungen und überlappende Realitäten aus verschiedenen Dimensionen des menschlichen Seins. Dieses wirkt sehr vielschichtig und birgt in sich viele Kerne und Manifestationen des Karmas. Darum urteilt nicht über andere, da ihr ihren Weg und ihre Entscheidungen nicht kennt. Im großen göttlichen Zusammenhang hat alles seine Richtigkeit. Jeder Mensch ist auf seinem Weg und wird sein Ziel finden. Auch jeder scheinbare Fehler, jeder aus menschlicher Sicht unnötige Fehler führt letztendlich doch zu dem einen Ziel. – Auch wenn Fehler gemacht werden, die zu Umwegen führen, die in der irdischen Zeitenfolge Jahrhunderte dauern. Da Gott keiner Zeit unterworfen ist, ist das auf der göttlichen Ebene nicht einmal ein Augenaufschlag.

Schwierige Lebensumstände bergen oft einen sehr großen Wahrheitsgehalt in ihrem Kern. Die sogenannten Schicksalsschläge sind oft auch der direkte Weg zu Gott, zur universellen Wahrheit. Es braucht nicht viel, um in diesen Momenten die allumfassende Liebe Gottes zu erfahren. Die Hand braucht nur ausgestreckt zu werden, es muss nur der Ruf ertönen: „Gott, ich kann nicht mehr! Hilf!" Es wird eine Antwort geben. Dieses haben die Menschen seit Anbeginn ihrer vielen Existenzen immer wieder erfahren. Natürlich wollen die Menschen Gott aus einer freudigen und unversehrten Sicht kennenlernen – was auch immer wieder geschieht.

Da die materielle Schöpfung sehr viele Facetten des Seins beinhaltet, kann sich eine menschliche Seele dazu entschließen, eine Sichtweise zu entwickeln, die Gott gänzlich ausschließt. Die menschliche Seele wird dann die auf dieser Grundlage möglichen Erfahrungen machen und ebenfalls wachsen. Da in der gesamten materiellen Schöpfung, in allen Welten, Gott sich in jedem Zellkern, in jedem Atom unmittelbar als ganze Information befindet, beinhaltet jegliche Erfahrung in der Schöpfung auch die Möglichkeit, die absolute Ganzheit Gottes zu erfahren. Ob es nun als eine solche Erfahrung definiert wird oder nicht, spielt keine Rolle. Eine vollständige Abkehr von der universellen Wahrheit und der Liebe Gottes ist nicht möglich. Aber die Menschen können sich aufgrund ihrer irdischen Freiheit sehr weit von Gott entfernen. Die Realitäten, die daraus entstehen, erzeugen den Eindruck, dass Gott sich vollständig zurückgezogen hat.

Das gilt für die Astralebenen, in denen die von den Menschen sogenannten armen Seelen nach ihrem Ableben hängen bleiben. Die Schwingungen dieser entkörperten Seelen sind sehr grobstofflich und verlangsamt. Das Göttliche braucht große Übersetzungskräfte, um diese Seelen zu erreichen und sie aus diesen niedrig schwingenden Zuständen in höher schwingende Ebenen zurückzuholen. Diese Seelen sind in der Stunde ihres Todes unfähig, das Licht zu erkennen, das sie in die Spirale zum Urgrund Gottes, ins göttliche Licht, führt. Als sie ihren Kreis des Lebens durchliefen, machten sie aus irdischer Sicht große Fehler. Deshalb bleiben sie in den niedrig schwingenden Ebenen hängen, wo sie in noch tiefere und niedrigere Ebenen gezogen werden können. Es ist ein sehr unangenehmer Zustand, da Licht und Gottes Wärme immer weiter abnehmen, je grobstofflicher diese Astralebenen sind. Die Astralebenen gehören trotz der herrschenden Körperlosigkeit noch zur irdischen Ebene. Das Leid dieser armen Seelen ist sehr groß. Sie fühlen sich verloren und sie nehmen es als ewig wahr, in diesen Zuständen zu verweilen. Da es die ewige Verdammnis aber nicht gibt, ist die geistige Welt ständig bestrebt, diese Seelen zu erreichen und ins Licht zurückzuholen.

Doch irgendwann kommt unumstößlich für jede Seele in den Astralebenen der Augenblick der Befreiung. Es ist nur eine Frage der Zeit. Wenn ein Mensch sich auf der Erde oder auf einem anderen Planeten in eine höhere Schwingungsebene emporgearbeitet hat, gehört es oft zu seinen Aufgaben, Seelen aus diesen Ebenen zu befreien. Es ist nicht Gottes Wille, dass sich auch nur eine Seele in diesen Ebenen befindet. Gott bedient sich der höher entwickelten menschlichen Seelen, ob verkörpert oder nicht, um die armen Seelen aus den Astralebenen zu befreien. Das Glück der dann befreiten Seelen ist grenzenlos, unendlich. Da bewahrheitet sich die Erkenntnis, dass jeder Pol durch den dazugehörigen Pol ausgeglichen werden kann. Durch das erfahrene tiefste Leid wird das höchste Glück möglich.

Wenn die befreite Seele schließlich im Urgrund Gottes ankommt, wird sie voll und ganz entschädigt. Der empfangene Segen und die Geschenke des Ozeans des Göttlichen sind so groß, dass augenblicklich das erfahrene Leid ins Licht und in die unendliche Liebe transformiert und dadurch als unwirklich erfahren wird. Es wird getilgt. Auf der Ebene der irdischen Realität ist dies schwer vorstellbar, da es in einem zeitlosen, unendlichen und absoluten Sein geschieht. Die Unwirklichkeit der niedrigen Astralebenen wird angesichts des Göttlichen dann so stark erfahren, dass diese Realitäten dann tatsächlich nicht mehr existieren.

Nun ist die Seele wieder frei und kann freudig an ihrer nächsten irdischen Inkarnation arbeiten, um sich auf der materiellen Ebene weiterzuentwickeln. Es steht ihr frei, die nächste Inkarnation so festzulegen, wie sie voranschreiten will, um sich in Richtung der universellen Wahrheit weiterzuentwickeln. Die irdischen und karmischen Gesetzmäßigkeiten sind aber genau einzuhalten. Jeder Irrtum, jede falsche Erfahrung aufgrund eines Irrtums, jeder Verstoß gegen die Wahrheit, auch wenn es aus göttlicher Sicht keine Fehler sind, alles muss korrigiert werden. Alles, was auf der irdischen Ebene geschieht, ist von den betroffenen Seelen deshalb selbst entschieden und festgelegt worden. Nichts ist zufällig. Dieses relativiert die sogenannten Schicksalsschläge.

Ein Familiendrama wird von allen Beteiligten bewusst so festgelegt, wie es dann geschieht: „So wollen wir das machen. So wird es geschehen." In der irdischen Realität weiß niemand mehr etwas von diesen Entscheidungen. In der geistigen Ebene, in den ewigen Welten wurde es aber so abgemacht. Unter dem Aspekt, wie schnell eine Seele ein Ziel erreichen will, legt sich die Intensität des karmischen Prozesses fest. Gott lässt es zu. Gott garantiert aber, dass in seinem Angesicht alles ins Göttliche und Absolute transformiert wird.

Dieses gilt auch für die Seelen, die aufgrund ihrer Handlungen auf der Erde von den Menschen aufs schärfste als böse verurteilt werden. Auch sie haben im Ganzen, im Universellen ihre Berechtigung. Sie sind nicht so niedrige Seelen, zu denen sie von vielen Menschen gemacht werden. Oft sind es sehr hoch entwickelte Seelen, die sich bereit erklärt haben, diesen bestimmten Aspekt zu übernehmen, um dem Ganzen zu dienen. Es hat seinen Sinn und Zweck, dass in der irdischen Realität niemand davon weiß. Nur weiterentwickelte menschliche Seelen haben Einblicke in diese Zusammenhänge. Dieses schließt mit ein, dass die geistig höher entwickelten Seelen sehr bewusst und verschwiegen mit diesem Wissen umzugehen haben. Je unbewusster eine Ebene ist, auf der sich eine Seele befindet, umso weniger ist ihr Einblick in den gesamten Lebensplan.

Jede höher entwickelte Seele, die in der irdischen Realität als heilig, erleuchtet oder als geistige Meisterseele bezeichnet wird, kennt diese Gesetzmäßigkeit. Sie kann keine Unvollkommenheit mehr wahrnehmen. Eine vollendete Seele sieht nur noch Vollkommenheit. Sie liest in den Seelen der Menschen wie in einem Buch, da die geistigen Entwürfe eines Menschen in der Aura sichtbar sind. Eine höhere Seele wird immer so handeln, dass es den Schicksalen der menschlichen Seelen Nutzen bringt, z. B. wie etwas beschleunigt und unterstützt werden kann. Daher rührt die große Anziehung zu heiligen Menschen.

Jeder Mensch weiß tief im Inneren, wann die Zeit reif ist und zu welcher hohen Meisterseele er gehört. Der geistige Meister weiß genau, wie mit jeder menschlichen Seele umzugehen ist. Er wird diesem Menschen aber nicht zu einem bequemen, unbeschwerten Leben verhelfen ohne Leid und Schmerz. Darum geht es nicht. Die Abwesenheit von Leid und Schmerz sind in der gefallenen Schöpfung nicht unbedingt vorgesehen, es sind lediglich vorübergehende Zustände. Trotzdem wird ein bewusster Mensch die groben Fehler, die unweigerlich zu Schmerz und Leid führen, mehr oder weniger vermeiden. Aus diesem Grunde leidet eine höher entwickelte menschliche Seele auch weniger.

Ein geistiger Meister kann sich frei dazu entscheiden, Leid von anderen Menschen zu übernehmen, um es zu transformieren und aufzulösen. Es steht die Erfahrung dahinter, dass Leid und Schmerz im Angesicht des Göttlichen nicht existieren. Jeder Mensch will die Ebene des Leides verlassen. Leid löst sich aber erst auf, wenn es als unwirklich erfahren wird. Deshalb entscheiden sich geistige Meister immer wieder, freiwillig Leiden von Menschen zu übernehmen. Aus menschlicher Sicht ist das ein Widerspruch. Heiligen Menschen kostet es aber nur ein Lächeln, denn sie haben Leid überwunden und transformiert. Trotzdem kann ein Heiliger, äußerlich betrachtet, leidvoll sterben – wie vielfach beobachtet. Aus der Sicht eines Menschen, der von Gott nichts wissen will, ist dieser vermeintliche Widerspruch der angebliche Beweis, dass etwas nicht stimmen kann.

Es gibt vereinzelt Menschen, die geistig so weit fortgeschritten sind, dass sie innerlich den Ruf verspüren, eine göttlich inspirierte Aufgabe auf der Erde zu übernehmen, um das menschliche Leid auf dem Planeten zu lindern, zu bekämpfen oder für einzelne Menschen auszuschalten. Sie entscheiden sich im Namen Gottes dazu und widmen ihm ihr ganzes Leben. Sie verzichten oft auf ein materiell reiches und bequemes Leben, obwohl sie durchaus in der Lage wären, es sich in der Welt gut einzurichten. Es ist beabsichtigt, dass solche guten Werke auf der irdischen Ebene verrichtet werden. Deshalb erfahren diese Menschen auch die nötige göttliche Liebe und Energie im Überfluss. Es sind auf dem Planeten viele gute Werke aufgrund solcher göttlich inspirierten Menschen entstanden.

Die materielle Schöpfung wird sich in absehbarer Zeit so weit weiterentwickeln, dass es nicht mehr nötig sein wird, überwiegend über Leid und Schmerz die notwendigen Entwicklungsschritte zu vollziehen. Alles Leben in der materiellen Schöpfung des Planeten arbeitet auf diesen Zeitpunkt hin. Das Neue Zeitalter enthält einen Entwurf mit erheblich weniger Leid für alle Seelen auf der irdischen Ebene. Die neue Evolutionsstufe wird vollkommener und erhabener sein als der Entwurf des nun auslaufenden Zeitalters. Die irdische Realität wird dann stärker dem ewigen Sein, der universellen Liebe zugewandt sein. Es ist, als wenn im Süden durch vermehrte Sonneneinstrahlung alles wärmer, angenehmer und die Natur dementsprechend üppiger ausgestattet wäre. So wird im Neuen Zeitalter alles vermehrt mit dem Göttlichen verbunden und deshalb perfekter sein. Die Wahrheit des Universellen wird für alle sichtbar und direkt erfahrbar sein. Sehr viele Ungerechtigkeiten, Unvollkommenheiten und grobe Verstöße gegen die Wahrheit werden verschwinden. Voraussetzung dafür ist, dass im jetzt sterbenden Zeitalter dieses angegangen und verwandelt werden muss. Alle karmischen Verträge, alle Verbindlichkeiten zur Unwahrheit, müssen noch umgewandelt oder eingelöst werden. Die zerstörerischen Prozesse in der Natur werden sich bald so stark entfesseln, dass die Menschen angesichts dieser riesigen Kräfte machtlos sein werden. Dieses lässt die alte Welt in sich zusammenstürzen. Das Neue Zeitalter wird aber wachsen und gedeihen.

In dieser Zeit wird sich die Menschheit aufspalten. Großer Zorn wird von manchen Menschen ausgehen. Darum tarnt euch gut und gebt diesen Menschen keine Angriffsfläche. Es ist der Aufschrei des Alten. Seit Anbeginn aller Zeiten waren die Verhältnisse so während eines Polsprungs oder eines Zeitalterwechsels. Heiß und Kalt prallen aufeinander. Unweigerlich entsteht daraus ein Gewitter. Gebt dem Blitz keine Gelegenheit, bei euch einzuschlagen. Macht das Spiel des Untergangs nur zum Schein mit. Tut aber das Richtige. Handelt in Liebe! Handelt in der Wahrheit! Es wird sich zeigen, wer Recht hat. Es muss nur abgewartet und die Entwicklung zugelassen werden.

Zögert nicht lange, jeder Seele zu helfen, die um Hilfe bittet. Kümmert euch aber nicht um die, die den Lernschritt ins Neue Zeitalter nicht vollziehen wollen. Es ist eine Übergangszeit. Der Prozess, der Widerspruch von Irrtum und Wahrheit wird sich unermesslich steigern. Jede menschliche Seele hat die Wahl, die richtigen oder auch die falschen Entscheidungen zu treffen. Einige Menschen sind sehr im Irrtum durch das, was sie zu sich nehmen, sei es über die Ernährung oder durch übermäßige Beeinflussung der Medien und sonstigen unbewussten Lebensweisen. Diese Menschen besitzen keine Unterscheidungskraft mehr, um eine bewusste Entscheidung zur Wahrheit treffen zu können.

Diese unbewussten Menschen können auf der bewussten Ebene nicht erreicht werden. Für sie wird es speziell ausgebildete Heiler geben, die im Verborgenen arbeiten und etwas bewirken können. Diese Lichtarbeit wird in einem inneren Zirkel stattfinden und geheim sein. Jede menschliche Seele soll eine Chance bekommen, in das Neue Zeitalter einzutreten. Die hierfür ausgebildeten Lichtarbeiter wissen um die Geheimhaltungsstufe ihrer Arbeit. Hier wird es verschiedene, klar festgelegte Stufen geben. Nichts wird dem Zufall überlassen.

Der Kreis des Lebens ist für alle Seelen eine große Chance, sich zum Höheren, zum Göttlichen zu entwickeln. Die materielle Ebene ist der Zeit unterworfen und beinhaltet deshalb Geburt und Tod. Der Kreis des Lebens ist in sich heilig und ein etwas niedriger schwingendes Abbild des Göttlichen, wie auch in der Bibel beschrieben. Jede Seele kommt von Gott und kehrt zu Gott zurück. Wenn die Seelen alle ihnen zugedachten Kreise des Lebens durchlaufen haben und die universelle Vollkommenheit erreicht ist, können sie sich frei entscheiden, endgültig in den Ozean des Göttlichen zurückzukehren. Bevor dies geschieht, entscheiden sich viele Seelen freiwillig dazu, andere Wesen zu erwecken, zu befreien und sie in höher schwingende, lichte Ebenen zu holen. Dieses gehört zu einem höher entwickelten Bewusstsein.

Es gibt im Universum Planeten, die weitaus höher entwickelt sind als der gegenwärtige Zustand der Erde. Die Wesen, die auf diesen höher schwingenden Planeten leben und eine sehr große Meisterschaft über die Materie besitzen, sind unablässig bestrebt, höher entwickeltes Bewusstsein auf die Erde und andere Planeten zu senden. Bewusstsein wird übertragen durch Planetenkonstellationen. Jeder Planet strahlt Bewusstsein aus, das übertragen wird, wenn Planeten in der richtigen Konstellation nahe zueinander stehen. Zuletzt floss aufgrund einer besonderen Planetenkonstellation am 17.07.2007 höheres, lichtvolles Bewusstsein auf die Erde. Dieses Bewusstsein wurde bewusst von den Wesen höher entwickelter Planeten geschickt, um die Erde bei der anstehenden Transformation zu unterstützen.

Das übermittelte Bewusstsein besteht aus reiner universeller Lebensenergie. Diese Lebensenergie bewirkt, dass die Transformation in die nächste höhere Bewusstseinsstufe des Planeten nun zwangsläufig stattfinden muss. Sie ist nicht mehr aufzuhalten. Das Bewusstsein ist angekommen und die Transformation wird sich unweigerlich vollziehen.

Die Menschen, die sich für das Leben und damit für das Neue Bewusstsein entscheiden, werden immer fröhlicher werden und immer spielerischer mit dem Leben umgehen können. Die Menschen, die sich weiterhin für das alte Bewusstsein entscheiden, weil es ihnen materielle Vorteile, eingebettet in der Sinnesbefriedigung und in der isolierten privaten Sphäre Bequemlichkeiten verschafft, werden weiterhin nichts wissen wollen von der neuen Realität. Da die Wahrheit sich aber unaufhaltsam ihren Weg bahnen wird, ist ein Konflikt unvermeidbar. Der neue Lebenskreis wird unweigerlich den alten Lebenskreis verdrängen. Es ist ein Generationswechsel. Ein Zeitalter löst das andere ab. Eine alte elitäre Schicht, die, für alle sichtbar, zunehmend degeneriert, wird durch eine neue elitäre Schicht abgelöst. Wie der Phönix aus der Asche werden die Menschen, die bald übernehmen sollen, emporstreben. Es wird ein unvergleichlicher Epochenwechsel sein.

Der Verstand wird dann endgültig in die zweite Reihe verwiesen und nur noch als ein Werkzeug des höheren Bewusstseins benutzt werden. Die derzeitig verstandesmäßig überbelastete irdische Realität wird sich dann in eine neue, göttlich inspirierte Realität verwandeln. Das ganze Bild der irdischen Schöpfung wird sich wie durch Zauberhand verändern. Der Lärm, der Schmutz, die Zerstörung, viele Ungerechtigkeiten werden verschwinden. Die Schöpfung wird einen ganz neuen Klang und eine Schönheit bekommen, wie es heute unvorstellbar ist.

Das Bewusstsein des alten Zeitalters ist zu einpolig, zu eindimensional. Es sind zu viele Spaltungen aus diesem Bewusstsein entstanden. Der Grad der Verschmutzung, innerlich und äußerlich, ist mittlerweile sehr groß. Deshalb kann die Rettung des Planeten Erde, die garantiert und unumstößlich festgelegt ist, nur durch Kräfte entstehen, die sich von innen heraus neu aufbauen. Es gibt noch keine Begriffe für die geistigen Kräfte, die den zu einseitigen Verstand ablösen werden. Es ist keine neue Religion, keine neue Weltanschauung, keine neue Ideologie, sondern einfach nur Wahrheit in Liebe und Einfachheit.

Das Universum funktioniert nach sehr klaren Prinzipien. Wenn sich die universelle Wahrheit an die erste Stelle stellt, wird sich die materielle Schöpfung zu einer ungeahnten Perfektion emporschwingen können. Die allumfassende Liebe muss aber allen Wesen zugutekommen. Die Menschen werden sich dann mit weniger Mühe und mit viel mehr Freude in der Schöpfung bewegen können. Alles wird wieder an seinen rechtmäßigen Platz gestellt sein. Auf dem gesamten Planeten Erde beginnen jetzt Unterweisungen, die die Menschen endgültig auf den Zeitpunkt der Transformation vorbereiten. Alle Seelen sollen den nötigen Bewusstseinssprung ins Neue Zeitalter machen können. Die Wachsamkeit muss deshalb sehr groß sein und es darf nicht mehr gezögert werden. Es braucht eine klare Entscheidung, sich auf die Seite des Lebens zu stellen.

Das Leben pulsiert kreisförmig und harmonisch. In der Substanz des Lebenskreises steht die Liebe. Deshalb muss jeder Mensch die Aufmerksamkeit auf die Liebe lenken. Sie ist der Wegweiser, um richtig geführt zu werden. Das sich aufbäumende Bewusstsein des alten absterbenden Lebenskreises schaut in eine andere Richtung. Es rechtfertigt sein Verhalten mit der sogenannten Realitätsbezogenheit und dem Schutz der Gesellschaft. Bei näherer, ganzheitlicher Betrachtung kann diese Sicht sehr schnell entlarvt werden. Es ist ein Aufbäumen der Macht und der Arroganz. Stimmt dem, falls nötig, nur scheinbar zu, haltet die irdischen Gesetze ein, aber wendet euch der Liebe und der Wahrheit zu. Das Leben selbst schaut liebevoll auf das nachfolgende Leben. Deshalb wird auch der neue Lebenskreis des Planeten Erde, das Neue Zeitalter, sich liebevoll entwickeln können. Kein Mensch wird sich in den nächsten Jahren herausreden können, diese Entwicklungen nicht wahrgenommen zu haben. Jeder Mensch hatte die Wahl und konnte sich frei dazu entscheiden, in den neuen Lebenskreis einzutreten.

Es wird einen ganz konkreten Zeitpunkt in naher Zukunft geben, wo sich die Spreu vom Weizen trennen wird. In diesem Augenblick wird das Neue Zeitalter endgültig anbrechen, das alte Zeitalter endgültig sterben. Dann wird alles sehr schnell gehen. Alle menschlichen Seelen, die sich für den neuen Lebenskreis entschieden haben, werden mit großer Freude im Neuen Bewusstsein erwachen. Die menschlichen Seelen, die den alten Lebenskreis nicht verlassen wollten, werden Schwierigkeiten bekommen und letztendlich sterben müssen. Sie werden in der materiellen Schöpfung wieder von vorne anfangen müssen. So ist das universelle Gesetz. Jede menschliche Seele wurde angesprochen. Jeder Mensch wurde mehrmals aufgefordert, mit hinüberzugehen in das Neue Bewusstsein. Darum werdet nicht müde, jedem Menschen die Hand zu reichen, damit alle in den Lebenskreis des Neuen Zeitalters eintreten können. Jede Seele soll gerettet werden. Es wird eine gewaltige Transformation in eine höhere Schwingungsebene sein, die von langer Hand vorbereitet wurde.

Dieses war nun eine erste Beschreibung des Lebenskreises. In den folgenden Kapiteln wird die Wahrheit aus anderen Blickwinkeln betrachtet. Der Kreis des Lebens ist das Mandala, in dem die Projektionen des Göttlichen in der irdischen Realität stattfinden können. Dieser Kreis ist in sich heilig, auch wenn es auf der irdischen Ebene nicht immer so wahrgenommen wird. Darum wird dieser Kreis des Lebens im Neuen Zeitalter auch wieder geachtet und verehrt werden. Dann wird er wieder als das angesehen, was er ist, nämlich als Urpuls der Schöpfung und der Manifestation des Göttlichen auf der Erde.

Schlüssel 1

Beachte stets die Gesetzmäßigkeiten allen Lebens.
Achte und respektiere jeden Kreis des Lebens, den du berührst.
Dann wird sich dein Leben immer umfassender in die
Vollkommenheit des Seins ausweiten können.

2. Stille und Frieden

Das Göttliche wirkt aus der Stille und dem Frieden.
Ohne Frieden und Stille kann die universelle Wahrheit
nicht erfahren werden.
Gott ist Stille und Frieden.

Seit Urbeginn der Menschheit, in allen Zeitaltern, suchten die Weisen und Heiligen immer die Stille und den Frieden. Stille und Frieden sind die Eingangstore für das Vordringen in die universelle Wahrheit, in die Manifestation der Ewigkeit. Sie sind wichtige Voraussetzungen, um die Urschwingung des Göttlichen wahrzunehmen und den Lärm der Welt, der durchzogen ist von Unreinheiten, Unwahrheiten und Irrtümern, hinter sich zu lassen. In der Stille kann der Klang der Universalität und die Schwingungen der universellen Wahrheit und Liebe wahrgenommen werden. Diese Schwingungen sind so fein und rein, dass sie ohne Stille nicht erfahrbar sind.

Die Menschen können die universelle Wahrheit nicht wahrnehmen, wenn sie unaufhörlich lärmen und schwatzen. Der Verstand, der unaufhörlich seine einseitigen Weisheiten ausdrückt, kann die Verbindung zum Göttlichen deshalb nicht erfahren. Die illusionsbehaftete Schwingung der irdischen Atmosphäre verhindert dies. Hier zeigt sich nur ein Pol, der abgetrennt vom anderen Pol seine Berechtigung sucht. Der Verstand unterstützt nur die grobstofflichen Manifestationen der Schöpfung und ist lediglich dazu da, auf der irdischen Manifestationsebene Räume abzustecken, die nur Hilfsmittel sind. Der Verstand ist nicht vollkommen, sondern nur auf dem Weg dahin. Die materielle Schöpfung auf der Erde ist ein spiegelverkehrtes Abbild der inneren Unvollkommenheiten aller verkörperten und nicht verkörperten Wesen. Sie ist deshalb nicht perfekt und auch nicht rein.

Durch Meditation haben die Heiligen und Weisen Verbindung mit den ewigen göttlichen Ebenen gesucht, gefunden und damit für alle Menschen immer mehr manifestiert. Diese Manifestationsarbeit war und ist bis zum heutigen Tag die Grundvoraussetzung, dass die Schöpfung immer wieder auf die nächstmögliche höhere Stufe, zur Vollkommenheit hin, emporgehoben werden kann. Die äußeren Manifestationen auf dem Planeten, die mittels Unterstützung des menschlichen Verstandes entstanden sind, sind Räume, in denen sich verkörperte Seelen vorübergehend aufhalten können. Haltet euch nicht zu lange in diesen Räumen auf, verhaftet euch da nicht, weil diese Räume nach Ablauf einer bestimmten Zeit ungültig sind und deshalb für euch unangenehm werden.

In den Manifestationen der Ewigkeit ist der Entwurf des Göttlichen in sich absolut perfekt und für alle Ewigkeit gegenwärtig. Die Aufgabe der Weisen, Seher, Heiligen und erleuchteten Meister war es zu allen Zeiten, diesen ewigen Entwurf auf die niedrigeren Realitätsebenen, in denen es noch einen unvollständigen Entwurf gibt, herunterzuziehen. Sie waren und sind deshalb ständig den Angriffen der Realisten ausgesetzt, die ihnen Weltfremdheit und Illusion unterstellen. In Wirklichkeit ist es genau umgekehrt. Die sogenannten Realisten unterliegen der Illusion. Sie stützen sich auf vorläufige, illusionäre Entwürfe, die lediglich unvollständige Hilfsmittel sind wie z. B. ein Stein, den man in den Fluss legt, um den Fluss zu überqueren. Der Stein ist nicht der Weg, sondern nur ein Mittel, um den Weg zu bauen. Seit Urzeiten besteht dieser ständige Konflikt. Die Weisen und Heiligen machen die Realität überhaupt erst möglich. In den nächsten Jahren wird dieser Konflikt eine zusätzliche Dynamik bekommen.

Die irdische Realität befindet sich jetzt zunehmend in einer Übergangsphase, wo Sterben und Wiedergeburt in verstärkter Form gleichzeitig existieren. Das absterbende Zeitalter wird versuchen, das Neue Zeitalter zu verhindern, um zu überleben. Die Zusammenhänge können von den Repräsentanten des alten Zeitalters nicht erkannt werden. Doch das alte Zeitalter wird unweigerlich sterben. Das Neue Zeitalter wird wachsen und gedeihen. Niemand wird das aufhalten können. Deshalb werden die Wegbereiter des Neuen Zeitalters letztendlich beschützt sein.

Da der Wechsel ein großer Aufstieg in eine höhere Schwingung darstellt, werden Frieden und Stille als Inspirationsquelle sehr wichtig sein. Der Lärm der Welt, vor allem in den Städten, verursacht durch die vielen technischen Hilfsmittel, durch unaufhörliches Schwatzen und durch den ständigen Konsum zweifelhafter elektronischer Medien ist sehr groß. Es werden andauernd Grenzen überschritten, die eigentlich nicht überschritten werden dürften. Das verursacht Disharmonien in der materiellen Schöpfung. Durch scheinbare Zufälle, die das Wetter beeinflussen, durch Reaktionen der Erde, wie z. B. Erdbeben, durch unglücklich aneinandergereihte Zufälle, die zu kriegerischen Auseinandersetzungen führen, wird sich diese Disharmonie bald entladen müssen. Der Lärm der Welt nimmt unaufhörlich zu. Es laufen bereits Experimente, Lärm mit Gegenlärm zu bekämpfen, und es werden immer mehr Lärmschutzmauern gebaut. Durch Verbote des Telefonierens in öffentlichen Verkehrsmitteln und auch in Restaurants wird zum Beispiel versucht, den Lärm aufzuhalten. Diese Gegenmaßnahmen werden aber nicht die gewünschten Wirkungen zeigen. Der Lärm wird sich deshalb noch ins Unerträgliche steigern. Die Menschen werden bereits krank davon und versuchen, sich in künstlich aufgebauten Erholungsebenen von diesen Lärmbelastungen zu erholen.

Gingen die Menschen in die Natur, würden sie in einem Wald eine tiefe Stille wahrnehmen. Sogar die Singvögel drücken mit ihrem Gesang Stille aus, obwohl es, äußerlich betrachtet, keine Stille ist. Wenn im Verlauf der Jahreszeiten in den nördlichen Breitengraden des Planeten Schnee fällt, wird der Eindruck der Stille sogar noch verstärkt. Man kann sogar mit den heutigen technischen Möglichkeiten nachweisen, dass Schneefall die Stille verstärkt. Diese äußeren Beobachtungen zeigen, dass Stille und Frieden die Grundlagen der materiellen Schöpfung sind.

Wenn die Menschen ein Problem haben, wenn etwas unlösbar erscheint, haben sie unwillkürlich das Bedürfnis, in die Stille zu gehen. Oft wird ein Wald aufgesucht oder ein See oder Fluss. Dieses uralte Bedürfnis löst tatsächlich Probleme und führt darüber hinaus, wenn konsequent angewandt, in die universelle Wahrheit. Darum sollten die Menschen besonders in diesen unruhigen Zeiten der Umwandlung die Natur aufsuchen, um in ihrer Stille und Frieden Inspiration zu finden. Das schafft den nötigen Gegenpol zu Disharmonie und Unwahrheit.

Es stehen rund um den Globus Menschen bereit, die sich in den nächsten Jahren daranmachen werden, die natürlichen Kraftplätze auf dem Planeten wiederzuentdecken. Sie werden die Kraftplätze neu definieren und abstecken. Zeremonien werden diese Kraftplätze neu beleben, um den Fluss des absolut Göttlichen auf die Erde zurückzuholen. Aufgrund zunehmender Degenerierung der Menschheit in der Vergangenheit wurden diese Kraftplätze nicht mehr als solche wahrgenommen, nicht mehr respektiert und infolgedessen geschändet. Dadurch sind wichtige Tore, aus denen göttliche Energie den geliebten Menschenwesen zufließen sollte, geschlossen worden. Diese Orte sollten für jeden Menschen frei zugänglich sein, um dort göttliche Inspirationen und Kraft zu empfangen. Das Land, auf dem sich diese Kraftplätze befinden, sollte nicht in Privatbesitz sein. Dieses wird im Neuen Zeitalter korrigiert werden, da solche Orte Fenster zur Ewigkeit sind. An diesen wieder aktivierten Plätzen wird das Licht und die Liebe direkt aus der Stille heraus erfahrbar sein. Die Menschen werden spürbar stärker und friedlicher von diesen Orten zurückkehren.

In den menschlichen Kulturen sind vereinzelt Reste dieses Wissens vorhanden. In den weniger degenerierten Himalaja-Regionen werden bestimmte Berge von den Völkern immer noch als heilig angesehen und dementsprechend respektiert. Der Lärm der Welt hat an diesen Plätzen nichts zu suchen. Diesen Orten darf sich nur in Stille, Frieden und einem großen Respekt genähert werden. Das göttliche Bewusstsein ist dort direkt erfahrbar. Der Lärm der Welt, der Ton der Sinnesbefriedigung, hat dort nichts zu suchen.

Im Himalaja werden folglich bauliche Maßnahmen bald wieder rückgängig gemacht, die den Thron der Götter, der sich dort befindet, stören. Die Natur des Himalajas wird von all dem angesammelten Unrat der Zivilisation gereinigt und die heiligen Berge werden dann wieder ausschließlich dem Göttlichen geweiht sein. Die touristische Erschließung wird nicht mehr erlaubt sein. An ihre Stelle treten die Pilgerreisen des Lichts. Diese Gegenden sind für die Schwingungsanhebung des gesamten Planeten sehr wichtig. Auch in den USA, in Kanada, in Europa und in Mittel- und Südamerika werden alte geweihte Stätten wieder entdeckt und bauliche Maßnahmen der Zivilisation rückgängig gemacht werden. Durch gemeinsame globale Anstrengungen werden die Chakren des Planeten wiederbelebt. Dann wird die Kommunikation mit den höheren Lichtwesen wieder ganz selbstverständlich stattfinden können. Der Planet kann damit wieder zunehmend mit kosmischer Lebensenergie genährt werden. Trotzdem wird die Wiederbelebung der geweihten Plätze nicht durch Vertreibung von Menschen vor sich gehen. Die Menschen werden ganz selbstverständlich freiwillig diese Maßnahmen unterstützen.

Unter dem Deckmantel des Privatbesitzes, der Störung des Besitzes, der territorialen Ansprüche einzelner Völker und der garantierten freien Schürfung von Bodenschätzen werden Angriffe auf die Hüter der Kraftplätze erfolgen. Man wird sie der Ungesetzlichkeit und des religiösen Wahns bezichtigen. Darum seid sehr vorsichtig in eurer Vorgehensweise. Sucht die göttliche Inspiration, um Hilfe zu erhalten. Durch den Lärm der Welt sind viele Menschen längst taub geworden. Sie können die Kraft der Stille in der Ewigkeit und die universelle Wahrheit nicht mehr wahrnehmen.

Die wieder erweckten Weisen und Führer des Neuen Zeitalters werden sehr stille und friedliche Menschen sein. Es wird keine äußerliche Revolution stattfinden, sondern eine innere Revolution. Die Schwerter des Neuen Zeitalters sind der Frieden, die Stille, die Liebe und die Wahrheit. Die Veränderung wird ohne Lärm und ohne äußere Manifestationen vor sich gehen. Es werden aus der Stille heraus richtigere und perfektere Lebensentwürfe vorgelebt werden. Die Menschen werden durch die Beispiele der wiedererwachten Weisen auf das Neue Zeitalter aufmerksam werden. Die Lösung der menschlichen Probleme ist daher sehr einfach. Die untergehende Elite des alten Zeitalters wird sich zwar durch immer größere Aufspaltungen des Verstandes um Problemlösung bemühen, aber sie wird doch nur mehr Lärm und Disharmonie erzeugen. Die Probleme werden sich letztendlich immer mehr verstärken. Diese Menschen können dann nicht sehen, dass die von ihnen gering geachteten Menschen direkt unter ihnen längst in der Stille und der Weisheit an der Lösung der irdischen Probleme arbeiten.

Schließlich werden sich die Technologien verändern in eine stillere und weniger Umwelt belastende Technik, die trotzdem sehr einfach und zugleich weiter entwickelt ist. Es werden jetzt ständig im Geistigen höher entwickelte technische Entwürfe freigegeben. Ingenieuren des Neuen Zeitalters wird es deshalb gelingen, z. B. Fortbewegungsmittel zu entwickeln, die gänzlich lautlos und absolut umweltfreundlich sind. Die Umwelt wird dann nicht mehr mit giftigen Abgasen belastet sein. Das geistige Herabziehen der Stille und des Friedens wird in den grobstofflichen Manifestationen Stille und Frieden hervorbringen.

Die neuen technischen Manifestationen werden die sehr unvollkommenen technischen Hilfsmittel des alten Zeitalters ablösen. Würde diese Technik weiterhin bestehen, wäre es bald das Ende des Planeten Erde. Da dieses nicht vorgesehen ist, wird die Umwandlung in die vollkommenere Technik unweigerlich stattfinden. Viele Techniker und Ingenieure werden sich fragen, weshalb diese einfachen und trotzdem sehr wirksamen Prinzipien vorher übersehen wurden.

Die derzeitigen landwirtschaftlichen Systeme auf dem Planeten werden bald zusammenbrechen, da sie sich zu stark von der universellen Wahrheit entfernt haben. Besonders in den hoch industrialisierten Ländern, die es gewohnt sind, überversorgt zu sein, werden Versorgungsschwierigkeiten entstehen. Die Länder, die noch keine industrielle Revolution der Landwirtschaft erlebt haben, werden bessere Möglichkeiten haben, zu überleben. Die landwirtschaftlichen Systeme der Industriestaaten gründen sich auf Ausbeutung und sehr oberflächliche rationelle Überlegungen, alle legitimiert durch freien Handel. Es bestehen aber ziemlich absurde und sehr ungerechte wirtschaftliche Gesetzmäßigkeiten.

Wieder erweckte geistige Führer des Neuen Zeitalters werden deshalb an verschiedenen Orten des Planeten rechtzeitig inspiriert sein, um in spirituellen Zentren Lebensmittelvorräte anzulegen. Die Hungersnöte, die unvermeidlich sein werden, können so abgemildert und überstanden werden. Dieses kommt der Arche Noah, wie es in der Bibel beschrieben worden ist, gleich. Die Vorräte werden in aller Stille angelegt. Es sind Aktionen, die im Verborgenen stattfinden müssen. Da viele Menschen, die momentan an den Tischen der Habgier speisen, sich noch für das Neue Zeitalter entscheiden, werden auch erhebliche Mittel frei. Die riesigen Vorratslager werden schließlich mit allen Menschen geteilt, die in den spirituellen Zentren Schutz suchen und sich in die dort herrschenden Gesetzmäßigkeiten, die die Gesetzmäßigkeiten des Neuen Zeitalters sind, einfügen können. Wegen der Zeiten der Umwandlung wird eine große Kreativität entstehen. Gott wird direkt eingreifen. Die List wird überlistet.

Macht euch keine Gedanken, wie solche riesigen logistischen Aktionen vollzogen werden sollen. Die Menschen, die speziell auf diese Aufgaben vorbereitet werden, nehmen gegenwärtig noch an der absurden Logistik des sogenannten freien Welthandels teil. Viele werden rechtzeitig das Lager wechseln. Heißt sie willkommen und fordert sie auf, die riesigen materiellen Mittel, über die sie verfügen, zu teilen. Im Angesicht der universellen Wahrheit ist es kein großes Opfer, da die Absurdität des unbegrenzten Hortens von materiellen Mitteln dann offenliegt.

Gott gibt aus der Fülle seines Seins allen Wesen genau das, was sie brauchen. Das unbegrenzte Horten von Geld und materiellem Besitz aus Gründen der Habgier führt zur geistigen Verarmung. Dieses sollten die Menschen wissen. Im Lärm der Welt geht diese Wahrheit unter. Durch ständiges Befriedigen der Sinne sterben die Sinne ab. Wer den verhängnisvollen Weg der Sinnesbefriedigung geht, wird mit der Zeit nur eine unerträgliche Leere erfahren, die durch immer neue, größere Sinneskitzel kompensiert werden muss. Verselbstständigt sich dieses Spiel, entstehen regelrechte Teufelskreise.

Lasst euch nicht von den Häschern des untergehenden Zeitalters reinlegen. Seid euch des Schutzes des Göttlichen bewusst. Das Göttliche wird seine Hand darüber halten, dass die erstellten Lager nicht in die Hände der Habgierigen fallen. Sie würden euch ihrer eigenen Habgier bezichtigen und ihr würdet als Feinde der Wahrheit bezeichnet werden. Auch würden sie versuchen, euch Gesetzesübertretungen nachzuweisen. Das Göttliche wird nach und nach Einzug halten in immer einflussreichere Ebenen in den menschlichen Gesellschaften. Hierdurch wird ein stetiges Voranschreiten des Neuen Zeitalters möglich sein.

Die Ernährung der Menschen und der Tiere auf dem Planeten wird vollständig umgestellt werden. Es wird zurzeit mit einer sehr unvollkommenen Technik versucht, die zahlreichen Gesetzesübertretungen in der Ernährung der Menschen aufrechtzuerhalten. Die Nahrung der Menschen ist sehr grobstofflich und wird gegenwärtig immer grobstofflicher. Lasst euch nicht von zweifelhaften wissenschaftlichen Argumenten eine Unwahrheit aufzwingen. Auch die Nahrung des Menschen sollte einfach sein und den Aspekt des Friedens beinhalten. Es gibt auf dem Planeten Milliarden von sogenannten Nutztieren, die unendlich leiden, damit sehr zweifelhafte und überflüssige Ernährungsgrundsätze der Menschen realisiert werden können. Das große Leid der Nutztiere strahlt in die Atmosphäre und wird die nun kommenden Katastrophen beschleunigen.

Das Leid der Nutztiere löst karmische Reaktionen aus, die bei den Menschen seltsame und heimtückische Krankheiten hervorrufen. Menschen, die sich um die Wahrheit nicht bemühen, werden so in ihrer Überzeugung gestärkt, dass es keinen Gott gibt. Deshalb werden sie ihre einseitigen Überlegungen intensivieren. Es ist, als liefen Blinde betrunken durch die Gegend. Kümmert euch nicht darum. Die rationelle Vernunft nimmt nun so absurde Formen an, dass besser geschwiegen werden sollte. Tut das Richtige, schweigt dazu, schweigt im Angesicht der Wahrheit und versucht schweigend Gott zu sehen und auf der Erde willkommen zu heißen.

In den viel zu großen Mega-Großstädten, die rund um den Globus entstanden sind, werden bald ganze Stadtteile unbewohnbar sein und aufgegeben werden müssen. Diese Städte sind aus einem nicht ganzheitlichen Bewusstsein entstanden und deshalb sehr unvollkommen konstruiert. Darum werden solche Städte ihr Gleichgewicht verlieren. Der Lärm wird in vielen Teilen dieser Städte so stark zunehmen, dass ein Leben in den Wohnungen und Häusern aus medizinischen Gründen nicht mehr zumutbar ist. Gleichzeitig wird die Qualität der Luft, mancherorts auch die Versorgung mit Trinkwasser problematisch werden.

In diesen verlassenen Stadtteilen werden sich schnell dunkle Energien ausbreiten. Sowohl verkörperte als auch nicht mehr verkörperte, gefallene Seelen werden sich dort niederlassen. Richtige schwarze Löcher werden entstehen. Dieses wird die Menschen vor vollkommen neue Probleme stellen – die zwangsläufige Folge der starken Disharmonie des untergehenden Zeitalters.

Die Menschheit weiß nicht, dass in der Gegend um Tschernobyl, in der Ukraine, bereits so ein schwarzes Loch entstanden ist. Die Gegend dort ist aufgrund des Atomunfalls von 1986 stark radioaktiv verstrahlt und musste von den Menschen aufgegeben werden. Darum können sich jetzt dort sehr niedrige, gefallene Seelen aufhalten. Sie haben sich fast vollständig vom Licht abgekehrt. Zurzeit werden Menschen von der Lichtebene her ausgebildet, sich mit diesen neuen, dunklen Realitäten zu befassen, damit die gefallenen Wesen ins Licht befreit werden können. Es ist vorgesehen, dass auch diese gefallenen Seelen vor die Wahl gestellt werden, sich für die neue Realität, für das Neue Zeitalter, entscheiden zu können. Sie sollen erlöst werden. Fürchtet euch nicht vor diesen dunklen Randerscheinungen des untergehenden Zeitalters. Gott wird starke Energien zugunsten dieser Wesen auf die Erde senden, damit sie ins Licht gehen können. Wichtig ist das Wissen um solche Probleme. Sie dürfen nicht versteckt werden.

Die beiden Pole der irdischen Realitätsebene, die zunehmend schwingungsmäßig feine Ebene und die zunehmend schwingungsmäßig grobe Ebene, werden in den nächsten Jahren immer weiter auseinanderklaffen. Die Lösungsansätze des untergehenden Zeitalters sind sehr kompliziert, die des Neuen Zeitalters sehr einfach. Der Konflikt, der Widerspruch wird sich deshalb verstärken. Doch die Lichtebenen werden die Polarität sehr geschickt nutzen, um das Neue Zeitalter zu begründen.

Sucht Orte der Kraft und religiöse Stätten des Lichts auf, um tiefgehende göttliche Inspirationen zu erhalten. Lasst euch über die Medien nicht Ferienwünsche einsuggerieren, die der Faulheit, der Trägheit und dem Lustprinzip unterworfen sind. Dieses sind nur oberflächliche Sinneskitzel, die zunehmend in die Illusion führen. Dieses heißt nicht, dass die Menschen nicht Freude daran haben sollen, in den Weltmeeren zu baden, um die Kraft des Lebens zu erfahren. Aber die vielfältig entstandenen, auf Ausbeutung der Natur, der ansässigen Menschen, des Trinkwassers und der natürlichen Ressourcen begründeten Festungen der Sinnesbefriedigung werden im Neuen Zeitalter nicht weiter bestehen können. Dieses steht der universellen Wahrheit entgegen. Menschen, die arbeiten, um nutzlose Illusionen aufrechtzuerhalten, verbringen ihre Ferien ebenfalls mit nutzlosen Aktivitäten der Zerstreuung in den Hochburgen der Sinnesbefriedigung. Sucht vielmehr die göttliche Inspiration, wie ihr euch wirklich all den vielfältigen Wundern der Schöpfung zuwenden könnt. Dann werden sich Seele und Körper wirklich erholen.

Weiterhin wird es möglich sein, z. B. in einem schönen Haus zu wohnen und sich in einem Fahrzeug fortzubewegen. Genauso sollen sich die Menschen an den schönen Dingen der Kunst, Kultur, Handwerk und allen sonstigen materiellen Manifestationen erfreuen. All das wird neu von innen heraus erfunden und geschaffen werden. Die materielle Schöpfung wird auf eine perfektere Stufe emporgehoben, die Gesetze der Materie und die Rechte anderer Wesen werden dadurch immer weniger verletzt werden.

Ein Ziel der materiellen Evolution ist die Überwindung des Leids. Viele religiöse Wege sind daraus entstanden. Jede Religion, die im Zeitstrom definiert ist, der Zeit unterworfen ist, altert zwangsläufig. Deshalb wird jede Religion eines Tages ungültig sein. Versucht in jeder Religion, die ja nur ein Hilfsmittel zur Wahrheit ist, die ewig wahre Essenz zu erkennen. Die äußeren Rahmen der Religionen, die dem Lebens- und Sterbeprozess unterworfen sind, verändern sich im Laufe der Zeit unweigerlich in Richtung Unwahrheit. Die innerste Essenz, der lebendige Mittelpunkt dieser Religionen hingegen ist ewig. In diesen Kern muss vorgedrungen werden.

Frieden und Stille sind sehr wichtige Grundpfeiler des Lebens und des Pulsierens der Schöpfung auf dem Planeten Erde. Aller Klang der Welt, alles Pulsieren des Lebens braucht diese klaren und tiefen Aspekte des Friedens und der Stille. Ohne Stille wäre kein Laut möglich. Ohne Frieden würde nichts lange existieren. Trotzdem besteht die Schöpfung in der materiellen Welt nicht nur aus Frieden und Stille. Es gibt auch die Abwesenheit davon, wie Unfrieden, Unrast und Lärm. Dieses ist ein Ausdruck davon, dass die materielle Schöpfung noch nicht die wirkliche, absolute, wahrhaftige Schwingung des Göttlichen erreicht hat. Die Wesen in der materiellen Schöpfung des Planeten sind lediglich auf dem Weg dahin.

Tief in sich spürt jedes Wesen das Verlangen, die große Sehnsucht nach Frieden, Harmonie und Stille. In der Polarität der materiellen Schöpfung existiert aber zwangsläufig auch das andere. In den Gegensätzlichkeiten der materiellen Schöpfung findet die Korrektur des Abweichens von der Wahrheit und der Liebe statt. Auf dem Strahl der Zeit erfährt jede Seele, dass jegliches Abweichen von der Wahrheit korrigiert werden muss. Je bewusster eine Seele ist, desto umfassender wird sie diesem Prozess zustimmen. Je unbewusster eine Seele ist, desto größer wird der Widerstand sein, obwohl sie sich in den Zwischenbereichen, vor Gott, dazu entschieden hat. Dieser Widerstand verstrickt die menschliche Seele immer tiefer in die Illusion.

Jeder Mensch hat sich entschieden, gemäß seines Karmas schnell oder langsam voranzuschreiten. Es ist auch möglich, gelegentlich eine Ruhepause einzulegen. Dann schreitet die menschliche Seele über einen bestimmten Zeitraum nicht mehr voran. Es geschieht auch immer wieder, dass eine Seele sehr weit zurückfällt. Sie wird auf Stufen zurückgeworfen, die sie längst überwunden hatte. Es nützt aber nichts, die Seele muss wieder auf dieser niedrigen Stufe anfangen und sich emporarbeiten. Vielen hoch entwickelten Seelen ist das schon passiert. Sie finden aber den Weg schneller zurück. Da sie Lektionen noch einmal lernen, ist der Lernschritt umfassender. Die Seele hat dann eine Mehrdimensionalität entwickelt. Die Reife, die daraus entsteht, ist mehrschichtiger.

Auf der materiellen Ebene ist keine Anstrengung vergebens. Kein Mensch, kein Wesen kann sich von Gott so weit entfernen, dass der Strom zum Göttlichen gänzlich unterbrochen wird. Es ist nur möglich, sich in Ebenen zu begeben, die eine so andere Atmosphäre haben, dass es so aussieht, als wäre Gott abwesend. Auch dort ist Gott, er ist nur nicht sichtbar.

Wenn eine menschliche Seele nach ihrem Ableben, aufgrund ihrer dunklen Aktivitäten auf der Erde, das Licht nicht erkannt, die helfenden Hände des Göttlichen nicht gesehen hat, die sie ins Licht geleiten wollten, bleibt sie im Astralreich stecken. Die Astralebenen mit ihren körperlosen Seelen sind geistige, dunkle Abbilder der materiellen Welt. Die betroffenen Seelen bleiben wegen ihrer geistigen Ähnlichkeit mit diesen Ebenen dort hängen. Die Astralebenen, die sich in den Randbereichen der verkörperten Welt befinden, überlagern die materielle Schöpfung und tragen zur Abschwingung des gesamten Planeten bei, da die materielle Schöpfung ja eine genaue Summierung aller Schwingungsbereiche ist. Deshalb belastet jede Seele der Astralebenen die gesamte materielle Sphäre auf dem Planeten.

Die entkörperten Seelen sind behaftet mit den Eigenschaften ihrer von Gott abgetrennten Aktivitäten und Ziele. Da sie die Gesetzmäßigkeiten des Lebenskampfes und des daraus resultierenden aussichtslosen Überlebenskampfes und Mangels lebten, finden sie diese Realitäten verstärkt in den Astralebenen vor. Die Anstrengungen sind dann zwangsläufig sehr groß, um existieren zu können. Es ist ein harter Kampf. Sie ringen darum, zu überleben. In Wirklichkeit ist es eine große Illusion. Sie sind ja bereits gestorben. Da die Astralebene ein Randbereich der materiellen Welt ist, benötigen sie Lebensenergie. Sie müssen sich etwas einfallen lassen, wie sie zu ihrer Energie kommen, da sie keinen Körper mehr besitzen. Die Möglichkeiten sind unterschiedlich. Manche Seelen suchen sich einen noch lebenden Menschen, eine noch nicht entkörperte Seele. Hier gilt das Gesetz: Gleiches zieht Gleiches an. Die entkörperten Seelen fühlen sich zu noch lebenden Menschen hingezogen, die ein ähnliches Karma haben und die Verfehlungen und Eigenschaften leben, die ähnlich oder identisch sind.

Ein verkörperter Mensch mit einer umgedrehten Sexualität, einer Sexualität, die nicht den Gesetzen der Liebe unterworfen ist, sondern 180° umgedrehte Ziele verfolgt, nämlich Zerstörung und Tod, wird so eine Seele aus dem Astralreich anziehen. Wenn der Mensch dann eine sexuelle Grenze überschreitet, weil der Trieb sich verselbstständigt hat, werden Sicherheitsschranken, die auch Tore sind, durchschritten bzw. geöffnet. In so einem Moment kann der Mensch blitzschnell von einem ähnlich niedrig oder eben noch niedriger motivierten Astralwesen besetzt werden. Dann kann es geschehen, dass dieses dunkle Astralwesen die Oberhand und damit das Kommando über die Handlung übernimmt. Dieses sind die sogenannten Triebtäter, die nicht mehr anders handeln können, da sie das Tor der Menschlichkeit durchschritten und verlassen haben. Sie sind nicht mehr bei sich. Die Folgen sind den Menschen bekannt.

Die Menschen wissen um die gegenwärtige Zunahme dieser Fälle der Triebtäterschaft auf dem Planeten. Die Atmosphäre des Planeten ist bevölkert mit entkörperten Seelen. Während ihrer vergangenen irdischen Existenzen waren viele dieser entkörperten Seelen ihrem Trieb ausgeliefert. Deshalb suchen sie weiterhin diese umgedrehten Realitäten. Die irdische Atmosphäre ist sehr verschmutzt damit.

Die Sexualität der Menschen in vielen Ländern wird derzeitig, unter dem Deckmantel der sogenannten Freiheit und einer falsch verstandenen Lust, zügellos. Die Menschen in den Gesellschaften machen sich zunehmend Gedanken, wie die Probleme, die aus dieser Zügellosigkeit mittlerweile entstanden sind, gelöst werden können. Es ist aber nutzlos, nach der Todesstrafe zu verlangen, da sie die Probleme nicht löst. Die entsprechenden Seelen werden nach ihrer Hinrichtung geradewegs in die entsprechenden Astralbereiche eingehen. Dort werden sie umso mehr versuchen, mit ihren Aktivitäten in die materielle Ebene vorzudringen. In vielen Fällen gelingt es ihnen auch.

Die Antwort auf diese Probleme kann deshalb nur sein, dass die natürlichen Grenzen der menschlichen Sexualität respektiert werden. Es dürfen in der Sexualität keine Verlagerungen z. B. zur Gewalt hin stattfinden. Sexualität sollte ein Ausdruck von Liebe sein und das im eigenen Interesse. Das göttliche Geschenk über die Sexualität an die Menschen ist sehr groß. Es ist ein Geschenk, das gegründet auf Verantwortung, gelebt werden darf. Aus diesem Geschenk entsteht ein anderes: die Familie, die aus einem großen Kraftfeld göttlicher Energie besteht und ein großer Spender von Liebe ist. In diesem Rahmen des gegenseitigen Vertrauens und Liebe zweier Menschen wächst die Sexualität zu einer starken Kraft heran. Kein Mensch kommt dann noch auf die Idee, nach etwas anderem zu verlangen.

Das gegenwärtige Ausufern der Sexualität, besonders in der westlichen Welt, wurde durch die Massenmedien, durch die sexuelle Revolution in den 70er Jahren ausgelöst. Sie hat Prozesse in Gang gesetzt, die mittlerweile Grenzen überschreiten. Dieses öffnet im wahrsten Sinne des Wortes Tore zu Bereichen, in denen eine falsch verstandene Energie herrscht, die in immer stärkeren Exzessen ausufert und in den extremsten Fällen zu Mord an Kindern, Frauen und Männern führt.

Aufgrund eines gänzlich anderen Bewusstseins löst die westliche Freizügigkeit auch große Empörung in den islamischen Ländern aus. Die Anschläge vom 11. September 2001 waren ein Ausdruck davon, wie groß mittlerweile der Aufruhr der islamischen Völker ist. Das Ausufern und die Arroganz der westlichen Kultur werden dort als unverschämt wahrgenommen. In den westlichen Ländern herrscht ein ähnliches Unverständnis über die Rechtlosigkeit der Frauen und der teilweise rückständigen Koran-Rechtsauslegungen. Das unterschiedliche Denken über Recht und Unrecht lässt sich nicht vereinen. Doch die wahrgenommene westliche Dekadenz, Verlogenheit und Zügellosigkeit geht trotzdem nicht spurlos an der kollektiven Seele der islamischen Völker vorbei. Jedes Volk hat eine kollektive Seele, die verletzt werden kann und sich dann Wege sucht, um zu reagieren. Es mag wie ein fanatischer Irrtum aussehen, ist aber in Wirklichkeit eine falsche Reaktion auf ein falsches Verhalten. Eine Logik steht gegen die andere Logik. Ein Pol gegen den anderen Pol. Nichts kann ohne das andere existieren. Wenn das eine sich manifestiert, manifestiert sich auch das andere. So lautet das Gesetz in der irdischen Schöpfung.

Dieses Gesetz fand seinen vorläufigen Höhepunkt in den Ereignissen vom 11. September 2001. Im Namen Allahs, der Religion dieser Völker, wurde vermeintlich zurückgeschlagen. Die Menschen, die diese Anschläge organisiert und durchgeführt haben, waren überzeugt, dass sie Gottes Willen ausführten. Sie glaubten, auf der Seite der Wahrheit zu stehen. Aus der Sicht des Islam ist die westliche Kultur auf einem so falschen Weg, dass sich Handeln aufdrängt. Leider haben die westlichen Staaten auf die Anschläge falsch reagiert. Anstatt Hand zur Lösung des Konfliktes zu bieten, auf die islamischen Länder zuzugehen, die Verständigung und den Frieden zu suchen, wurde rückständig reagiert. Es wurde wahllos in eine kollektive Richtung zurückgeschlagen, ohne Rücksicht darauf, ob Unbeteiligte, Unschuldige die überzogene Reaktion ebenfalls zu spüren bekommen. Diese Reaktion war unverhältnismäßig.

Die stark degenerierten Führer des Westens haben sich damals keine Gedanken über ihre Reaktion gemacht. Folglich verselbstständigten sich die wirtschaftlichen Interessen der amerikanischen Rüstungsindustrien, die die damalige Regierung der Vereinigten Staaten finanziert hatten. Die Interessenvertreter dieser wirtschaftlichen Macht flüsterten dem amerikanischen Präsidenten ein: „Schlag jetzt zu!"

Durch die Kriege in Afghanistan und im Irak, durch die Drohungen gegenüber dem Iran hat sich die Welt nun endgültig an den Rand der unüberwindbaren Spaltung und des Untergangs begeben. Der Graben ist jetzt sehr tief. Nach menschlichem Ermessen ist diese Spaltung unüberwindbar.

Nach den Gesetzen der irdischen Logik würde diese Spaltung bald zu einer so großen kriegerischen Auseinandersetzung führen, dass der Planet Erde untergehen müsste. Aber das ist nicht vorgesehen. Der Zorn, die Wut und der Hass sind in den islamischen Ländern sehr groß, dass im Verborgenen gigantische und höchst effiziente Anschläge vorbereitet werden. Viele Menschen sind bereit, zu sterben. Es laufen riesige logistische Vorbereitungen und eine erhebliche heimliche Aufrüstung. Außerdem finden illegale Waffentransporte in diese Länder statt. Sehr professionell eingefädelte sogenannte Befreiungsaktionen der islamischen Welt werden vorbereitet. Sogar westliche Unternehmer liefern diesen militanten Kräften Waffen. Manche Menschen schrecken auch nicht davor zurück, aus Gründen des Profits und der Gier, diesen Gruppen Atomwaffen oder Pläne für Atomwaffen zu verkaufen.

Die kollektive islamische Seele ist sehr verletzt, sehr gedemütigt. Das Energiefeld der verletzten islamischen kollektiven Seele wird immer stärker. Viele Tausend Menschen sind zu allem entschlossen. Sie wollen zurückschlagen und arbeiten mit ihrer ganzen Energie daran, es auch bald zu tun. Die sehr unklugen Reaktionen der westlichen Staaten gießen zusätzlich Öl aufs Feuer.

Aufgrund der empfindlichen Anschläge der zu allem entschlossenen islamischen Gruppen wird der Welthandel mit Lebensmitteln und Produkten, die das Überleben sichern, bald fast vollständig lahmgelegt werden. Da der freie Welthandel unverhältnismäßig internationalisiert und globalisiert worden ist, bietet er dann eine sehr große Angriffsfläche. Es wird den Terroristen innerhalb kürzester Zeit gelingen, die riesige Logistik des freien Welthandels so empfindlich zu stören, dass der Handel zum Teil eingestellt werden muss. Die Versorgung der ehemals reichen westlichen Länder mit Lebensmitteln und landwirtschaftlichen Produkten aller Art wird sehr schnell zusammenbrechen. Die Menschen in den westlichen Ländern, die schon länger einen großen Wohlstand gewohnt sind, werden dann auf sich selbst zurückgeworfen sein. Innerhalb kürzester Zeit werden große Not und große Knappheit an materiellen Gütern entstehen.

Tritt das ein, zeigen sich die Wesenheiten, die Charaktereigenschaften, die viele Menschen in sich tragen. In den oberflächlichen Systemen der menschlichen Konventionen ist alles hinter einer bürgerlichen Fassade verborgen. Dieses wird sich dann sehr schnell ändern. Wenn die Menschen ihre Gewohnheiten nicht mehr leben können, die durchsetzt sind mit Süchten, verschiedenem Fehlverhalten, Sinnesbefriedigungen, Sinnesüberlagerungen und falsch verstandener Lust, treten ihre karmischen Unzulänglichkeiten sehr schnell zutage. Dann wird die Verrohung, wie die Menschen es zuletzt in den beiden Weltkriegen beobachtet haben, schnell um sich greifen. In die Gesellschaften kehrt dann ein Verhalten zurück, wie es sonst nur in den dazugehörigen Astralebenen sichtbar ist, wenn die entkörperten Seelen ihren umgedrehten Wahrheiten direkt gegenüberstehen.

Das sind die Zeiten des Umbruchs. Es wird dann allen klar werden, dass sich nun etwas ändern muss. Die Menschen, die sich für die Gesetzmäßigkeiten des Neuen Zeitalters entschieden haben, werden folglich intensiviert ihre dem Leben zugewandten Realitäten leben müssen, um das nötige Gleichgewicht auf dem gesamten Planeten Erde zu halten. Dieses wird sehr wichtig sein, damit das Ganze überleben kann. In den Gesellschaften werden zeitweise anarchieähnliche Zustände herrschen. Einige Menschen werden sehr zornig werden, da ihre Privilegien, ihre ihnen vertraglich zugesicherten Sicherheiten und ihre vielfältigen Sinnesbefriedigungen, nicht mehr so einfach möglich sind. Karmische Prozesse setzen sich frei. Die Wahrheit bahnt sich ihren Weg. Es kann nichts mehr verborgen werden.

Darum ist jetzt jeder Mensch gefragt, tief in sich zu gehen und sich die Fragen zu stellen: „Wer bin ich? Will ich das sein, was ich bin? Was beherberge ich eigentlich in mir? Sind das die Realitäten der Wahrheit? Ist das der Frieden? Ist das die Liebe?" Sucht für Antworten auf diese Fragen unbedingt die Stille und den Frieden auf. Dort findet ihr die richtigen Antworten. Jede Antwort, die euch nicht völlig erfreut, muss sehr ernst genommen werden und die zugrunde liegende Realität muss korrigiert werden. Nehmt jeden Hinweis sehr ernst, der euch zeigt, dass sich noch etwas verändern muss.

Wenn die Zeiten des endgültigen Umbruchs da sind, werden die Menschen sehr brutal und schonungslos ihren inneren Welten ausgesetzt sein. Es ist dann nicht zu spät, aber es wird sehr schmerzhaft und mühsam sein, eine Kehrtwendung zur Wahrheit zu vollziehen, wenn die Richtung überhaupt noch nicht eingeschlagen worden ist. Darum arbeitet jetzt freudig und zügig an eurer Vervollkommnung. Helft anderen, an ihrer Vervollkommnung zu arbeiten. Nutzt jeden Tag, euch dem Göttlichen zu nähern. Unter welchem Namen sich das Göttliche auch immer zeigt. Die Zeiten der „richtigen" oder „falschen" Religionen werden sowieso bald vorbei sein, denn die Religionen waren nur Hilfsmittel, um die Menschen zu sich selbst zu führen. Im Neuen Zeitalter wird es keinen Streit und Zwietracht unter den Religionen geben. Eine „richtige" oder „falsche" Religion wird es nicht geben – dafür nur die Menschlichkeit oder die Unmenschlichkeit. Es gibt nur die Liebe oder es gibt sie nicht. Gott möchte alle Menschen erreichen, welche Sprache die Menschen auch sprechen, welchen Gott die Menschen auch immer anrufen. Gott hört jeden Menschen. Gleich wer oder unter welchen Namen. Darum kümmert euch nicht mehr um diese Fragen. Es sind Fragen aus dem Verstand, der unentwegt spaltet und trennt.

Die Bibel wurde im Mittelalter von Menschen verfälscht, die sich eher mit den edlen Stoffen ihrer Gewänder beschäftigten als mit der Wahrheit und der Liebe von Jesus Christus. Die Bibel wurde zum Zwecke der Macht verfälscht, was dazu führte, dass über das Christentum die Befreiung der Menschen und der Schöpfung nicht stattgefunden hat. Bis heute ist es nicht gelungen, die sehr einfachen Wahrheiten, die sehr große Einfachheit und Liebe von Jesus Christus wirklich zu vermitteln, da auch das Neue Testament abgeändert wurde.

Die Wahrheit ist ganz einfach und schließt alle Menschen ein. Niemand ist ausgeschlossen. Die universelle Wahrheit sagt nicht, dass jemand zu große Schuld auf sich geladen hat, zu spät kommt oder die Befreiung der Menschen durch irgendetwas unmöglich gemacht wird. Jede Hand, die sich Gott entgegenstreckt, wird von Gott ergriffen. Alles andere ist unwahr. Lasst euch das nicht mehr erzählen.

Darum seid sehr vorsichtig mit jenen, die im Namen einer „richtigen" Religion zu euch kommen. Die Unwahrheit kommt mit großer List und Tücke daher. Diese Menschen sind oft zu allem entschlossen. Schaut ihnen in die Augen, schaut in ihr Herz und ihr werdet sehen, dass sie nicht in der Wahrheit sind, sondern in irgendeinem karmischen Hass grollen. Stimmt diesen Menschen scheinbar zu, damit dieser Hass nicht ausbricht. Vermeidet, ihnen eine Angriffsfläche zu bieten. Geht aber euren Weg, den Weg der universellen ewigen Wahrheit, den Weg der Liebe.

Gottes Liebe und Gottes Wahrheit soll alle Menschen und alle Wesen erreichen. Sucht den Frieden und die Stille, um tiefe Inspirationen aus der universellen Wahrheit und der göttlichen Liebe zu erhalten. Meidet den Lärm der Welt. Der Lärm der Welt wird so zunehmen, bis er sich bald zu einem lauten Getöse des Überlebenskampfes gesteigert haben wird. Dann sollten die Kräfte der universellen Wahrheit in euch so stark sein, dass ihr dem standhalten könnt und in dem entstandenen Chaos das Neue Zeitalter begründen könnt.

Schlüssel 2

Verbinde dich immer wieder mit der großen Reinheit, die in der Stille und dem Frieden zu finden ist, um deine innerste Essenz in der Einheit zu erfahren.

3. Schwert der Wahrhaftigkeit

Der Ozean der Wahrheit zerstört Unwissenheit
und Unbewusstheit.
In der Wahrheit kann sich die Erkenntnis
des Höchsten vollziehen.
Sie ist auch wahr, wenn niemand sie sehen will.
Sei Wahrheit, lebe Wahrheit, liebe die Wahrheit.

Es sind nun endgültig die Zeiten da, wo die Wahrheit übermäßig in Unwahrheit verdreht wird. Die Menschen wissen nicht mehr: Was ist Wahrheit? Was ist Unwahrheit? Die Zersplitterung des menschlichen rationellen Verstandes ist so mannigfaltig, dass es Millionen, Milliarden geistige Abspaltungen gibt, die die Menschen nun endgültig verwirren. Da die Wahrheit aber nicht zerlegt werden kann, sondern ein Ganzes ist, kann sie nicht mehr erkannt werden.

Die Kinder werden in den Schulen sehr früh gezwungen, in die Aufspaltungen des Geistes zu gehen, die entstehen, wenn der Verstand überbetont wird. Die Menschen meinen, sie tun den Kindern etwas Gutes, wenn sie in den Schulen lernen, dass man alles aufspalten und analysieren muss, um zur Wahrheit zu gelangen. Die Kinder empfinden es als sehr unangenehm, und ihre Wahrnehmung ist richtig. Kinder sollten freudig die universelle Wahrheit erkennen lernen. Das wird sich im Neuen Zeitalter ändern. Kinder möchten kreativ sein, möchten singen und spielerisch lernen. Dieses sind die Werkzeuge des Wissens.

Die Menschen belächeln heute die ersten Schulmodelle. Im 17. Jahrhundert haben ehemalige Berufsoffiziere den Kindern im wahrsten Sinne des Wortes Wissen eingebläut. Mit Gewalt wurde damals versucht, den jungen Menschen den Lernstoff zu vermitteln. Dabei wurden diese jungen Menschen innerlich tief verletzt und wurden so zum willfährigen Material, um immer wieder Kriege führen zu können. Leider sind die Schulen heute nicht viel anders und deshalb auch nicht besser. Nur die Methoden haben sich geändert. Auf die Persönlichkeit der Kinder und Jugendlichen wird keine Rücksicht genommen, was innere Verletzungen schafft. Anders ist es in Privatschulen, wie z. B. in den Waldorfschulen (Rudolf-Steiner-Schulen), wo Verbesserungen stattgefunden haben.

Da aber alle Menschen einer Generation den Schwingungsfeldern der gemachten Fehler unterliegen, können sie sich nicht einfach aus einem kollektiven Karma freikaufen, indem sie Kinder auf Privatschulen schicken. Die Kinder werden nur scheinbar, aber nicht wirklich aus diesem kollektiven Karma entbunden.

Im Neuen Zeitalter wird in den Schulen eine Kreativität gelehrt, die sich auf einen sehr einfachen Grundsatz stützt: Haben die Kinder Freude, dann stimmt das Schulsystem. Fehlt die Freude, ist es falsch. Kinder lernen durch Spiel, Kreativität und über das Miteinander. Die Übergriffe unter den Kindern, die angeblich ein Beweis dafür sind, dass bereits Kinder rücksichtslos und der Konkurrenz unterworfen sind, sind lediglich die Folge einer falschen Erziehung. Die Gesellschaft wird als Ganzes widergespiegelt. Dieses zeigt sich schon in den bunt zusammengewürfelten Gruppen im Kindergarten und in der Schule. Würde das Erziehungsmodell der jungen Menschen auf Liebe ausgerichtet, würden diese Spiegel-Zerrbilder verschwinden.

Kinder werden durch liebevolles Miteinander, durch Achtung einer jeden Persönlichkeit, eines jeden Menschen, eines jeden Wesens eine Kreativität entwickeln, die sie wirklich in den Wesensgrund des Lernens führt. Seht, wie ein Kind seine Sprache lernt, wie perfekt und mühelos es die mühsame Grammatik erlernt, ganz ohne Anstrengung. Es ist ein Spiel. Genau so spielerisch wird in den Schulen des Neuen Zeitalters gelehrt werden. Die Ergebnisse dieser Methode werden die heutigen Erfolge in den Schatten stellen. Es wird eine grenzenlose Intelligenz aus dem spielerischen schöpferischen Umgang mit dem Göttlichen entstehen.

Die heutige, leider fehlgeleitete intellektuelle Intelligenz der Menschen, die stark gespalten ist, entsteht daraus, dass keine Rücksicht auf die Persönlichkeiten der Kinder genommen wird. Man versteht nicht, dass junge Menschen nur fröhlich sein wollen und von Gott das Recht dazu bekommen haben. Die Korrektur dieses Missstandes kann deshalb nur wirksam werden, wenn die Verbesserung kompromisslos für alle gilt. Es kann nicht sein, dass die einen bevorzugt werden und die anderen nicht. Das hebelt die Wirksamkeit sofort wieder aus. Deshalb sehen die Menschen bei näherer Betrachtung, dass das eindeutig bessere Schulmodell der Waldorfschulen gegenwärtig dieselben Resultate hervorbringt wie die Staatsschulen. Es gehen auch aus den Waldorfschulen Menschen hervor, die im Leben benachteiligt sind. Da die Menschen die Messlatte an das Vergangene anlegen, meinen sie, sehr große Fortschritte in der Bildung der jungen Menschen gemacht zu haben, was aber nicht stimmt.

In den nächsten 20 Jahren werden von der Lichtebene her Menschen ausgebildet werden, die die neuen Schulmodelle schließlich mit großer Freude entwickeln werden. Der rationelle Verstand wird in diesen Schulen endgültig in die zweite Reihe verwiesen. Der Verstand sollte nur ein Hilfsmittel auf der vorläufigen Ebene der materiellen Realität sein. Der aufgeblähte Verstand aber, der, genau betrachtet, zu regelrechten Behinderungen führt, wird verschwinden. Dann werden sich die Formen und Manifestationen des Planeten immer mehr in Richtung der universellen Wahrheit, in Richtung des Lebensprinzips verändern. Es werden Häuser und Städte entwickelt werden, die die Freude der Menschen und damit der gesamten Schöpfung Ausdruck verleihen und sie damit verstärken können. Menschliche Arbeit wird wieder ausgedrückte schöpferische Kreativität sein. Der ganze Schmerz und die riesige Anstrengung vieler derzeitiger menschlicher Realitäten entstehen aus einem Verstoß gegen die universelle Wahrheit. Wenn diese Nichtbeachtung der universellen Wahrheit aufhört, wird sich die Leichtigkeit des Seins einstellen. Dieses muss in den menschlichen Schulen begründet werden.

In den Schulen des Neuen Zeitalters wird vor allem versucht werden, die jungen Menschen über das dritte Auge zu ihrem innersten göttlichen Selbst zu führen und mit ihm zu kommunizieren. Dadurch kann jeder Mensch zu seiner Berufung geführt werden. Diese verschiedenen Berufungen werden insgesamt einen ganzheitlichen schöpferischen Prozess auslösen, der absolut und in sich synchronisiert ist. All dies wird eine ungeahnte Perfektion in der materiellen Schöpfung hervorbringen, die sich die Menschheit gegenwärtig noch nicht vorstellen kann. Alles passt ineinander, alles ist ein freudiges Schaffen, einer großen Kreativität unterworfen und dadurch ein ständiger Ausdruck von Glück und Freude. Die Polarität wird sich dann immer mehr zurückziehen.

Die Hauptaufgabe der Schulen wird sein, bei den Kindern die ureigensten, kostbarsten Talente zu entdecken und zu fördern. Deshalb werden die Schulen des Neuen Zeitalters Talentschulen sein. In den ersten Schuljahren wird den Kindern beigebracht werden, zur göttlichen Kraft und damit zur göttlichen Kreativität zu finden. Die Ziele dieser Schulen werden in Siebenjahreszyklen definiert sein. In einem sehr freien Rahmen kann sich dann die Kreativität der jungen Menschen entwickeln. Der Zwang, der gegenwärtig in den Schulen herrscht, wird gänzlich abgeschafft sein. Die jungen Menschen werden sehr freudig zur Schule gehen. Keines der Kinder wird mehr auf die Idee kommen, die Schule zu schwänzen. Das Aushändigen von Zeugnissen und Diplomen wird abgeschafft sein, da diese ungenauen Messinstrumente des Misstrauens nicht mehr nötig sind. Das Erreichen der Ziele wird eine Art Initiation sein, die in Gegenwart von schulischen Meistern, wie es sie dann geben wird, stattfinden wird.

Die jungen Menschen schließen dann ihre Schulzeit mit einem geistigen spirituellen Grad ab. Dieser Grad ist tief in die Ewigkeit verankert und wird die Legitimation sein, ins Berufsleben eintreten zu können. Es ist nicht, wie zur heutigen Zeit, eine Schablone einer Berufsgattung, in die die Menschen grob hineingezwängt werden. Es wird eine große Vielfältigkeit von Berufen geben, da jeder Mensch seine Einzigartigkeit von innen hervorholen wird. Die Berufungen, wie es später heißen wird, sind so aus den Tiefen des Selbst hervorgeholt, dass sie gar nicht in eine Schablone gezwängt werden können. Deshalb können diese Berufungen fast mühelos ausgeübt werden. Der Energieverschleiß, der heute in den Berufen stattfindet, wird nicht mehr sein.

Es ist zu vergleichen mit den heutigen Künstlern und den freischaffenden Berufen, die aber noch nicht diese Energieintensität erreicht haben, weil das gesamte Energiefeld auf dem Planeten noch nicht dementsprechend angehoben ist. Im Neuen Zeitalter wird ein Energiefeld entstanden sein, in dem mühelos diese große Kreativität erreicht werden kann. Es wird den jungen Menschen völlig freigestellt sein, wann sie ihre schulische und berufliche Schöpfung, wie es dann genannt wird, abgeschlossen haben. Die verschiedenen Formen menschlicher Talente und menschlichen Wissens, das dann nicht mehr kopiert wird, sondern durch Innenschöpfung entsteht, ergeben eine Einheit, die die Gesellschaften als Ganzes zu einem immer vollkommeneren Funktionieren bringen wird. Da dieses Prinzip auf Freiwilligkeit aufgebaut ist, wird sehr viel kreative Energie frei werden. Letztendlich wird es die Gesellschaften vollständig verändern.

Wenn die Einfachheit in der Wahrheit wieder anerkannt ist, wird die Wahrheit zurückkehren. Es werden dann Manifestationen im Technischen hervorgebracht, die sehr dem organischen Leben ähneln. Die Perfektion wird beispiellos sein. Die Verschmutzungen der Flüsse, des Wassers, der Luft und der Erde werden sich zurückbilden. Nach und nach werden immer weniger Menschen krank werden. Die Menschen werden gesünder und fröhlicher sein. Die Zellalterung wird sich immer mehr verlangsamen. Deshalb werden die Menschen immer älter werden. Die Erde wird wieder alle Menschen, alle Wesen ernähren können. Der Lebenskampf, der Verdrängungskampf, den die Menschen, versteckt in der

Globalisierung, gegenwärtig wahrnehmen, der sich sogar immer noch steigert, wird aufhören.

Der Planet Erde hat die Kapazität, sehr viele Menschen, Tiere und Pflanzen aufzunehmen und ausreichend zu ernähren. Trotzdem erscheint es jetzt den Menschen, dass nicht genügend für alle da ist. Dieses hat mit einem unvollkommenen Kollektivbewusstsein zu tun. Der Planet kann in der Tat nicht so viele unbewusste Menschen aufnehmen, wie sich gegenwärtig auf der Erde befinden. Da stimmt die menschliche Wahrnehmung. Der Planet würde untergehen, wenn dieser Zustand noch lange anhielte. Es würde keine 20 Jahre dauern, bis die Erde definitiv untergegangen wäre.

Die universelle Wahrheit liegt eigentlich allem zugrunde. In der der Dualität unterworfenen irdischen Realität gibt es aber verschiedene Stufen des Wahrheitsgehalts. Jede Zeitenepoche, jedes Zeitalter hat einen Grad der Wahrheit, der sich von jedem Zeitalter ins nächste Zeitalter verstärkt. Dadurch enthält jedes neue Zeitalter einen höheren Grad an Wahrheit und bedarf deshalb weniger Korrekturen über das Karma. Am Ende jedes Zeitalters kommt aber unweigerlich der Punkt, dass plötzlich, von einem Tag auf den anderen, ein Strich gezogen wird. Dieses geschieht in der irdischen Zeitenabfolge unerwartet schnell. Dann zeigt sich, wo jeder Mensch steht. Unvermeidlich! Die Menschen, die sich in der Unwahrheit verstrickt haben, werden alles Unperfekte und Bedrohliche ausschließlich im Außen wahrnehmen und nicht wissen, dass es in Wirklichkeit ihre inneren Welten sind, die sich manifestieren. Sie werden argumentieren: „Ich bin eigentlich ein guter Mensch, aber jetzt muss ich überleben." Diese Menschen wollten nicht lernen und werden die Folgen ihrer eigenen Unwahrheiten ernten, auch wenn sie versuchen, es auf andere Menschen abzuschieben. Dieses wird ihnen nicht gelingen. Die Wahrheit sucht sich ihren Weg.

Die Menschen, die sich für die Wahrheit entschieden haben, für die Wahrheit gearbeitet haben, sich auf die Tage des Umbruchs vorbereitet haben, werden auf sicherem Grund stehen. Sie werden jeden Tag damit verbringen, anderen Menschen zu helfen, diesen sicheren Grund ebenfalls zu erreichen. Darum konzentriere sich ein jeder auf den Gott seiner Wahl, auf seinen individuellen Zugang zu Gott, damit Gott die Menschen individuell vorbereiten kann. Es wird nicht um eine neue Religion gehen. Es sind auch keine komplizierten Konzepte nötig. Es ist alles ganz einfach. Jeder muss in sich gehen und seine innere Wahrheit herausfinden.

Es werden derzeitig sehr viele Menschen ausgebildet, Unterstützung auf dem Weg nach innen, zum Selbst, zu leisten. Viele Menschen verspüren zurzeit das Bedürfnis, sogenannte Lebensberater zu werden. Dieses ist im Plan des

Göttlichen. Es braucht diese große Anzahl an Lebensberatern, um die gesamte Menschheit in ein höheres Bewusstsein zu führen. Jeder Mensch, der das Bedürfnis in sich spürt, in welchem Grad gemäß seiner Entwicklung er sich auch einreihen mag, ist willkommen, diese Arbeit zu tun. Hört auf eure innere Stimme. Folgt euren Eingebungen und macht eure Ausbildungen des Lichts. Es soll auf der Erde ein gewaltiger Transformationsprozess in die Wahrheit stattfinden. Die geistige Umwandlung wird über diese Menschen geschehen. Die Wahrheit muss für jeden Menschen erreichbar sein. Es müssen deshalb auf dem Planeten Erde sehr viele Lichtpunkte installiert werden.

Das Göttliche richtet sich darauf ein, jeden Menschen zu erreichen. Da die Schöpfung sehr viele Farben hat, wird es sehr unterschiedlich eingefärbte Lebensberatungen geben. Je höher ein Lebensberater entwickelt ist, umso weniger wird er im Konkurrenzdenken und in Vorstellungen von der Einzigartigkeit seiner Arbeit befangen sein. Der Gradmesser des Erfolgs wird die Freude und die Harmonie sein. Dann sind die Menschen auf dem richtigen Weg. Wenn eine Schwere und eine Unlösbarkeit der Probleme weiterhin bestehen oder sogar zunehmen, sind die Menschen schlecht beraten.

In diese Arbeit darf sich nicht die untergehende Rationalität, der aufgeblähte und spaltende Verstand einschleichen. Es werden z. B. auch Vertreter der trägen Psychiater- und Psychologen-Zunft versuchen, es sich dort einzurichten. Wenn sie ihren Schritt ins Neue Bewusstsein aber innerlich nicht vollzogen haben, werden sie die Menschen falsch beraten. Jeder Mensch muss in sein Herz schauen, ob diese Menschen wirklich befugt sind, Beratungen in die universelle Wahrheit anzubieten, oder ob eine privilegierte Berufsgattung nur ihre Vorrechte behalten will.

Es werden sich in den nächsten Jahren viele hohe spirituelle Meister auf der Erde verkörpern, die deutlich sichtbar ihr Licht auf den Planeten bringen werden. In der Anwesenheit dieser Heiligen wird die universelle Wahrheit so stark leuchten, dass sie buchstäblich im Raum aufgeschrieben ist. Die Wahrheit wird direkt für jeden Menschen erfahrbar sein. Die Menschen werden anschließend gestärkt in der Wahrheit nach Hause gehen. Sie werden wissen, was die Wahrheit für sie individuell bedeutet, ohne dass auch nur ein Wort gesprochen werden musste. Jeder wahrheitssuchende Mensch ist aufgerufen, sich über diese geistigen Meister Gott zu nähern. Keine Mühe sollte dafür zu groß sein. Gott verstärkt in großer Liebe seine Anstrengungen, jede Seele anzusprechen. Unter dem Vorwand, euch vor bösen Sekten zu schützen, die euch unfrei machen wollen, wird versucht werden, euch von diesen Veranstaltungen des Lichts fernzuhalten.

Die Sektenhatz hat bereits begonnen. Die Massenmedien sind überzeichnet von unwahren Geschichten. Sie bedienen sich der Unwahrheit und unterstellen diese Unwahrheit der anderen Seite. Lasst euch nicht irreführen. Es ist oft genau entgegengesetzt, wie es von den Massenmedien suggeriert wird. Die sogenannten Aufklärungsberichte und -sendungen sind immer gleich aufgebaut. Es werden Zusammenhänge konstruiert, die falsch, unvollständig dargestellt und deshalb absurd sind. Es ist besser, sich nicht damit zu beschäftigen. Die universelle Wahrheit kommt wie ein unschuldiges Kind daher. Ein unschuldiges Kind hat ganz einfach Vertrauen, hat immer wieder eine natürliche Freude und ist aus einer leichten Selbstverständlichkeit heraus kreativ. Die der übermäßig komplizierten und aufgespaltenen Logik unterworfenen Menschen wollen euch weismachen, dass es die vielen komplexen Gedankengänge des Verstandes unbedingt braucht, um überleben zu können. In Wahrheit braucht es den aufgeblähten Verstand, damit die materielle Schöpfung Krankheit, Verderbnis und Tod unterworfen sein kann. Wenn sich die universelle Wahrheit voll und ganz ausbreiten würde, gäbe es augenblicklich keine Krankheit und kein Sterben mehr.

Wenn die Schöpfung all ihre Stufen durchlaufen hat und eine bestimmte Grenze in die göttliche Perfektion überschritten hat, wird es Tod und Wiedergeburt nicht mehr geben. Dieses ist für viele Menschen nicht einfach zu verstehen. Viele Menschen würden euch endgültig jegliche Glaubwürdigkeit absprechen, wenn ihr dergleichen behaupten würdet. Aus ihrer Sicht hättet ihr dann endgültig den Boden unter den Füßen verloren.

Tatsache ist, dass die rationelle intellektuelle Logik, wie sie sich momentan darstellt, bald endgültig und ziemlich sicher den Boden unter den Füßen verlieren wird. Kümmert euch deshalb nicht zu sehr um diese Meinungen und diskutiert nicht. Schweigt und tut das Richtige. Wendet euch dem Leben, der Liebe und der universellen Wahrheit in der Einfachheit zu. Alles andere wird Gott euch ganz selbstverständlich hinzugeben, wie es seit Menschengedenken den Menschen immer wieder versprochen worden ist. Jeder Mensch wird letztendlich das Ziel der Vollkommenheit erreichen.

Das intellektuelle Denken und der rationelle Verstand haben in den westlichen Gesellschaften einen zu starken Raum eingenommen, deshalb haben sich die Kräfte der Finsternis nun in alle Bereiche eingeschlichen. Die Habgier frisst fast ungehindert an den Gesellschaftskörpern. Die daraus resultierende Falschheit hat sich über viele intellektuelle Schulungswege in die Gesellschaften eingeschlichen. Über die sogenannten Coachings wird sie nun weiter verbreitet. Diese Coachings tarnen sich als Schulungen, die alles besser zum Funktionieren bringen sollen. Viele eindimensional funktionierende Menschen, die vor allem eine Seite ihres Gehirns entwickelt haben und deshalb scheinbar gut funktionieren, fühlen sich dazu berufen, Lehrer in diesen Schulungen zu sein. Die Ergebnisse in den Gesellschaften sind verheerend. Da vor allem ein Pol des menschlichen Denkens betont wird, gibt es eine Verlagerung auf diese Seite des Denkens. Die andere Seite wird ausgeklammert. Teilweise bemächtigen sie sich auch der Sprache des Lichts. Es hört sich auch für sie gut an. Prüft sehr genau, was da behauptet wird. Sie wissen oft nur so viel, wie es ihren Zielen der Habgier und der Sinnesbefriedigung entspricht.

Es gibt eine kleine Anzahl von Menschen, die davon profitieren. Sie haben dadurch größeren Zugang zu materiellen Mitteln, materieller Macht, um ihre Sinne immer umfassender befriedigen zu können. Dieser Weg der zunehmenden Sinnesbefriedigung führt aber zu einer schwer zu ertragenden inneren Leere, da die Sinne sich zurückziehen, wenn sie aus einem Selbstzweck heraus immer umfassender befriedigt werden. Die Sinne brauchen dann einen immer größeren Anreiz, um diese Befriedigung zu erlangen. Dadurch steigert sich das Spiel unaufhörlich. Die Anhäufung von materiellen Mitteln, der materiellen Macht und die Möglichkeiten der Sinneszerstreuung müssen deshalb immer größer werden. Dadurch nimmt die tragische Entwicklung ihren Lauf.

In Folge davon entstehen immer mehr Schuldzuweisungen in den Gesellschaften. Es gibt zwangsläufig Verlierer, die das alles bezahlen müssen. Unter dem Deckmantel der Aufklärung, z. B. der Aufdeckung eines angeblichen Missbrauchs, werden Menschen in diesem Lebenskampf an den äußeren Rand der Gesellschaft verdrängt. In diesen Menschen spiegelt sich die Schuld derer, die diesen umgedrehten Bewusstseinsweg gehen. Auch wenn es seine karmische Entsprechung hat, sind diese menschlichen Ausgrenzungen nicht rechtens. Es wird deshalb bald ein Armutsproblem entstehen, wie es sonst nur aus den Entwicklungsländern bekannt ist. Die Armut wird aber größer sein, da eine geistige Armut, ein Hineinstoßen in eine niedrige Schwingung, hinzukommt. Solch eine Armut existiert in den Entwicklungsländern nicht. Die neue Armut in den westlichen Ländern, entstanden aus einem harten, erbarmungslosen Verdrängungswettkampf, wird alle bisher bekannte Armut in den Schatten stellen. Diese Armut wird unerträgliche unmenschliche Lebensumstände hervorrufen. Es darf aber nicht sein, dass Menschen gezwungen werden, schon während ihrer irdischen Verkörperung wie ein niedriges Astralwesen zu leben. Die Menschen, die zu den Gewinnern dieser zweifelhaften gesellschaftlichen Entwicklung gehören, rücken zunehmend von ihrem Selbst ab, da sie vor allem mit ihren Sinnen, mit ihrer Bequemlichkeit und ihren äußeren Dingen beschäftigt sind.

Solche Menschen müssen freiwillig den Weg in die den universellen Wahrheiten unterworfenen Lebensschulungen finden, um dort mit der Weisheit der Ewigkeit in Kontakt zu kommen. Bevor sie nicht freiwillig Änderungen vollziehen wollen, hüllt euch in Schweigen und lasst sie gewähren. Der Zorn wäre sonst sehr groß. Berichtet nur den Menschen von der Wahrheit, die nach der Wahrheit verlangen. Um die Illusionen der anderen Menschen kümmert euch nicht, denn sie wissen nicht, was sie tun.

Alle Menschen, alle Wesen sollen angemessen leben und Zugang zu den natürlichen Freuden des Lebens haben. Freuden, die beinhalten, dass die Sinne nicht die Oberhand übernehmen. Die Sinne sind lediglich Diener des Lebens. Jeder Mensch, der den Sinnen erlaubt, einen zu großen Raum einzunehmen, begibt sich auf einen sehr gefährlichen Pfad. Der Mensch bekommt es dann mit Kräften zu tun, die sehr stark sind und mit dieser Stärke den Menschen in die Irre führen können. Der Pfad der Wahrheit wird verlassen. Dieser Verstoß gegen die Wahrheit wird unerbittlich korrigiert werden müssen. Achtet in diesen Zeiten des Umbruchs besonders darauf. Macht es euch jeden Tag zur Aufgabe, die Sinne auf ihren rechtmäßigen Platz zu verweisen. Die Sinne sollen Diener in der Kreativität des Lebens sein. Dann stellen sich die wirklichen Freuden des Lebens ein.

Die gesamte materielle Schöpfung auf dem Planeten Erde ist ein Abbild allen Bewusstseins. Es ist eine mathematisch genau berechenbare Quersumme, ausgehend sowohl vom verkörperten als auch vom nichtverkörperten Leben. Dementsprechend wirkt Bewusstsein auf das Wetter, auf die Erdbewegungen, auf das Klima und drückt sich in Seuchen und Krankheiten aus. Der Frieden auf der Erde nimmt gegenwärtig nicht zu, sondern ab. Es frisst sich ein Unfrieden immer mehr in den Raum der Schöpfung. Die Natur wird jetzt verstärkt das Ungleichgewicht der Menschen widerspiegeln. Dieses wird zu großen Zerstörungen führen. Es sieht dann für viele Menschen so aus, als wären die dann stattfindenden tragischen Ereignisse unwillkürlich, zufällig und ungerecht. Das ist aber nicht der Fall.

Die universelle Wahrheit ist einfach. Die universelle Wahrheit ist eins. Alle Menschen sind eins. Alle Wesen sind eins. Die Schöpfung ist eins. Wenn sich das Bewusstsein der universellen Einheit im Einen verbindet, wird alles ganz einfach, alles ganz wahr. Alles wird sich erheben. Die Schöpfung wird emporgehoben in eine höhere Schwingung. Das ist das kosmische Gesetz. Die Abspaltungen, die Vereinzelung und die Trennungen, die sich in alle Lebensbereiche der westlichen Kultur eingeschlichen haben, können sich dem nicht entgegenstellen. Die Menschen können in ihren geistigen Coaching-Laboratorien noch so raffinierte und heimtückische Methoden entwickeln, um die Menschen zu trennen, zu spalten. All diese kalten und menschenverachtenden Logiken, seien sie noch so raffiniert, können die Wahrheit nicht aufhalten, da die Wahrheit das Leben selbst ist.

Die rationelle Logik ist lediglich ein Grabstein auf einem alten Grab. Dieser Grabstein wird nun bald weggeräumt. Es steht auf diesem Grabstein nur geschrieben, wer hier mal gelebt hat. Nichts anderes. Jede verstandesmäßig definierte Logik ist ein Abbild von dem, was mal gewesen ist. Es ist Vergangenheit. Es hat mit der Wirklichkeit, die sich ständig neu erschafft, nichts mehr zu tun. Darum sind die vielen verstandesüberladenen Coachings und Supervisionen, die immer mehr in alle Lebensbereiche vordringen, Grabesreden. Seid vorsichtig damit. Sie bringen die Schwere. Sie bringen den Schmerz. Sie bringen den Tod. Sie stellen sich der Wahrheit direkt entgegen. Sie sind der Planet, der die Sonne verfinstert. Die doppelzüngige Schlange der Erkenntnis versucht sich noch einmal richtig aufzubäumen, bevor sie sterben muss.

Der Glanz der materiellen Welt, auch wenn es mittlerweile unübersehbar Flecken auf diesem Glanz gibt, ist für viele Menschen eine zu starke Versuchung. Die Verlockung eines sinnenfrohen, unbeschwerten Lebens im privaten Rahmen ist für viele Menschen unwiderstehlich. Deshalb nehmen sie an diesem dunklen Spiel teil. Kümmert euch nicht darum. Heißt sie aber willkommen, wenn sie eine Kehrtwendung in die universelle Wahrheit, in die Einheit, machen wollen. Ihr Wissen, ganzheitlich angewandt, wird Gutes bewirken. Zeigt ihnen mit Liebe den Weg.

Ein sterbendes altes Zeitalter zeichnet sich dadurch aus, dass seine spirituelle geistige Essenz an den äußeren Rändern erstarrt. Dieses zieht Menschen an, die aus karmischen Gründen noch eine Rechnung offen haben. Dadurch entstehen im Gewand der Religionen Gruppierungen, die sich vor allem dem „Wort" Gottes und der „Gottesfurcht" verschrieben haben, was aber Widersprüche in sich sind.

Solche Auslegungen sind zu stark über den Verstand und aus karmischen Unzulänglichkeiten entstanden. Diese Menschen suchen sich über eine heilige Schrift eine Rechtfertigung, um die im Außen mittlerweile stark sichtbaren Disharmonien dogmatisch zu erklären und über ihren Lösungsweg nach den, ihrer Meinung nach, Schuldigen zu suchen. Hier hat sich die Schlange der Erkenntnis einen sehr raffinierten Weg gesucht. Es zeigt sich bei diesen Menschen, wenn tief in ihr Inneres hineingeschaut wird, dass etwas aus früheren Inkarnationen nicht verziehen wurde. Deshalb schaut genau hin, wonach diese Menschen in Wirklichkeit suchen.

Dass ihre religiösen Bewegungen zunehmend größer werden, wird von ihnen als Legitimation angesehen, auf dem richtigen Weg zu sein. Es ist aber nur eine Abspaltung, ein vergänglicher Teil der Wahrheit. Auch hier ist ein kleiner elitärer Kreis gemeint. Es reicht nicht aus, dass diese Menschen sagen: „Jeder, der das Heil sucht, kann sich unserer Bewegung anschließen. Alle anderen sind verloren." Das stimmt nicht. Das ist nicht die Wahrheit. Lasst euch so etwas nicht erzählen.

Es werden in den nächsten 20 Jahren Konstellationen entstehen, worauf diese Menschen meinen, im Außen etwas zu entdecken, was ihnen die Legitimation gibt, aktiv werden zu müssen. In der Folge kann sich das dahinter verborgene Karma vollziehen. Seid mit diesen Menschen sehr vorsichtig, da sie zu allem entschlossen sind. Sie meinen, Gott direkt an ihrer Seite zu haben. In vielen islamischen Ländern hat diese Entwicklung bereits angefangen. In den westlichen Ländern steht es noch bevor. Von Gott zu reden, heißt noch nicht, mit Gott zu sein. Gott muss überhaupt nicht erwähnt werden, um in der universellen Wahrheit zu sein. Die Wahrheit ist einfach. Es ist alles sehr viel weniger schwierig, als diese Menschen es euch weismachen wollen. Es geht lediglich um die Liebe. Bedingungslos.

Die zunehmende einseitige Kommerzialisierung in allen Wirtschaftsbereichen lässt immer größer werdende Weltkonzerne entstehen, die zunehmend dem Prinzip der Habgier unterworfen sind. Es entstehen dadurch immer größere Kreisläufe der Abspaltung anderer Lebenskreise. Das Leben jenseits dieser Interessenfelder wird nicht mehr geachtet. Dadurch werden immer mehr die Rechte von Menschen, Tieren, Pflanzen, quasi der ganzen Umwelt verletzt. Die Disharmonie, die entsteht, weil das Prinzip des Friedens allen Lebens gegenüber nicht beachtet wird, ist mittlerweile so fortgeschritten, dass immer mehr Seuchen auftreten werden.

Die Vogelgrippe ist eine direkte Folge davon, wie außerordentlich schlecht mit den Nutztieren umgegangen wird, die in den Nahrungskreislauf eingehen. Diese Seuche ist ein kleiner Anfang von dem, was in den nächsten Jahren auf die Menschheit, auf die Schöpfung zukommen wird. Diese Seuchen werden die weltweit entstandenen riesigen Tierfabriken vor unlösbare Aufgaben stellen und damit zur Aufgabe zwingen. Dadurch wird das bald entstehende globale Ernährungsproblem noch eine zusätzliche Dynamik bekommen. Der von den Menschen ausgehende Unfrieden fällt direkt auf die Menschheit zurück und wird mit unfriedlichen Mitteln nicht aus der Welt zu schaffen sein. Auf die Vogelgrippe ist bis jetzt fast ausschließlich durch die Liquidation der betroffenen Tiere reagiert worden. Dieses ist keine Lösung.

Die Menschen werden im Neuen Zeitalter ganz selbstverständlich erkennen, dass Essen eine heilige Handlung ist. Die Natur, Mutter Erde, gibt ihnen alles, was sie brauchen. Wenn diese Geschenke geachtet werden und auch der Dank nicht vergessen wird, werden die Geschenke immer reichhaltiger sein. Gott hat für die Menschen Überfluss vorgesehen. Es wäre sogar erlaubt, in bestimmten Regionen der Erde Fleisch zu essen, was allerdings eine Geisteshaltung voraussetzt, wie z. B. die der amerikanischen Ureinwohner. Sie wandten sich direkt im heiligen Kreis des Lebens an den Hüter einer Tierherde mit der Bitte, einzelne Tiere zu entnehmen, die der natürlichen Auslese am nächsten standen. Dieses war eine heilige Handlung und wurde von allen Beteiligten als das verstanden und akzeptiert. In diesem Rahmen ist es zulässig, Fleisch zu essen. Dass die Völker der amerikanischen Ureinwohner schließlich untergehen mussten, hatte andere Gründe, auf die wir noch zurückkommen.

Wie die Menschen aber heute auf dem Planeten Fleisch produzieren und konsumieren, ist unzulässig und wird starke Karma-Reaktionen hervorrufen. Alle Lebewesen sind Geschöpfe Gottes. Kein Mensch hat das Recht, aus Gründen der Gier und der Sinnesbefriedigung anderen Wesen unnötiges Leid zuzufügen. Die Menschen werden deshalb im Neuen Zeitalter sehr schnell damit aufhören, grobstoffliche Wesen zu verzehren. Die Tiergefängnisse, wie sie momentan bestehen, wird es nicht mehr geben. Die riesige Last des Leidens der Nutztiere wird schließlich aus der Atmosphäre des Planeten Erde verschwinden. Ein großes Aufatmen wird dann durch die gesamte Schöpfung gehen. Die wilden Tiere, die es gegenwärtig gibt und die die vom Menschen ausgehenden Aggressionen widerspiegeln, werden dann friedlicher sein. Es wird ein neuer Vertrag mit den Tieren entstehen, der die Rechte der Tiere neu definiert. Die Nahrungsbedürfnisse der Menschen werden sich dann stetig in Richtung Lichtnahrung verändern, bis sie in absehbarer Zeit direkt Licht in Nahrung umwandeln können.

Die Verbindung zur universellen Wahrheit läuft über die Liebe, über das Miteinander und führt in die Einheit, in das freiwillige Zusammenfinden aller Wesen der Schöpfung. Es ist ein harmonischer Ton. Die Disharmonien, die Misstöne des Seins, entstehen aus Habgier, Neid, Gier, Eifersucht, Misstrauen, Lieblosigkeit und Hass. In naher Zukunft scheidet sich die Spreu vom Weizen. Jeder Mensch muss sich dann sehr genau entscheiden, wo er hingehören möchte. Kompromisse mit der Unwahrheit darf es nicht mehr geben.

Alles ist miteinander verbunden. Nichts wirkt für sich allein. Deshalb wird das disharmonische menschliche Bewusstsein im Kreislauf der Schöpfung neue Krankheitsviren entstehen lassen. In den ganzheitlichen medizinischen Schulen werden in den nächsten Jahren viele Kraftanstrengungen unternommen und Möglichkeiten entwickelt, wie der Mensch sich vor diesen vielen neuen Krankheitsviren schützen kann. Mit den herkömmlichen Mitteln der Schulmedizin werden sie nicht zu bekämpfen sein.

Vor dem Ersten Weltkrieg war die Disharmonie auf dem Planeten Erde sehr groß. Die damals bereits technisierten, aber geistig sehr unvollkommenen Gesellschaften in den westlichen Staaten hatten einen beachtlichen Wohlstand erreicht. Da die technische Entwicklungsstufe noch sehr unvollkommen war, waren auch die Disharmonien zwangsläufig sehr groß. Dieses trug zu den Ereignissen des Ersten Weltkrieges bei, wo sich diese Disharmonien dann entladen mussten. Gleichzeitig wurde kollektives Karma abgetragen. Zusätzlich entstand die Spanische Grippe, die fast genauso viele Menschen dahinraffte wie der Krieg. Dieses reichte zunächst aus, um die Schöpfung auf dem Planeten als Ganzes weiter bestehen zu lassen. Durch den Ersten Weltkrieg wurde eine sehr große karmische Last, die auf dem Planeten lastete, auf sehr schmerzhafte Weise verbrannt. Es war einerseits ein Abtragen von Karma, ein Abtragen kollektiver Schuld aus früheren Existenzen aller Beteiligten. Andererseits schuf es neues Karma, neue Verstrickungen, die dann zu den Ereignissen des Zweiten Weltkrieges führten.

Nun war die Atmosphäre noch stärker verschmutzt. Große kollektive Schübe wurden ausgelöst. Wie von unsichtbarer Hand gelenkt, nahm alles seinen Lauf. Die intellektuellen Erklärungsversuche dieser beiden Weltkriege sind unzutreffend. Die Ereignisse mussten stattfinden, da das kollektive Karma zu stark auf der Atmosphäre des Planeten lastete. Sonst hätte der gesamte Planet nicht weiter bestehen können. Die Führer der beteiligten Völker beider Weltkriege haben nicht anders handeln können. Sie wurden vom kollektiven Bewusstsein der Völker, des gesamten Planeten, in den Dienst genommen. Niemand konnte es verhindern. Trotzdem haben sich die Führer und Staatsoberhäupter der Völker, die dieses zu verantworten hatten, versündigt. Sie mussten die Konsequenzen dieser Taten über ihr persönliches Karma auch wirklich übernehmen. Es war einerseits ein kollektives Karma, das sich den Weg suchte. Andererseits musste es auch tatsächlich über den freien Willen dieser Menschen geschehen.

Die Reinigungswellen des Zweiten Weltkriegs führten schließlich im Ergebnis zu den gemäßigten politischen Modellen der westlichen Demokratien. Diese demokratischen Modelle sind schwingungsmäßig sehr grobe Abbilder der politischen Systeme der nordamerikanischen Ureinwohner, die vor ihrem Untergang sehr gut funktionierende demokratische Modelle hatten. Die nordamerikanischen Indianer hatten damals ein demokratisches System, in dem die Mehrheit erst zum Tragen kam, wenn alle involvierten Menschen damit einverstanden waren.

Die Demokratien, die in den westlichen Staaten heute gelebt werden, verlieren zunehmend den Aspekt des Friedens. Es finden sich auf eine sehr rohe Art Koalitionen für irgendwelche abgetrennte Ideen, die dann rücksichtslos durchgesetzt werden. Es schleichen sich in diese Entscheidungsprozesse immer mehr abgespaltene Einzelziele ein, die sich zunehmend verselbstständigen. Bei näherer Betrachtung steckt hinter diesen Zielen offensichtlich Habgier. Die westlichen Demokratien können deshalb nicht mehr funktionieren. Sie werden führerloser. Ältere Menschen, die sich noch an die wirklichen, den Menschen zugewandten Fortschritte nach dem Zweiten Weltkrieg erinnern, wissen oft nicht, dass diese Fortschritte längst ausgelaufen sind. Immer mehr Schiffe fahren führerlos durch den Ozean des Lebens. Ein klarer Kurs ist nicht erkennbar. Diese Demokratien beinhalten ständige Wechsel, was ganzheitlich angewandt nicht falsch wäre. Dann wäre eine klare Linie erkennbar. Da kein ganzheitliches Denken hinter diesen Wechseln steckt, sind es abenteuerliche Zickzacklinien, die schon zu sehr großen Aufspaltungen in der Welt geführt haben.

Der mittlerweile unüberwindbare Graben zur islamischen Welt ist auch eine Folge davon. Die islamischen Staaten versuchen zu funktionieren, indem sie ihre Definitionen des Göttlichen in die Staatsmodelle einfließen lassen. Es sind allerdings äußerliche Kreise der Geistigkeit. Aus ihrer Sicht sind die Degeneration und die Führungslosigkeit der westlichen, „gottlosen" Staaten offensichtlich. Die demokratischen Modelle der westlichen Staaten, die nach den beiden großen Reinigungswellen des Ersten und Zweiten Weltkriegs zunächst wirklich den Frieden brachten, werden den Frieden bald nicht mehr bringen. Es wird sogar immer mehr Unfrieden daraus entstehen. Es haben sich so starke Aufspaltungen in den westlichen Demokratien ausgebreitet, dass Beschimpfungen und Zwietracht ständig zunehmen. Die Staatsverantwortlichen sind vor allem nur an Macht, an üppigen Gehältern und den dadurch ermöglichten Sinnesbefriedigungen interessiert. Dieses gleicht den Konzernlenkern in der „freien Wirtschaft". Es gibt keinen Unterschied mehr.

Die Führungspersönlichkeiten, die wirklich autorisiert wären, ein Volk zu lenken, werden von diesen Modellen nicht mehr angezogen. Deshalb haben immer mehr westliche Länder, auch wenn sie derzeitig noch reich sind, keine wirkliche Führung. Der Reichtum der westlichen Länder fängt zu bröckeln an. Dieses löst bereits große Angstschübe bei den Menschen aus. Deshalb werden die Regierungen jetzt vermehrt zu kranken Zellen, die die Völker in die Irre führen.

Das Demokratieverständnis wird bald nicht mehr von den Menschen getragen werden. Es wird zusätzlichen Streit geben, wie es weitergehen soll. Je nach Bewusstseinsströmung der Menschen wird es faschistische Tendenzen geben. Der Rechtsradikalismus wird sich allerdings nicht wiederholen. Es werden hier und dort stark lobbyistisch unterwanderte Regierungsmodelle in den Gesellschaften nachgefragt werden, die große Abspaltungstendenzen in sich tragen. Dieses wird natürlich nicht die Lösung sein, sondern zu immer mehr Problemen führen.

Bald werden wahre Führungspersönlichkeiten in allen Völkern wieder erkannt werden. Die Vorbereitung der ganzheitlichen Organisation der Völker findet in aller Stille und der Weisheit des Lichts statt. Deshalb ist noch nichts davon sichtbar. Wirkliche Führerschaft eines Landes ist vollkommen, mit aller Kraft und von ganzem Herzen. Es kommt eine Gruppe von Menschen um eine legitimierte Führungspersönlichkeit in friedlicher und dienender Absicht zusammen, um für das Ganze zu wirken. Daraus können wirklich demokratische Verhältnisse für alle Menschen eines Landes entstehen. Alle Menschen, alle Wesen werden berücksichtigt und integriert sein.

Nach der großen Reinigungswelle des Planeten, die jetzt bevorsteht, werden deshalb wie von selbst ganzheitliche Regierungssysteme entstehen. Von Land zu Land wird es Unterschiede geben, da jedes Volk eine andere kollektive Seele hat. Die Menschen werden sich ganz selbstverständlich diesen Modellen unterordnen, da diese Regierungssysteme organisch das Herz der Völker sind. Naturgemäß wird die Lebenskraft eines jeden Wesens unterstützt, das sich diesem Kreislauf frei anschließt. Deshalb werden die Zwänge, wie sie momentan von vielen Regierungen ausgehen, nicht mehr nötig sein.

Aus dieser Idee war die Demokratie und die Verfassung der USA entstanden. Die höchste Seele eines Landes ist der größte Diener des Volkes. Er handelt absolut in der Liebe für sein Volk. Die Wahrheit soll so stark leuchten, dass jede Entscheidung von dieser Wahrheit durchtränkt ist.

Die indianischen Völker hatten vor ihrer geistigen Degeneration, die zu ihrem Untergang führte, ein sehr hohes geistiges und daher auch ein hohes demokratisches Bewusstsein. Je höher ein Bewusstsein ist, desto tiefer kann der Fall sein, wenn gegen universale Gesetze verstoßen wird. Dieses war geschehen und deshalb mussten die indianischen Völker auf dem amerikanischen Kontinent untergehen. Die starke Dekadenz, die sich ausgehend von Europa auf dem amerikanischen Kontinent seit dem fünfzehnten Jahrhundert ausgebreitet hatte, führte schließlich bei den indianischen Völkern zu einem absteigenden Bewusstseinssprung, der so verheerende Folgen hatte, dass die Indianer ein zu starkes kriegerisches Bewusstsein entwickelten und auslebten. Als durch die großen Einwanderungswellen das Land knapp wurde, konnte der Holocaust an den indianischen Völkern stattfinden. Trotzdem war das Bewusstsein der amerikanischen Ureinwohner noch hoch genug, dass es als Inspiration in die amerikanische Verfassung einfließen konnte.

Die Gründungsväter der USA hatten hohe Ziele. Sie wollten Gleichheit unter den Menschen herstellen. Dieses ernst gemeinte Ziel führte zu großem Wohlstand des amerikanischen Volkes, da Reichtum aus einem höheren Bewusstsein entsteht. Schließlich wurden die Vereinigten Staaten das reichste Land des Planeten. Dieser Wohlstand fand Ende des Zweiten Weltkrieges seinen Höhepunkt. Die USA waren maßgeblich für den Ausgang des Zweiten Weltkriegs verantwortlich, da sie die humanen Ziele, nicht die menschenverachtenden Ziele der anderen Seite, im Krieg unterstützten.

Nun muss die Menschheit zu einer ganzheitlichen Führerschaft der Völker finden, um als Ganzes überleben zu können. Wirkliche Führungspersönlichkeiten sind so von Wahrheit durchdrungen, dass sie einem geistigen Meister ähneln. Trotzdem sind diese Persönlichkeiten lediglich Meisterseelen eines Volkes und nicht universelle Meister. Aber sie ähneln einander sehr stark.

Die Menschen erahnen tief im Inneren, welche Regierungsform das menschliche Zusammenleben bestimmen soll. Die vorläufige Zufallswiedergabe im Mengenverhältnis der Demokratien der heutigen Zeit wird verschwinden. Anstelle der vorläufigen Regierungen werden dann wieder klare Hierarchien treten. Auch wenn die Menschen sie hier und dort noch anzweifeln werden. Die europäischen Königshäuser sind in Urzeiten aus ähnlichen Modellen entstanden. Leider gelangten sie im Laufe der Jahrhunderte immer mehr an den Rand der Wahrheit. In den letzten Jahrhunderten und Jahrtausenden wurde die Macht stark durch die zunehmende Degeneration der Kaiser- und Königs-Dynastien missbraucht. Daher war die Abschaffung der Herrschaftshäuser und die Einführung der Demokratien rechtens. Sie waren die vorläufig besseren Konzepte.

Die Kollektivseele eines Volkes weiß genau, welche Menschen den Rat der Weisen bilden sollen. Der Meister eines Volkes ist bereit, sich auch für sein Volk zu opfern, sollte es von ihm verlangt werden. Das Dienen einer solchen Seele ist absolut und bedingungslos. Persönliche Macht ist einem wirklich autorisierten Staatenlenker fremd. Das Volk wird sich mit großer Freude einer solchen Seele unterordnen und ihn lieben. Ähnlich dem Modell des tibetischen Volkes wird nach dem Ableben des Staatsoberhauptes die Wiedergeburt dieser hohen Seele gesucht werden und erneut auf ihren rechtmäßigen Platz eingesetzt.

Das geistige und weltliche System des tibetischen Volkes, mit dem Thron des Dalai Lama, kommt dem Entwurf des Neuen Zeitalters sehr nahe. Tibet liegt im Himalaja geografisch an einem besonderen Ort. Dort befindet sich viel heiliges, höheres Bewusstsein, der Thron der Götter. Aufgrund der materialistischen Degeneration des chinesischen Volkes in die Verrohung, in die Abspaltung vom universellen Geist, ergaben sich im letzten Jahrhundert zwangsläufig Probleme zwischen China und der geistig höher entwickelten tibetischen Kultur. Tibet wurde schließlich besetzt, der Dalai Lama vertrieben.

Das tibetische Volk opferte sich, um den gesamten Planeten zu retten. Dadurch wurde die Ausschüttung des buddhistischen Dharmas und somit einer hohen geistigen Schwingung auf dem gesamten Planeten möglich. Dieses war von langer Hand vorbereitet. Der Tag wird kommen, wo der Dalai Lama in Tibet wieder als der geistige und weltliche Führer des Landes eingesetzt wird, egal wie viele Chinesen in Tibet leben. Alle Menschen werden zum tibetischen Volk gehören, niemand wird ausgegrenzt sein. Und alle werden die gleichen Rechte haben.

Die Wieder-Inthronisierungen der Meisterseelen der Völker werden im Neuen Zeitalter zu großen Festen. Die Freude wird sehr groß sein. Es werden geistige Meister zugegen sein, die dem Ganzen die geistige Legitimation geben. Mitglieder des hohen Rates, die höhere Seelen sind, werden ebenfalls klar zu erkennen sein. Niemand wird diese neuen Regierungssysteme in Frage stellen, da alle Menschen berücksichtigt und integriert sind.

Die Richtschnur für die Entscheidungen im Neuen Zeitalter wird die Liebe und die universelle Wahrheit sein. Die gesamte Schöpfung wird harmonischer sein. Die Natur wird sich nicht mehr gegen die Menschen richten, sondern den Menschen die seit Urzeiten garantierte Unterstützung gewähren. Großer Reichtum, für alle zugänglich, wird entstehen. Reichere Menschen werden nicht mehr beneidet, da alle Zugang zu den Reichtümern in der materiellen Schöpfung haben werden. Es wird eine große Kreativität entstehen, ohne dass Menschen im Alter mit der Arbeit aufhören müssen. Die Möglichkeit, aufzuhören, wird weiterhin bestehen, viele Menschen werden davon aber keinen Gebrauch machen. Da das schöpferische Wirken der Menschen sehr intensiv sein wird, wird es eine Freude sein, weiterzuarbeiten.

Die sozialen Systeme, die gegenwärtig bedroht sind und in den nächsten Jahren noch massiver abgebaut werden, werden in der heutigen Form nicht mehr nötig sein. Da die Schöpfung wieder alle Menschen einschließen wird, haben auch alle Anteil an ihr. Die Menschen werden gesünder sein und deshalb immer älter werden. Diejenigen, die Hilfe brauchen, werden ein sehr großzügiges, starkes, wirklich soziales Netz vorfinden, das auf Liebe und Mitgefühl aufgebaut ist. Es ist ein universelles Gesetz, dass die Schöpfung in ihrer Fülle für alle zu sorgen hat.

Die gesamte materielle Schöpfung ist ein Abbild aller Bewusstseinsstufen, die ins Ganze hineinstrahlen. Darum sind die Veränderungsmöglichkeiten des allumfassenden Bewusstseins und des Seins unbeschränkt. Die innere Wahrheit, die allem zugrunde liegt, kann durch wissenschaftliche Analyse und Sezieren bestimmter Bestandteile nicht erfasst werden.

Ein stärkeres Abfallen der Menschen von der universellen Wahrheit, wie es heute schon der Fall ist, würde unweigerlich die vollständige Zerstörung des gesamten Planeten nach sich ziehen. Die Freiheit der menschlichen Seelen, sich für den Irrtum zu entscheiden, hat die starke Verdunkelung der Wahrheit möglich gemacht. Bis zu dem Zeitpunkt, wo alles endgültig in die Neue Dimension eingeht, hat jede Seele die Freiheit, sich auf die eine oder andere Seite zu stellen. Manche Menschen können sich auch für eine Mischrechnung entscheiden. Sie sind teils in der Wahrheit und teils in der Unwahrheit. Auch dieses ist vorübergehend noch erlaubt. Zum Zeitpunkt, wenn das Neue Bewusstsein sich endgültig entfalten wird, was nur ein kurzer Augenblick oder nur ein Tag sein kann, wird endgültig ein Strich gezogen.

Das Bekenntnis zur universellen Wahrheit muss klar sein. Wer in der universellen Wahrheit und in der Liebe ist, wird freudig mit in die Neue Dimension gehen. Die anderen bleiben zurück und werden in der Schöpfung auf einen anderen Platz verwiesen. Der Weg wird erneut begonnen werden müssen, und er wird länger sein, da die materielle Schöpfung sich in Richtung Vollkommenheit zubewegt. Die Wahrheit muss dann neu erlernt werden. Darum seid euch bewusst, wie wichtig es ist, jeder Seele die Hand zu reichen, die nach der Wahrheit sucht. Seid sehr geduldig mit den Menschen. Grenzt euch trotzdem klar ab, wenn jemand den Schritt in die universelle Wahrheit nicht vollziehen will.

Alle Teile der Schöpfung sind in der ewigen Liebe Gottes aufgehoben. Am Tag des endgültigen Eintauchens in die Neue Wirklichkeit wird dieses für alle offenbar sein. Für die Menschen, die den Sprung in die Wahrheit nicht geschafft, die ihr Bewusstsein nicht verändert haben, kann sich im letzten Moment noch alles ändern, wenn sie sich dazu entscheiden. Zu spät wird es für niemanden sein. Keine Schuld ist zu groß. Keine Verfehlung ist zu tief. Aber jeder Mensch muss sich selbst dazu entscheiden, den Schritt ins Neue Bewusstsein zu tun. Sonst unterbleibt er. In diesem Fall wird die menschliche Seele eine persönliche Katastrophe wahrnehmen, der sie mit ihren angeeigneten Überlebensstrategien nicht mehr begegnen kann. Niemand kann dann etwas für sie tun. Die Konsequenzen der Entscheidungen müssen getragen werden.

Dieser Zeitpunkt wurde vor vielen tausend Jahren in verschiedenen heiligen Schriften vorausgesagt. Im Mayakalender wurde er ungefähr auf das Jahr 2011/2012 datiert. Dieser Zeitpunkt kommt der Wahrheit sehr nahe. Das Kraftfeld, das sich jetzt um den blauen Planeten Erde legt, ist sehr stark. Jede Seele, die ihre Hand nach diesem Nektar der Wahrheit ausstreckt, wird eine direkte Verbindung in dieses beispiellose Kraftfeld schaffen können. Das Kraftfeld ist so gewaltig, dass es jede Verfehlung, jeden Irrtum, jedes Abweichen von der Wahrheit transformieren, tilgen kann. Auch wenn es über Jahrhunderte angesammelte Unwahrheiten sind. Keine Sünde ist zu groß. Es gibt keinen Irrtum, der nicht korrigiert werden kann. Sagt dieses einem jeden Menschen.

Nachdem der Strich gezogen worden ist, wird es sehr viel einfacher sein, sich auf dem Planeten Erde zu bewegen und zu leben. Die Aussage „Ich bestreite mein Leben." wird endgültig aus dem Vokabular der Menschen verschwinden: Es gibt keinen Kampf ums Leben mehr so wie heute und keinen Wettbewerb des Überlebens wegen. Für alle Menschen ist reichlich da. Wenn die Menschen ihre karmischen Begrenzungen überwunden haben, haben sie der Schöpfung sehr viel zu geben. Je mehr die Menschen den Menschen dienen, die Liebe Gottes weitergeben, umso perfekter und erhabener wird ihr Leben sein. Das ist das neue Leistungsprinzip des Neuen Zeitalters. Diese Wahrheit wird unumstößlich über allem stehen. Der Morgen des Neuen Zeitalters wird eine große Reinheit in die Schöpfung strahlen. Die Menschen werden dadurch eine nie zuvor gespürte Freude erfahren.

Das Kapitel „Schwert der Wahrhaftigkeit" wird hiermit abgeschlossen. In den nächsten Kapiteln wird immer wieder auf die universelle Wahrheit zurückgekommen werden, da Wahrheit ein sehr wichtiger Aspekt des Göttlichen ist. Ohne Wahrheit fehlt eine sehr wichtige Dimension in der Wirklichkeit. Das Ziel des irdischen Evolutionsprozesses ist, dass sich alle Wesen der irdischen Schöpfung der universellen Wahrheit nähern, um sie letztendlich vollständig zu verwirklichen. Dann wird es eine vollkommene Schöpfung geben, die weder Krankheit noch Tod kennen wird. Dieses ist unumstößlich der Menschheit als Ziel vorgegeben. Die Menschheit des Planeten Erde wird dieses Ziel in Wahrheit, Einfachheit und Liebe erreichen. Niemand wird es aufhalten können.

Schlüssel 3

Versuche in allem, was du denkst, bist und tust, wahrhaftig zu sein, um dein wahres göttliches Selbst zunehmend im Einklang mit der Schöpfung verwirklichen zu können.

4. Göttliche Liebe

Göttliche Liebe ist alles und jedes.

Sie ist bedingungslos.

Göttliche Liebe will nichts anderes,
als empfangen und verströmt zu werden.

Sie will verschwenderisch an alle Wesen gegeben werden.

Göttliche Liebe ist die Essenz allen Lebens. Ohne göttliche Liebe wäre die gesamte Schöpfung nicht möglich gewesen. Das Leben erschafft sich durch die Liebe. Das Leben erhält sich durch die Liebe. Alles Leben wird getragen von der Liebe. Nichts geht wirklich ohne Liebe. Alles Leben sucht nach Liebe. Der Lebensfluss ist gestört, wenn die Liebe eingeschränkt wird. Das universelle Prinzip, das Prinzip des Universums, ist Liebe. Je fortgeschrittener die Liebe ist, desto perfekter sind die materiellen Formen im Universum. Gott ist Liebe. Gott verströmt ständig riesige Mengen von Liebe, um die materielle Schöpfung damit zu versorgen. Dieser Strom der Liebe ist unbegrenzt.

Die gefallene Schöpfung des Planeten Erde bewegt sich innerhalb zweier Pole: Die Liebe, die die irdische Schöpfung erhält und nährt. Die Abwesenheit von Liebe, die Krankheit, Tod und Zerstörung bringt. Durch die Abwesenheit von Liebe werden die menschlichen Eigenschaften Hass, Zorn, Angst, Habgier, übertriebene Lust und Neid erzeugt. Dadurch wird der Fluss des Lebens begrenzt. Es entsteht die sogenannte Realität. Die Realität ist ein genau abgesteckter Raum, der aber von der Liebe getragen sein muss. Dort stößt das Leben auf die Begrenzungen des Irrtums, der Krankheit und des Todes.

Keiner Seele und schon gar nicht einer menschlichen Seele ist die Liebe unbekannt. Jedes menschliche Wesen, das auf die Welt kommt, erfährt den Segen der mütterlichen Liebe. Das Universum hat die mütterliche Liebe sehr reichhaltig ausgestattet. Nur karmische Handlungen und die Entscheidungen der menschlichen Seelen, dieses Karma beschleunigt hinter sich zu bringen, beschränken die mütterliche Liebe. Diese Entscheidungen wurden in den geistigen Zwischenbereichen von den Seelen freiwillig getroffen. Das universelle Prinzip gewichtet die mütterliche Liebe, aber auch die väterliche Liebe sehr stark. Die Verfehlungen sind dementsprechend hoch, wenn diese Liebe nicht gewährt wird. Folgenschwere Handlungen entstehen, wenn gegen die Liebe verstoßen wurde.

Am Anfang des Lebens wird jeder Mensch sehr stark geprägt. In der Menschheitsgeschichte hat diese Prägung immer wieder zu starken Verfehlungen geführt, nämlich zu immer wiederkehrenden menschlichen Katastrophen. Jeder Mensch, der in der frühkindlichen Phase geschädigt wurde, hatte später als erwachsener Mensch Entscheidungen zu treffen mit Konsequenzen für eine gewisse Anzahl von Menschen. Es sind Kriege entstanden, weil das Prinzip der elterlichen Liebe verletzt worden ist.

Ein Beispiel hierfür ist die stark verletzte Seele eines Staatenlenkers der jüngeren Geschichte. Dieser Mensch hatte eine lieblose frühe Kindheit. Er war deshalb voller Hass und hatte sich stark vom universellen Prinzip abgespalten. Trotzdem war er karmisch an der Reihe, ein Volk führen zu dürfen. Es prallten tragischerweise zwei Linien aufeinander. Durch den Schnittpunkt dieser beiden Linien löste dieser Mensch eine so starke Zerstörungswelle aus, wie es dieses Zeitalter bis damals noch nicht erlebt hatte. Zu jener Zeit standen sich zwei Gegenpole auf der Erde direkt gegenüber. Deshalb konnte und musste der 2. Weltkrieg stattfinden. Trotzdem lag die Ursache nicht nur bei diesem einen Menschen. Das kollektive Karma aller betroffenen Völker spielte in diese Tragödie hinein. Dennoch fand eine Reinigung statt. Karma wurde von allen betroffenen menschlichen Seelen, die in dieses verhängnisvolle Schauspiel verwickelt waren, abgetragen und gleichzeitig neu erschaffen.

Ohne diese Ereignisse wäre die Spirale noch weitergegangen. Es hätte sich weiteres kollektives Karma angesammelt. In der Folge wäre eine noch größere Zerstörungswelle über den Planeten gezogen. Die Erde hat es als Ganzes überlebt. Einige Länder haben große Zerstörungen davongetragen. Viele Menschen sind umgekommen, nicht wenige auf sehr tragische Weise. Es hat sogar ein Holocaust stattfinden können. Dieses gewaltige karmische Schauspiel konnte nur stattfinden, weil es eine geistige Entsprechung hinter diesen Geschehnissen gab. Sonst wäre so etwas unmöglich gewesen. In diesem Fall war es ein Imperiumslenker, der in früheren Zeiten um seinen rechtmäßigen Thron betrogen worden war. Nun war seine Stunde gekommen. Durch das Zusammenspiel all dieser Faktoren nahm die Geschichte ihren Lauf.

Die göttliche Liebe, die sich in den Familien ganz klar ausbreiten muss, damit der Entwurf der Schöpfung vollständig ist und das größtmögliche Ideal erreicht werden kann, hat einen gefährlichen Tiefstpunkt erreicht. Statistiken belegen, dass die westlichen, technisch hoch entwickelten Völker zu niedrige Geburtenraten haben. Die Bevölkerungszahlen gehen zurück. Das Prinzip des Lebens fließt nicht mehr frei. Die mütterliche Liebe wird zunehmend in Frage gestellt. Stattdessen ertönt immer mehr der Ruf nach der sogenannten Selbstverwirklichung der Frau und nach neuen Modellen des familiären Zusammenlebens. Die „Gleichberechtigung" soll hergestellt werden. Das Ideal der gleichberechtigten Menschen ist zwar gut. Doch was hier erreicht wird, ist, dass der Raum, den ein Mensch braucht, um sich beim Aufwachsen gesund zu entfalten, zunehmend aufgelöst wird. Die Familie ist eine wichtige Keimzelle, um den Menschen in der Kindheit das zu geben, was sie wirklich brauchen. Die universelle Liebe fließt durch das Tor der Familie in die materielle Schöpfung.

Wird aus intellektuellen Überlegungen, die ja geistige Abspaltungen sind, dieses Familienmodell verändert, werden die Kinder regelrecht verlassen. Sie werden viel zu früh in einen Raum gestoßen, der ihre Entwicklung hemmt. Tagesstätten und Kinderkrippen können die Familie nicht ersetzen. Dieses Modell entsteht lediglich aus intellektuellen Überlegungen, die mehr mit Macht und Glanz zu tun haben als mit Gleichberechtigung. Dieses Denken erzeugt zwangsläufig Verlierer. Wenige Menschen denken darüber nach, was da wirklich geschieht.

Die Entwicklung weg von der traditionellen Familie wird in den westlichen Ländern gegenwärtig mit großer Dynamik und in einem großen Tempo vorangetrieben. In den Schulen ist bereits zu beobachten, dass die jungen Menschen stark verkümmerte Gefühle und in ihren inneren Welten viele Verletzungen und Deformationen haben. Diese Verletzungen versuchen sie zwangsläufig in den Schulen auszuleben, um sich davon zu befreien. Daraus sind mittlerweile große Probleme entstanden. Immer mehr Lehrer werden davon krank und können ihren Beruf nicht bis in ihr Pensionsalter ausüben. Die göttliche Liebe kann nur über die bedingungslose Liebe einer Mutter zu ihren Kindern fließen. Der Vater kann die Liebe bis zu einem recht beachtlichen Teil auch gewähren, aber nicht vollständig. Die intellektuellen, pädagogischen Überlegungen in den Kindertagesstätten sind außerstande, die mütterliche Liebe zu ersetzen. Die Kinder zahlen die Rechnung für das Karrierestreben der Eltern. Es ist oft ein Wechselspiel, die Frau will dasselbe wie der Mann erreichen. Dieses ist nicht sehr klug, solange kleine Kinder zu versorgen sind. Geteilte Verantwortung für die Familie zwischen Vater und Mutter wäre ein Kompromiss, der nicht zu diesen starken Verletzungen führen würde.

Diese derart verletzten jungen Menschen werden, sowie sie in die Pubertät kommen, diese Verletzungen an die Gesellschaft zurückgeben wollen. Die Auswüchse daraus sind frühzeitige sexuelle Verfehlungen, massives unsoziales Verhalten, starker Vandalismus und eine sehr große Respektlosigkeit gegenüber erwachsenen Menschen. Hier spiegelt sich die Respektlosigkeit wider, die den kleinen Kindern entgegengebracht wurde. Im Neuen Zeitalter wird es eine klare Korrektur geben müssen, da es der universellen Wahrheit direkt entgegensteht, den Kindern nicht ihren geschützten Rahmen zu gewähren.

Viele intellektuell überladene Frauenrechtsbewegungen gründen sich auf Zorn und auf Egoismus und müssen deshalb zwangsläufig solche Resultate hervorbringen. Eine wirkliche Befreiung der Frau, die ja etwas Gutes wäre, geht nur über eine Befreiung, die aus der Liebe und aus einem wirklichen universellen Verständnis heraus entstanden ist. Die intellektuellen Frauenrechtsbewegungen, die auf negativen Eigenschaften beruhen und hinter verstandesmäßigen Erklärungsfassaden versteckt sind, bringen nur unvollkommene Resultate ihres geistigen Hintergrundes hervor.

Im Neuen Zeitalter sollen natürlich auch die Frauen in die Freuden eines kreativen, schöpferischen Lebens eintreten. Trotzdem, wenn sich zwei Menschen entschieden haben, eine Familie zu begründen, sollte die Entscheidung klar sein. Da im Neuen Zeitalter die Menschen älter und länger gesund bleiben, wird auch genug Zeit für eine Mutter vorhanden sein, ihre Kreativität später in der Gesellschaft auszuleben. Alles hat seine Zeit. Alles hat seinen richtigen Platz. Deshalb wird dieser Umstand mit sehr viel Liebe korrigiert werden müssen, damit nicht mehr auf Kosten des nachfolgenden Lebens falsche Karriereüberlegungen angestellt werden.

Die göttliche Liebe fragt nicht danach, ob für die Liebe etwas geopfert werden muss. Die göttliche Liebe gibt alles. Das ist das Prinzip der universellen Liebe. Das Leben möchte dem nachfolgenden Leben alles geben und nicht nur einen Teil. So lautet seit Urzeiten das universelle Gesetz der materiellen Schöpfung und es wird über die Eltern an die nächste Generation weitergegeben. Jedes Volk, sei es noch so arm, lebt dieses Prinzip. Nur in den reichen und technisch entwickelten westlichen Gesellschaften wird dieses Prinzip gegenwärtig in Frage gestellt. Da die Wahrheit und somit die Liebe verdeckt sind, wird dieser einfache Grundsatz von den Menschen nicht mehr richtig wahrgenommen.

Das wird sich sehr schnell ändern müssen, da sich die Folgen dieser inneren Blindheit immer schneller ausbreiten. Ein Mensch, der in der Kindheit nicht genügend Liebe bekommen hat, wird entsprechend heftig reagieren. Als Folge dieser Entwicklung verlangen bereits einige politische Gruppierungen Kindergefängnisse einzurichten. So etwas kann nicht die Lösung sein und würde auch nicht funktionieren. Daraus kann nichts Gutes entstehen. Das System der Strafe und des Wegsperrens funktioniert schon bei Erwachsenen nicht und wirkt sogar gegenteilig. Die Geschichtschronologie suggeriert den Menschen ein, dass die juristische Rechtsprechung mittlerweile sehr viel humaner ist als früher. Es haben sich aber lediglich die Methoden geändert. Die Bestrafungsmethoden haben sich nur ins Seelische verlagert. Sie sind immer noch himmelschreiend ungerecht und brutal. Positive Resultate gibt es so gut wie keine.

Ein Mensch, der aufgrund seelischer Verletzungen gegen die Gesellschaft verstößt, wird nicht davon lassen, wenn die ihm zugefügten Verletzungen intensiviert werden. Eine Heilung ist nur möglich, wenn die göttliche Liebe erfahren wird. Wenn die rechtspolitischen Tendenzen in den westlichen Gesellschaften sich durchsetzen und in der Folge Kinder in Strafanstalten eingesperrt werden, werden die gesellschaftlichen Folgen verheerend sein. Diese Menschen werden dann derart verletzt sein, dass sie zu allem entschlossen sind.

Die Folge wären Amokläufe, z. B. in den Schulen, wie sie schon jetzt auftreten. Diese Menschen haben auf ihre seelischen Verletzungen reagiert, dadurch ihr Seelentor geöffnet und fremden Seelen aus den Astralebenen Einlass gewährt. Die entkörperten Seelen in den Astralebenen warten oft schon lange, um über einen Menschen solch schreckliche Taten ausführen zu können. Wenn eine verstorbene Seele einen jungen Menschen besetzen darf, was oft über einen haltlosen Umgang mit den Medien vorbereitet wird, kann sie nicht mehr aufgehalten werden. Der Hass wird so stark und grenzenlos, dass er sich unweigerlich seinen Weg suchen wird.

Am Ende solch einer verhängnisvollen Handlung steht meistens ein Suizid. Die benutzte menschliche Seele wird ebenfalls in den Astralbereich hineingezogen. Dadurch schwillt dieser Astralbereich immer mehr an und die Astralseelen suchen sich zwangsläufig auf der Erde weitere Menschen, in die eingetreten werden kann. Diese Spirale ist sehr gefährlich. Wird diese Entwicklung nicht bald aufgehalten, werden die unheilvollen Auswirkungen auf dem Planeten bald sehr groß sein. Im Neuen Zeitalter wird es hierfür eine Lösung geben. Es werden in der nächsten Zeit immer mehr Lichtarbeiter gerufen werden, die sich genau dieser Astralebenen annehmen werden. Es werden sehr kräftige und widerstandsfähige Menschen sein. Diese Arbeit setzt eine große Kraft und starke Liebe voraus. Diese Helfer werden aus dem unbegrenzten Pool der göttlichen Liebe und Kraft Werkzeuge erhalten, um die verirrten Seelen zu befreien und ins Licht zu schicken.

Die göttliche Liebe ist der Wahrheit und der Einfachheit unterworfen. Deshalb braucht die göttliche Liebe keine Umwege zu gehen, um an ihr Ziel zu gelangen. Es ist alles ganz einfach. Es braucht keine komplizierten Konzepte, damit die Liebe fließen kann. Die göttliche Liebe fließt in jede einfache Hütte des Planeten. Jede Mutter, jeder Vater liebt sein Kind und tut alles für das Kind. Bedingungslos. Das ist das Prinzip der göttlichen Liebe, wie es bei den Menschen ankommen sollte. Wenn dem nicht so ist, dann sind aufgrund verhängnisvoller Handlungen in früheren Leben die Verhältnisse verschoben oder die Liebe wird aufgrund intellektueller Vorstellungen blockiert. Dann wird es schwierig oder sogar gefährlich.

Es gibt viele Menschen, die wohlhabend aufgewachsen sind, aber trotzdem innerlich sehr verkümmert sind. Materiell hatten sie alles, nur die Liebe fehlte. Die Eltern waren zu sehr mit dem Aufbau des Reichtums beschäftigt. Im Erwachsenenalter werden sie ähnlich reagieren und äußerlich erfolgreich sein. Sie werden aber im Berufsleben ähnliche Spaltungen hinterlassen. Diese Spaltungen werden für andere Menschen negative Folgen haben.

Jeder Mensch spiegelt zwangsläufig die Muster seiner inneren Gesetze im Außen wider und gibt seine Verletzungen im Grade seiner Unbewusstheit weiter. Das ist das Gesetz der Materie. Ein befreiter Mensch streut keine Unfreiheit. Darum ist es in den nächsten Jahren wichtig, genau an diesen Prägungen und Mustern zu arbeiten, um die Kräfte in die richtige Richtung zu lenken. Unheilvolle Resultate, hervorgerufen durch Abwesenheit von Liebe, können nur durch die Gewährung der göttlichen Liebe geändert und transformiert werden. Die göttlichen Lichtebenen werden sehr viel Liebe ausschütten, damit ein Ausgleich geschieht.

Die Schöpfung wäre vollkommen, gäbe es die vollkommene Liebe. Alles Leben würde nicht mehr der Krankheit, dem Tod und dem Irrtum unterworfen sein. Dennoch ist die Liebe unbegrenzt. Sie war es zu allen Zeiten. Die Menschen müssen sich nur erinnern. Alle Begrenzungen, alle Krankheiten, der Tod und letztendlich alle menschlichen Katastrophen haben mit einem Fehlen von Liebe zu tun.

Liebe hält das Universum zusammen. Die riesige Perfektion des Universums unterliegt einzig den Gesetzen der Liebe. Die gigantische vielschichtige materielle Schöpfung aller Universen kann nur durch die Liebe erfolgen. Alles entwickelt sich stetig zur Liebe hin und die Liebe wird sich unweigerlich zu irgendeinem Zeitpunkt in der gesamten materiellen Schöpfung vollständig verwirklicht und ausgebreitet haben. Dieses ist der gesamten materiellen Schöpfung in allen Universen garantiert.

Das Universum hat große Selbstheilungsmechanismen. Jeder Irrtum und jedes Abweichen von der Liebe, von der Wahrheit, wird unweigerlich korrigiert. Deshalb wird jeder Hass einen Hass erzeugen. Jede Gier wird die Seele wieder mit den Folgen von Gier konfrontieren. Jede fehlende Liebe wird wieder fehlende Liebe zur Folge haben usw. Die karmischen Gesetze sind unerbittlich. Das Universum würde in sich zusammenfallen, wenn sich wahllos Fehler im Universum ausbreiten könnten. Fehler sind auf dem Planeten Erde nur im Rahmen des irdischen Entwicklungsplanes erlaubt und dürfen nur auf der Erde Folgen haben. Aber auch diese Fehler sind begrenzt, so dass die Erde als Ganzes nicht untergehen wird. Es können nur Teile des Planeten untergehen, wie z. B. ein Kontinent und/oder eine große Anzahl von Menschen, Tieren usw.

Die großen Freiheiten der menschlichen Seelen schließen die Möglichkeit mit ein, sich gegen die Liebe zu entscheiden. Die schmerzhaften Korrekturen, die unabwendbar darauf folgen, führen zu weiteren Verstrickungen, wenn die Schlussfolgerungen auf diese Erfahrungen ebenfalls falsch sind. Die kosmischen Gesetze können nicht umgangen werden. Trotzdem wird jede menschliche Seele genauso im Laufe der Zeit aus diesen Verstrickungen herausfinden. Da der Planet Erde nun an einem Punkt angelangt ist, wo endgültig der Quantensprung in die nächste höhere Dimension ansteht, wird jetzt viel ganzheitliches Wissen ausgeschüttet. Die göttliche Liebe wird für alle Menschen greifbar sein.

Es braucht jetzt sehr viele Übersetzungen, um die göttliche Liebe für alle verständlich zu machen. Viele Menschen haben sich eine Seelensprache angeeignet, die die Wahrheit und Liebe in ihrer Einfachheit nicht mehr erkennen lässt. Da alle Seelen erreicht werden sollen, werden viele verschiedene Versionen der göttlichen Liebe entstehen. Für einen einfachen Menschen, der nur über eine Hütte verfügt und ein einfaches Leben lebt, genügen wenige Worte, um die universelle Wahrheit zu vermitteln. Die große geistige Armut des westlich gebildeten Menschen erfordert aber stärkere Übersetzungskräfte.

In den Revolutionen der Menschheitsgeschichte wurde versucht, mit Gewalt Veränderungen ins Positive zu bewirken. Dieses ist aber nie gelungen. Nach der kommunistischen Revolution in Russland sind sehr schnell wieder die Machtstrukturen entstanden, die bekämpft und abgeschafft worden sind. Im kommunistischen Modell Sowjetrusslands war die Unfreiheit zu groß, deshalb konnte es ökonomisch nicht funktionieren. Wohlstand entsteht in Freiheit. Wenn die

Freiheit der Liebe unterworfen ist, dann wird die Freiheit grenzenlos und fehlerfrei. Wenn Freiheit kompromisslos für alle gilt, wird Freiheit auch perfekt und harmonisch funktionieren.

Viele Menschen unterliegen der irrtümlichen Annahme, dass es nicht genug Liebe gibt. Dieser Irrtum entstand aus frühkindlichen Erfahrungen, die wiederum Folge früherer Existenzen sind. Der irrtümliche Gedanke wurde zugelassen, die Taten wurden darauf aufgebaut. Wenn die Menschen sich aber für die Liebe entscheiden, wird auch genug Liebe da sein. Die Dinge werden sich wie von selbst regulieren. Da die materielle Schöpfung karmisch belastet ist, reicht diese Entscheidung aber für sich alleine nicht aus. Die Entscheidungen früherer Existenzen müssen korrigiert werden. Darum ist es unerlässlich, die vielen erfahrenen Verletzungen voll und ganz zu verzeihen. Es muss Frieden mit allen Beteiligten gemacht werden. Nur dann können die Folgen früherer Handlungen aufgelöst werden. Diese Arbeit muss nun aufgenommen werden. Es gibt sehr viel aufzuräumen.

Göttliche Liebe ist der Garant für den Fortbestand der Schöpfung. Ohne göttliche Liebe gäbe es keine materielle Schöpfung. Der materielle Raum wäre vollständig leer. Alles, was ist, gibt es aufgrund der göttlichen Liebe. Jedes Lebewesen ist geliebt, auch wenn es nicht immer so aussieht. Jede Manifestation in der materiellen Welt ist gewollt, ist erwünscht und ist in der Garantie aufgehoben, voll und ganz zum Göttlichen zurückzufinden. Sei sie noch so gefallen. Sei sie noch so im Irrtum. Sei die Schuld noch so groß. Es ist nur eine Frage der Zeit.

An der Oberfläche ist dieses Wissen, besonders in diesem verdunkelten Zeitalter des Kali Yuga, vielen Menschen nicht mehr bekannt. Die menschliche Freiheit wird falsch verstanden, die Irrtümer sind deshalb sehr groß. Die materielle Schöpfung fällt täglich tiefer. Die Menschheit als Ganzes, die Schöpfung als Ganzes nähert sich mit riesigen Schritten der großen Katastrophe. Würde sich diese Katastrophe voll entfesseln, würde sie alle bisherigen Katastrophen auf dem Planeten übertreffen.

Alles Leben hat sich der Liebe unterzuordnen. Sie muss jeden Menschen, jedes Wesen, jede Seele – alle Mitglieder der gesamten materiellen Schöpfung umfassen. Je umfassender die Liebe ist, desto wirklicher ist sie, desto geschützter ist das Wesen, das sich für diese Liebe entscheidet. So einfach und doch so schwer ist es.

Das Universum mit all seinen Sternen ist sehr komplex, harmonisch und einfach aufgebaut. Alle Schwingungsebenen, alle Schattierungen, die in der materiellen Schöpfung möglich sind, gibt es bereits im Universum. Es gibt Planeten, die die höchste Stufe der Vollendung erreicht haben. Auf diesen Planeten ist das Schwingungsfeld vollständig identisch mit der innersten göttlichen Realität. Dort sind das Glück, die Liebe und die göttliche Weisheit sehr weit fortgeschritten und deshalb absolut vollkommen. Jeder Wunsch wird vollständig im Einklang mit der Einheit definiert und deshalb augenblicklich erfüllt. Die Einheit aller Wesen, die Liebe und die daraus resultierende Ekstase sind so gewaltig, dass es für die Menschen auf der Erde unvorstellbar ist.

Aus diesem Bewusstsein heraus sind die dort lebenden Wesen ständig bestrebt, in Richtung der Planeten, wo dieser Zustand noch nicht erreicht ist, höheres, lichtvolles Bewusstsein zu senden. Auch der Planet Erde empfängt unablässig höheres Bewusstsein. In den kommenden Jahren wird dieses noch zunehmen. Der Quantensprung in die nächste höhere Bewusstseinsstufe auf der Erde wird auf einer sehr hohen Qualitätsstufe vorbereitet. Es werden sich von diesen weit entfernten Licht-Planeten, deren Materie sich in einem erleuchteten Zustand befindet, in den nächsten Jahren Licht-Meister auf den Planeten Erde verkörpern. Sie werden direkt das Licht und die Liebe auf der Erde sichtbar machen.

Gemäß der irdischen Zeitrechnung verbleibt jetzt effektiv nicht mehr viel Zeit. Darum verschwendet die Zeit nicht mehr mit nutzlosen Zerstreuungen. Jeder Tag sollte dem Höchsten, der Wahrheit und der universellen Liebe gewidmet werden. Die Zeit der spirituellen Experimente ist vorbei. Zwischen den sechziger Jahren bis Anfang der neunziger Jahre des letzten Jahrhunderts konnte sich jeder spirituell interessierte Mensch experimentell der Lichtebene nähern und verschiedene Angebote auswählen. Doch jetzt werden die menschlichen Seelen sehr klar einem spirituellen Weg zugeführt.

Der Planet pendelt sich jetzt immer schneller auf eine höhere Schwingung ein. Jeder Fehler, jeder Verstoß gegen die Wahrheit, wird deshalb immer schneller karmische Folgen zeigen. Diese Zeiten sind mit den siebziger Jahren des letzten Jahrhunderts nicht mehr zu vergleichen. Damals war die Schwingung des Planeten noch nicht angehoben. Menschliche Fehler gingen aufgrund der langsameren Schwingung in eine Art Warteschleife, aus der sie entfernt werden konnten. Diese Warteschleife wird nun nach und nach aufgehoben, da in jede Zellinformation immer mehr Licht strömt. Dadurch werden karmische Prozesse schneller beschleunigt. Das Karma reagiert immer schneller.

Es sollte für kein Wesen, um eines niedrigen Zweckes wegen, das Leiden unachtsam herbeigeführt werden. Vielmehr geht es jetzt darum, all das Leiden auf der Erde zu verringern, letztendlich zu beseitigen. Allen Menschen muss die Tür ins Neue Zeitalter aufgehalten werden. Jede menschliche Seele, die den

Übertritt ins Neue Zeitalter nicht schafft, wird letzten Endes das Ganze belasten. Je mehr Menschen es schaffen, aus ihren karmischen Verstrickungen herauszufinden, desto leichter wird es für alle sein.

Die göttliche Liebe ist der Kraftquell des Lebens und des Fortschritts der Evolution. Wie ein riesiger Wasserfall reißt sie alles mit, was sich ihr entgegenstellt. Die Liebe ist aber gegenwärtig auf der Erde so stark kanalisiert, dass sie dem schwachen Tröpfeln in einer Tropfsteinhöhle ähnelt. Das verhindert den freien Fluss der göttlichen Liebe. Die Menschen, die sich dieser Einschränkung angepasst haben, wissen nicht, dass sich wirkliches Glück erst einstellt, wenn die göttliche Liebe konsequent zugelassen wird. Die Schatten der stattdessen oft maßlos gewählten Sinnesbefriedigungen werden immer mehr zu Zerrbildern des Dämonischen werden.

Die Menschen müssen folglich sehr viel Zeit in den Astralebenen verbringen, um diese Schatten und Zerrbilder zu nähren. Es dauert oft lange, bis sie wieder eine menschliche Inkarnation erhalten, die ihnen die Gelegenheit bietet, ihre Realitäten zu ändern. Die Menschen heute wissen wenig darüber. In den Zeiten nach Christi bis zum frühen Mittelalter waren den Menschen die Reinigungsebenen in den Astralbereichen bekannt. Aufgrund weltlicher Interessen der christlichen Kirche wurde dieses Wissen abgeändert, um die Menschen zu disziplinieren und gefügig zu machen. Das Wissen wurde verfälscht, um weltliche Ziele wie z. B. den Aufbau des Vatikans zu verwirklichen.

Es wurden Menschen verfolgt, die andere Wege gingen, um sich der Wahrheit und der Liebe zu nähern. Die frühen Hexenverfolgungen und die Inquisition waren die ersten karmischen Racheschübe für die Christenverfolgungen der ersten Jahrhunderte nach Christi. Die Verfolgungen jener Jahre waren grausam und unbarmherzig. Die Menschen, die dem ausgeliefert waren, nahmen sehr viel Wut mit in ihre nächsten Inkarnationen. Aber durch die Inquisition löste sich diese Wut nicht auf, sondern sie bestätigte und verstärkte sich. Weitere Verstrickungen konnten entstehen. Die Dynamik hat sich verstärkt. Viele menschliche Seelen haben bis heute nicht verziehen. Sie warten oft unbewusst auf den Zeitpunkt, dass sie ihrem karmischen Groll nachgeben können.

In öffentlichen Veranstaltungen wird es deshalb bald schwieriger werden, die universelle Wahrheit ohne Widerstand aussprechen zu können. In den siebziger und achtziger Jahren des letzten Jahrhunderts waren spirituelle Veranstaltungen noch sehr frei. Niemand störte sich daran. Die Freiheit und die Toleranz waren groß. Diese Zeiten sind vorbei. In den nächsten Jahren werden zukünftige Licht-Veranstaltungen verstärkt Angriffen ausgesetzt sein. Der Fanatismus fundamentalistischer Gruppen wird eine große Entschlossenheit mobilisieren, diesem „Treiben" ein Ende zu setzen. Aufgrund dieser Anfeindungen werden wieder esoterische Geheimbünde entstehen – so wie im Mittelalter. Damals musste sehr vorsichtig mit einer freien Spiritualität umgegangen werden. Es wird aber einen großen Schutz für diese Veranstaltungen geben, da sie sehr wichtig für die Schwingungsanhebung des Planeten sind.

Der luziferische Aspekt auf der Erde verstärkt sich nun, deshalb wird Mut und Tapferkeit im spirituellen Leben wieder eine große Rolle spielen. Wer die alten Schriften kennt, weiß, dass diese Attribute in früheren Zeiten stark mit den Göttern und den Heiligen verknüpft waren. Es haben in alten Zeiten Schlachten des Lichts gegen die Finsternis stattgefunden. Es wird bald wieder so sein. Dann werden große Wachsamkeit und großer Mut erforderlich sein. Fürchtet diese Zeiten nicht! Der luziferische Gegenpol ist lediglich dazu da, um stereotyp ein bestimmtes Schauspiel zu ermöglichen. Es ist die Abschlussaufführung eines sterbenden Zeitalters. Die Beteiligten dieses Schauspiels werden aus allen Ecken und Winkeln der Schöpfung hervorgeholt, um daran teilzunehmen. Der Sieg des Lichts ist nicht aufzuhalten. Nur auf der Spur der Furcht kann euch etwas angetan werden.

Nur wenige Menschen sind nötig, um sehr viel Licht und Liebe auf die Erde zu holen. Die nun bald erscheinenden Meister des Lichts werden so stark vor göttlicher Liebe vibrieren, dass die Liebe für manche Menschen unerträglich ist. Gleiches zieht Gleiches an. Gleiches stößt den Gegensatz ab. So ist das Gesetz. Deswegen werden manche Menschen in der Gegenwart von erleuchteten Meistern sehr zornig und empört reagieren. „Wie kann jemand es wagen, sich so aufzuspielen!" Die Gegensätze werden sich verstärken. Deshalb werden sich viele geistige Meister wie in alten Zeiten mit göttlichen Wächtern umgeben müssen, damit sie ihre Mission erfüllen können.

Die Abwesenheit der göttlichen Liebe lässt die Menschen immer mehr in ihre Abspaltungen der Rationalität und Logik flüchten, um dort Lösungen zu finden. Sie finden aber keine Lösungen mehr, sondern schneiden die Wahrheit und die Liebe immer mehr auseinander, bis bald keine Liebe und Wahrheit mehr da ist. Deshalb verschwindet die Liebe zusehends aus den gesellschaftlichen Planungen. Die Familienpolitik, die Sozialpolitik, die Außenpolitik, die Asylgesetzgebung, die Anti-Terror-Maßnahmen und viele andere Bereiche werden zunehmend liebloser und verschärfen sich. Nur wenigen Menschen gelingt es, sich materiell zu bereichern, eine zunehmende Anzahl von Menschen kommt immer mehr unter Druck. Eine große Ratlosigkeit macht sich breit. Trotzdem werden ganzheitliche Antworten auf die Probleme zunächst nicht willkommen sein. Sie werden nicht als richtig erkannt. Die Menschen, die sich für die neuen Wege, die ins Neue Zeitalter führen, entschieden haben, müssen wissen, dass nur vorübergehend Schwierigkeiten entstehen können. Es ist eine Übergangszeit, eine Reinigungszeit. Die göttliche Liebe zu allen Wesen ist so unendlich, so allumfassend, dass das Ziel der Transformation des Planeten wie durch unsichtbare Hand herbeigeführt werden wird.

Genauso, wie die Repräsentanten des absterbenden alten Zeitalters bereit sein werden, Menschenleben zu opfern, werden Menschen bereit sein, sich für das Neue Zeitalter zu opfern. Die Menschen, die für die göttliche Wahrheit ihr Leben hergeben, werden im Neuen Zeitalter bei den Ersten sein, die in der neuen Realität erwachen. Vertraut darauf, dass kein Opfer vergebens ist.

Gott liebt alle Wesen. Gott ist mit allen Wesen. Die göttliche Liebe ist für alle Wesen im absoluten Überfluss vorhanden. Bedingungslos! Es ist eigentlich alles ganz einfach und vollkommen. Alle Umwege sind überflüssig. Trotzdem müssen manche Menschen Umwege gehen, um zu der universellen Wahrheit zu gelangen. Da in den nächsten 2 Jahrzehnten jede Zellinformation des Lebens verstärkt mit Lichtinformation versorgt wird, beschleunigt sich die menschliche Entwicklung zur universellen Wahrheit hin. Die Menschen werden schnell lernen müssen, worum es geht. Göttliche Liebe zu erfahren, heißt, göttliche Liebe zu geben. Um in der göttlichen Liebe sicher aufgehoben zu sein, muss sie an andere regelrecht verschwendet werden. Um die göttliche Liebe auf ewig zu erfahren, muss sie jeden Augenblick bedingungslos an alles und jedes abgegeben werden.

Schlüssel 4

Lebe möglichst in jedem Moment deines Lebens
bedingungslose Liebe, um sie in ihrer Grenzenlosigkeit
und Vollkommenheit erfahren zu können.

5. Göttliche Weisheit

Siehe, wie sich göttliche Weisheit ausbreitet, alles segnet und vervollkommnet.
Göttliche Weisheit ist Perfektion und
die Lösung aller Probleme.
Erfahre sie durch Schweigen, Stille und Frieden.

Göttliche Weisheit ist die Intelligenz, die sich jetzt auf der Erde ausbreiten wird, damit die gesamte materielle Schöpfung in die nächste, höhere Dimension eintreten kann. Die Schwingungserhöhung der irdischen Schöpfung wird sich nun vollziehen. Der langfristige Entwurf des Planeten sieht dieses vor. Menschen, die sich in den Entscheidungsgremien der Gesellschaften befinden, werden deshalb zunehmend unruhig. Der Streit intensiviert sich. Die göttliche Weisheit, die Intelligenz aus der Ewigkeit, aber ist still, bescheiden und erwägt alles auf einer ganzheitlichen Ebene.

Das Göttliche kann nur empfangen werden, wenn dem Göttlichen innerer Raum zugestanden wird. Weisheit entsteht in einem Raum des Friedens und der Stille. Deshalb wird ein weiser Mensch diesen Raum aufsuchen. Göttliche Weisheit profiliert sich nicht, spielt sich nicht auf, muss nicht Recht behalten und ist für jedermann ansprechbar. Ein wirklich weiser Mensch reagiert nicht mit Zorn. Trotzdem kann auch eine starke Dynamik von ihm ausgehen, um die Menschen zu erreichen und zu mobilisieren. Ein weiser Mensch strahlt große Ruhe aus, und er sucht nach Liebe in all seinen Worten. Es entsteht Perfektion, wenn alle Wesen in seine wohlwollenden Entscheidungen eingebunden sind. Diese Qualitäten der göttlichen Weisheit werden bald in allen Gesellschaftsebenen vorstoßen.

Menschen, die aus der Bedeutungslosigkeit heraus Mittel in die Hände bekommen, werden Impulse des Neuen Zeitalters in die Gesellschaften strömen lassen. Als Manifestation eines völlig neuen Bewusstseins wird es nicht sofort von allen Menschen als das erkannt werden. Trotzdem wird es sich unaufhörlich und unumstößlich ausbreiten. Das erfordert sehr viel Mut von denen, die diese Transformation vollziehen sollen. Ähnlich wie bei einer menschlichen Geburt werden Schmerzen und das Gefühl auftauchen, dass etwas schiefläuft. Wenn das Kind des Neuen Zeitalters dann zur Welt gekommen sein wird, werden alle sehen, wie perfekt und vollkommen es ist. Ein Wunderkind ist geboren! Vertrauen ist sehr wichtig, damit letztendlich alles gut ausgehen kann. Standfestigkeit und Furchtlosigkeit sind wichtige Tugenden in dieser Übergangszeit.

Seid kreativ. Seid still. Seid weise. Die göttliche Weisheit ist in ihrer Perfektion der verstandesmäßigen Intellektualität weit überlegen. Rationelle Intelligenz zerlegt alles in Bestandteile, weshalb Aufzählungen gemacht werden können. Weisheit basiert aber auf ganzheitlicher Information, die alles enthält und deshalb einen perfekteren Überblick ermöglicht. Erfahrbar ist sie auf der materiellen Ebene nur, wenn sie in der Stille und des Friedens gesucht wird. Ist dieses nicht möglich, löst sich die göttliche Weisheit auf.

Im gegenwärtigen dunklen Zeitalter des Kali Yuga ist die göttliche Weisheit vielerorts so schwach, dass sie das göttliche Licht und die göttliche Liebe nicht mehr in die Schöpfung ziehen kann. Die Entwürfe der göttlichen Weisheit sind fast vollständig unsichtbar. Stattdessen hat das intellektuelle Denken einen zu großen Raum eingenommen. Dieser schlechte Tausch ruft immer mehr Unvollkommenheiten in der materiellen Schöpfung des Planeten hervor. Die Weisheitsführer des Neuen Zeitalters können noch nicht erkannt werden. Sie stehen vielerorts noch nicht an ihrem rechtmäßigen Platz.

Da in der Dualität der materiellen Schöpfung die menschlichen Entscheidungen zu einseitig gewichtet sind, entsteht ein Ungleichgewicht, das immer extremere Folgen hat. Der intellektuelle Verstand produziert ständig analytische Unvollkommenheiten, die durch einseitige und der Polarität unterworfene Lösungswege immer tiefer in fehlerhafte Manifestation hineinführen. Ähnlich einer Honigbiene, die sich im Honig verfangen hat und sich immer tiefer verstrickt. Vor 500 Jahren wurde vor allem im alten Europa dieser Weg des rationellen Lösungsansatzes als Ausweg aus verschiedenen Katastrophen des Mittelalters eingeschlagen. Der analytische Verstand stößt nun aber an eine klare Grenze. Jetzt schadet der Verstand.

Das Bewusstsein des Neuen Zeitalters breitet sich aber bereits stetig aus. In fast jeder Region der Erde verschmilzt das Neue Bewusstsein mit dem innersten Kern des dortigen Lebensentwurfes. In der scheinbaren Unvollkommenheit von angeblich erfolglosen Menschen werden bereits Lebensprinzipien mit großer Perfektion und Vollkommenheit entwickelt. Diese Menschen werden direkt von der Lichtebene geführt, um die Menschheit an die Weisheitsentwürfe des Neuen Zeitalters anzuschließen. Sie tragen eine Medialität in sich, die es ihnen ermöglicht, große Weisheit zu finden, zu übersetzen und den Menschen zugänglich zu machen. Dadurch werden die vermeintlich unmöglich zu lösenden Probleme, denen die Menschheit sich nun gegenübergestellt sieht, zu lösen sein. Unerwartet, ohne einen wissenschaftlichen Grund, wird es Wege geben, die vorher, wissenschaftlich belegt, unmöglich waren. Das Tor ins Neue Zeitalter kann durchschritten werden.

Wirkliches Wissen entsteht nicht aus dem Verstand, sondern wird aus der Ewigkeit gezogen, in der ja der vollkommenere Entwurf enthalten ist. Jeder Mensch besitzt bis zu seinem 7. Lebensjahr noch sehr viel Weisheit. In diesen Jahren kann in die Ewigkeit geschaut werden. Die Wunder und die absolute Schönheit der Schöpfung werden noch wahrgenommen. Ab dem siebten Lebensjahr wird dieses den Menschen ausgetrieben. Auf sehr brutale Weise werden die jungen Menschen in die Begrenzungen des Verstandes gezwungen. Dadurch fallen sie aus der göttlichen Weisheit heraus. Es ist nahezu lächerlich, gegen was dieser erhabene Entwurf eingetauscht werden muss.

Die Idee, dass die Menschen nur überleben können, wenn sie all diese begrenzte Rationalität in ihrem Sein haben, ist in der Konsequenz sehr tragisch. Dadurch wird der Illusion, der Krankheit und dem Tod, Tür und Tor geöffnet. Der karmische Entwurf der Menschen wird deshalb ab dem siebten Lebensjahr endgültig Realität, was nicht heißt, dass die Menschen vor dieser Zeit noch keinem Karma ausgeliefert sind. Es gibt schwerwiegende Wirkungen des Karmas, die sich während der Geburt oder in den ersten Lebensjahren vollziehen. Doch ab dem siebten Lebensjahr werden die jungen Menschen in Handlungen hineingezwungen, die unweigerlich zu Entscheidungen führen, die die Erfüllung ihres Karmas in der vollen Konsequenz möglich machen.

Der Entwurf des Universums muss vollkommen und fehlerfrei sein, da alles aufeinander aufbaut. Deshalb ist jede seelische Substanz des Universums dem Karma unterworfen, um in einem ausreichenden Zeitraum Lernschritte in Richtung der Vollkommenheit machen zu können. Erst wenn Vollkommenheitsschritte gemacht worden sind, können die Seelen in der Verantwortungsskala des Universums voranschreiten. Jeder Quantensprung im Universum muss in sich abgesichert sein. Wenn die göttliche Weisheit den intellektuellen Verstand ablösen wird, werden die Menschen Wege entdecken, die sie aus

76

ihrem mitgebrachten Karma herausholen. In den Schulen des Neuen Zeitalters wird dieser Weg ein klar definiertes Ziel sein. Jeder Mensch hat früh in sich die Gewissheit, was richtig und was falsch ist. Viele Kinder unter sieben Jahren können nicht begreifen, weshalb Menschen von Glück und Wohlstand ausgeschlossen sind, weshalb es Kriege gibt und Menschen vertrieben werden und weshalb all dieses Leid auf der Erde sein muss.

Es sind alles Folgen eines Bewusstseins, das sich an Vergangenem orientiert und deshalb vorläufigen Entwürfen folgt, die so unvollkommen sind, dass sie all dies hervorbringen. Die irdische Realität enthält aber auch ganz andere Möglichkeiten. Die Schöpfung ist für alle da. Die universelle Wahrheit ist ungeteilt. Eine aufgespaltene Realität erzeugt deshalb einen übertriebenen Reichtum für wenige Menschen und für andere eine ungerechtfertigte Armut. Der übertriebene Reichtum ist aber in Wirklichkeit eine große geistige Armut. Dieses meinte Jesus Christus mit: „Ein Kamel kann eher durch ein Nadelöhr gehen, als ein Reicher ins Himmelreich eingehen kann."

Die Globalisierung, die aus einem Bewusstsein des Lebenskampfes entstanden ist, nimmt bedrohliche Formen an. Sie ist mit einem Baum zu vergleichen, der so stark beschnitten wurde, dass er nur noch aus unfruchtbaren Wassertrieben bestehen kann. Die natürliche Form des Baumes ist vollständig verloren gegangen. In den wirtschaftlichen Beziehungen der Länder drückt sich ein Lebenskampf aus, der einen Überfluss und eine Verschwendung provoziert, wie es sie auf dem Planeten Erde noch nie in dieser Form gegeben hat. Es ist eine Missachtung der Natur, der Menschen und der Tiere entstanden, die ohne Beispiel in der Menschheitsgeschichte ist.

Die Umwelt ist inzwischen so stark belastet, dass der Nahrungskreislauf mittlerweile an keinem Ort der Erde mehr giftfrei ist. Selbst an den Polkappen können Giftkonzentrationen nachgewiesen werden. Alles funktioniert immer weniger nach logischen Gesetzen, obwohl die Logik überall betont wird. Der Verstand fängt an, die Menschen in die Irre zu führen. Es spielen marktwirtschaftliche Konzepte auf dem Weltmarkt eine Rolle, die sehr zweifelhafte Resultate hervorbringen. In den zurzeit noch wohlhabenden westlichen Ländern werden zusätzlich immer mehr wichtige Infrastrukturen abgebaut. Wenn diese Strukturen einmal abgebaut sind, werden sie auch in Notzeiten fehlen.

Es wird deshalb bald eine Weltwirtschaftskrise entstehen, die alles bisher Bekannte in den Schatten stellt. Dann werden die fehlerhaften unvollkommenen wirtschaftlichen Strukturen, vor allem die fehlenden bäuerlichen Kleinbetriebe, verheerende Folgen haben. Der einseitig monopolistischen und zersplitterten Landwirtschaft wird es dann nicht mehr gelingen, die Menschen ausreichend zu ernähren. Die Fabriken werden nicht mehr fähig sein, die Bedürfnisse der Menschen regional abzudecken. Unerwartet wird es einen Mangel an Waren und Lebensmitteln geben.

Die herkömmlichen Problemlösungen werden unzureichend sein. Die Menschen werden wieder auf sich zurückgeworfen sein. Die zurzeit sehr vielfältigen Ablenkungen werden den Menschen nicht mehr in der heutigen Form zur Verfügung stehen, da die Unterhaltungsindustrie zu einem großen Teil in sich zusammenbricht. Dann wird sehr schnell klar werden, dass die ganzheitlichen Lösungswege nun abgerufen werden müssen. Viele weise Menschen haben im Stillen, in der Unauffälligkeit, bereits an den Lösungen gearbeitet. Vieles liegt schon lange in den Buchläden, ist aber noch nicht beachtet worden. Projektionen aus einem verdrehten Bewusstsein werden dann entstehen und dementsprechend verfolgt werden. Die Freiheit des Glaubens und des Denkens wird in Frage gestellt sein. Menschen, die Teil der Lösung sind, werden vermeintlich als Teil des Problems „überführt". Da das Neue Zeitalter unter einem besonderen Schutz steht, werden diese Menschen aber geschützt sein.

Die natürlichen Elemente werden sich in den nächsten Jahren der Disharmonie des kollektiven menschlichen Bewusstseins anpassen. Es werden globale Katastrophen heraufbeschworen, die für die Menschheit und alles andere Leben auf dem Planeten sehr bedrohlich sind. Die klimatischen Veränderungen haben mittlerweile in einer starken Form eingesetzt. Am Nordpol werden noch riesige Mengen von Eis schmelzen. Die Meeresströmungen, die die Ozeane des Planeten im Zaum halten, werden deshalb massiv durcheinanderkommen. Die Weltmeere werden ihre Kräfte in der Folge so stark entfesseln, dass in den an die Nordsee grenzenden Ländern wie Deutschland und den Niederlanden große Landstriche verloren gehen. Hamburg und Rotterdam werden wahrscheinlich aufgegeben werden müssen, da das Abschmelzen der Polkappen in diesen Städten so gigantische Zerstörungen verursachen wird, dass ein Wiederherstellen der Infrastruktur kaum mehr möglich ist. Völker, die auf Inseln leben, können ihre Gebiete verlieren. Zusätzlich ziehen Hurrikane und Orkane über das europäische Festland.

Die Wasserknappheit in den arabischen Ländern wird zunehmen. Die Wüstenbildung wird sich verstärken. Sandstürme werden sich in ehemals fruchtbaren Gebieten über Nacht riesige Flächen holen. Wasserquellen in den Wüstengebieten werden versiegen. Bis nach Süditalien wird diese Entwicklung Probleme verursachen. Die Wissenschaft bestätigt diese Voraussagen nun seit ein paar Jahren.

Die Verelendung des afrikanischen Kontinents, der seit dem Ende des Mittelalters massiv an Menschen und Bodenschätzen ausgebeutet wurde, wird große Flüchtlingswellen auslösen. Die westlichen Länder, die für die Ausbeutung des Kontinents mitverantwortlich sind, werden große Probleme mit diesen Flüchtlingen bekommen. Das Elend kommt auf den europäischen Kontinent zurück. Altes Karma wird sich erfüllen. Ehemalige Kolonialländer wie China und Indien werden über den Weltmarkt den westlichen Ländern immer mehr zusetzen. Die dann geschwächten Systeme der westlichen Länder werden zusätzlich durch vielfältige terroristische Aktivitäten unter Druck kommen.

Dann werden die Menschen verstehen, dass es so nicht mehr weitergehen kann. Eine fünfhundertjährige Erfolgsgeschichte ist definitiv vorbei. Da dieser Erfolg zu Lasten anderer unterdrückter Völker nur geliehen war, muss sich dieses umkehren. Die ehemals unterdrückten Völker bringen die Wirkungen früherer Handlungen zurück. Die Lösung kann nur aus der Einheit entstehen. Die Menschheit muss sich als Eine Menschheit definieren – als ein Körper, der in Gott aufgehoben ist. Die Wegbereiter des Neuen Zeitalters müssen jetzt in die Realität vorstoßen, die all diese Disharmonien nicht mehr in sich trägt. Deshalb müssen klare individuelle Entscheidungen getroffen werden: „Wohin führt meine Realität? Führt sie ins Leben oder in die Disharmonie? Lebe ich die Liebe? Oder lebe ich etwas anderes? Bin ich nützlich für andere Wesen? Oder schade ich ihnen? Helfe ich den Menschen? Oder beute ich sie aus? Lebe ich einen natürlichen Reichtum? Oder habe ich mich der Habgier verschrieben?" Wenn die Antworten euch nicht zufrieden stellen, arbeitet unablässig an der Korrektur. Versucht konsequent, euch zu ändern. Die Disharmonie auf dem Planeten Erde wird bald so starke Formen annehmen, dass jede menschliche Seele große Schwierigkeiten bekommen wird, die im Bewusstsein mit diesen Disharmonien verbunden ist.

Die riesigen Einzelvermögen, die gegenwärtig noch existieren, werden bald nicht mehr viel wert sein. Darum sollten diese Vermögen jetzt großzügig für die Eine Menschheit genutzt werden. Es sollen keine Enteignungen stattfinden, wie sie in den früheren unvollkommenen Revolutionen geschehen sind. Es soll den Menschen nichts weggenommen werden. Reichtum wird weiterhin zulässig und erwünscht sein. Es geht lediglich darum, dass die nicht benötigten Teile der riesigen Einzelvermögen freiwillig hergegeben werden. Von diesem Geld können auf dem Weltmarkt Lebensmittel eingekauft werden, um Vorräte für die nun kommenden schweren Zeiten anzulegen. Ein freier Mensch wird freiwillig hergeben. Ein unfreier Mensch hortet materielle Mittel. Deshalb nimmt gegenwärtig das Horten von Geld zu, da die Menschen immer unfreier werden. Die Menschen kennen dieses einfache Gesetz nicht mehr.

Die Völker werden über die Widerspiegelung der Naturgewalten bald ernten, was kollektiv ausgestrahlt wurde. Deshalb wird es auch Menschen treffen, die schon vermehrt im Bewusstsein des Neuen Zeitalters sind. Jede menschliche Seele, die ihren Schritt vollzogen hat, wird sich aber gemäß ihrer geistigen Entwicklung wiederverkörpern. Vergesst das nicht im Angesicht des Schmerzes, den der Verlust eurer Liebsten auslösen kann.

Trotzdem werden die Menschen, die sich für das Neue Zeitalter entscheiden, durch scheinbare Zufälle in sehr vielen Fällen geschützt sein. Manche Menschen werden sich auch für andere opfern. Es geht darum, dass die Menschen ihren Bewusstseinssprung machen. Dann werden sie ernten, was sie ausgesät haben.

Wirklichen Fortschritt gab es auf dem Planeten Erde immer nur durch Menschen, die zu sich und anderen sagten: „Wir wollen, das die gegenwärtige Lage besser wird. Wir wollen eine bessere Realität!" Nun ist der Zeitpunkt da, wo eine Realität endgültig stirbt und dadurch zerstörerisch wird. Die Folgen des alten, auslaufenden Bewusstseins auf dem Planeten sind von großer Tragweite. Wissenschaftler und Politiker erhalten bereits durch neueste Computersimulationen Informationen, was passieren wird. Aber sie beschränken sich auf Alibi-Übungen, z. B. auf das Auszeichnen von Menschen, die diese Problematik allgemein öffentlich ansprechen. Es ändert sich deshalb nichts. Die Zeichen der Zeit werden nicht erkannt.

Auf dem amerikanischen Kontinent findet bereits eine sehr lichtvolle Bewusstseinsanhebung statt. Von geistig höher entwickelten Planeten im Sonnensystem landen ständig Raumschiffe in der Wüste von Arizona, um eine Bewusstseinsanhebung auf dem amerikanischen Kontinent und damit für den gesamten Planeten zu vollziehen. Diese kosmischen Geheimaktionen sind dem amerikanischen Geheimdienst durchaus bekannt. Sie werden aber falsch gedeutet. Die USA fühlen sich davon bedroht und versuchen, sich mit einer speziellen militärischen Aufrüstung darauf einzustellen. Es landen aber Raumschiffe, um der Menschheit zu helfen.

Aufgrund der Polarität des Planeten können aber auch Außerirdische aus gefallenen Planeten landen. Da vermuten die US-Geheimdienste zu Recht, dass diese Wesen nicht ungefährlich sind. Ein Pol zieht den anderen Pol nach. Wenn sich eine Tür geöffnet hat, können auch gefallene Wesen diese Tür durchschreiten. Im Interesse des Fortbestandes des irdischen Planeten muss dieses Risiko aber eingegangen werden.

Auf den früher von Atomversuchen verstrahlten Gebieten in der Wüste von Arizona befinden sich Landeplätze von dunklen Wesen gefallener Planeten. Diese Landeplätze sind identisch mit der Bewusstseinsstufe dieser Wesen. Die Menschheit ist vor diesen Außerirdischen größtenteils geschützt. Sie können nur den sehr wenigen Menschen etwas anhaben, die sie aufgrund einer karmischen Entsprechung anziehen. Es wird eine Lösung für dieses Problem geben, denn es arbeiten unentwegt Lichtwesen daran, diese Plätze zu neutralisieren. Diese schwarzen Löcher werden wieder verschwinden.

Die Wiederbelebung der natürlichen Kraftplätze des Planeten wird in diesem Zusammenhang sehr wichtig sein. Es gibt auf dem Planeten, in der Entsprechung der sieben Chakren des menschlichen Körpers und der zwölf Chakren des feinstofflichen menschlichen Körpers 7 bzw. 12 Kraftorte von gewaltiger Energieintensität. Diese Orte müssen jetzt wieder aktiviert werden, um vermehrt kosmische Energie auf den Planeten zu bringen, damit die Heilung und Transformation der Erde vollzogen werden kann. Dieses wird die gewaltigen zerstörerischen Kräfte, die sich jetzt in der Natur, in den Elementen entfesseln, wieder beruhigen können.

Da die wirtschaftlichen und gesellschaftlichen Gesetze in den westlichen Ländern zunehmend der geistigen Degeneration angepasst wurden, werden auch die Grenzen der menschlichen Belastbarkeit immer mehr überschritten. Es entstehen deshalb bei den Menschen immer mehr Krankheiten, viele verschiedene Arten der Invalidität und auch vermehrt psychische Schäden. Besonders in den letzten 10 - 15 Jahren kam eine unheilvolle Entwicklung in Gang. Die Volkswirtschaften können die finanziellen Folgen dieser unglücklichen Entwicklung immer weniger verkraften. Es gibt in der Gesellschaft zunehmend Verwirrung über diese Frage. Je nach politischer Zugehörigkeit werden diese Probleme dazu genutzt, um Unfrieden zu schüren. Es wird den betroffenen Menschen Missbrauch unterstellt. In Wirklichkeit spiegelt sich das kranke Bewusstsein wider, das hinter wirtschaftlichen Interessen steht. Die schwächsten Menschen stehen immer am Schluss einer kranken Entwicklung. Es wird deshalb immer mehr Menschen geben, die psychisch und gesundheitlich nicht mehr in der Lage sein werden, die Arbeit so zu machen, wie es von ihnen verlangt wird. Die psychischen Probleme werden oft nicht rechtzeitig erkannt und führen in immer mehr Fällen dazu, dass die Menschen am Arbeitsplatz chronisch erkranken und deshalb die Arbeit aufgeben müssen.

Hinter all dem steckt die Habgier, der rohe Lebenskampf, die Lieblosigkeit und die Aufspaltung in die analytische Unterscheidung zwischen einem „guten" und einem „schlechten" Arbeiter. Die Solidarität in der Gesellschaft schwindet zunehmend. Es wird diesen Menschen deshalb bald nicht mehr geholfen werden. Deshalb werden immer mehr Menschen aufgrund einer Arbeitsinvalidität zu Bettlern werden, da sie durch alle Maschen der sozialen Netze fallen. Zusätzlich wird aus rückwärtsgewandter Unwissenheit behauptet werden, dass ja ein soziales Netz existiert. Niemand müsse betteln. Groteskerweise werden dann Bettelverbote durchgesetzt.

Aufgrund dieser ungeheuren Widersprüche werden Menschen in die Illegalität abgedrängt. Sie werden weder medizinische noch irgendeine andere Hilfe erhalten. Betteln dürfen sie aber auch nicht. Hieraus wird ersichtlich, wie krank die Gesellschaften nun sind. Doch jedes Elend, das sich zusätzlich auf der Erde ausbreitet, drückt das gesamte existierende Bewusstsein herab. Deshalb wird die unheilvolle soziale Entwicklung Folgen für alle Menschen haben. Es wäre sehr viel klüger, den Menschen zu helfen, aus schwierigen Situationen herauszukommen, anstatt sie in einen Raum der Illegalität auszugrenzen. Es ähnelt sehr den mittelalterlichen Ausgrenzungsmethoden, wo es sehr grauenhafte Verliese gab, in die die Menschen gestoßen wurden. Jetzt sind es geistige Entsprechungen mit den gleichen Folgen. Je mehr die Abspaltungsmechanismen angewandt werden, desto schärfer wird der Kampf in der Gesellschaft sein. Die Gesellschaften erfahren letztendlich in ihren Kreisläufen den Humanismus, den sie ihren schwächsten Mitgliedern zugestehen. So wird in den Arbeitswelten einer Verrohung Tür und Tor geöffnet, die längst überwunden schien.

Irgendwann kann es jeden Menschen treffen. Niemand ist mehr sicher. Es muss sich deshalb bald etwas ändern. Die Gesellschaften haben sonst keine Zukunft mehr. Die Lösung ist einfach. Alle Menschen in der Gesellschaft haben auch Anspruch auf die gesellschaftlichen Errungenschaften. Niemand darf ausgeschlossen sein. Die Leistungsfähigkeit der Menschen sollte nicht so eine übergeordnete Rolle spielen, wie es zurzeit immer mehr der Fall ist. In diesem natürlichen Farbspektrum kann es dann auch reiche und weniger reiche Menschen geben.

Es darf nicht wieder die Ansicht des Mittelalters eingeführt werden, dass die Erde eine Scheibe ist, wo aufgrund einer falschen Wahrnehmung angeblich jedes Schiff am Außenrand der Welt ins Nichts fällt. Der Planet wird zunehmend im menschlichen Bewusstsein nicht mehr als eine Erdkugel angesehen. Es scheint für alle Erdbewohner nicht mehr genügend Platz zu geben. Deshalb müssen nun einige Menschen von der Scheibe gestoßen werden. So ist die Menschheit wieder dort angelangt, wo sie am Anfang der derzeitigen Bewusstseinsstufe stand. Letztendlich muss dieses geistige Bewusstsein überwunden werden, damit nicht die gesamte Menschheit von der „Scheibe" herunterfällt.

Dieser Bewusstseinssprung steht nun an. Die Menschheit muss realisieren, dass alles eins ist und nur Eine Menschheit überleben wird.

Wenn die Menschen die Quellen der göttlichen Weisheit erschließen, werden sie merken, dass die Möglichkeiten des Reichtums in der materiellen Schöpfung unbegrenzt sind, denn sie können vermehrt werden. Die Ressourcen gehen nur aufgrund einer einseitigen Ausbeutung zurück. Geht die Ausbeutung zurück, wird es möglich sein, immer mehr materiellen Wohlstand für alle zu erschließen, ohne die Umwelt zu belasten.

Ist dies nicht der Fall, dann liegt es am falschen Bewusstsein. Das Leben muss integrative Resultate hervorbringen. Es muss den Menschen wirklich dienen; denn es ist eine sehr einfache Verhaltensfrage. Es werden bald Lösungen hervorgebracht, die auf allen Ebenen alle Wesen der materiellen Schöpfung mehr als ausreichend ernähren werden. Ähnlich einem Obstbaum, der sich aufgrund einer großen Fruchtbarkeit ständig weiter verzweigt und deshalb immer mehr Früchte trägt. Sowohl im geistigen als auch im materiellen Bereich, dieses hängt ja zusammen. Der verdorrte Baum des alten Zeitalters trägt immer weniger Früchte, da eine Seite schon abgestorben ist. Deshalb ist nur noch die Hälfte der Früchte da, die aber auch schon am verdorren sind. Kümmert euch nicht mehr um diesen alten Baum, er wird bald gänzlich absterben. Arbeitet für den Baum des Neuen Zeitalters, der in voller Pracht und Schönheit beide Seiten in der Dualität entwickelt haben wird. Er wird nun stetig wachsen.

Der Baum des Neuen Zeitalters muss klare Verbindungen zu den Kraftquellen des Lebens haben. Die Wurzeln dieses wunderbaren Baumes sind die spirituellen Weisheitsführer, die nun überall auf dem Planeten gerufen werden. Wenn ein Buch oder etwas anderes von einem solchen Menschen in der Hand gehalten wird, kann das davon ausgehende Licht gespürt werden – wie jeder Satz nährt und zur Liebe führt. Das ist die Nahrung, die die Menschen zu sich nehmen sollen. Dieses sind die Wege ins Leben. Folgt nicht mehr den Wegen, die zu Krankheit und Tod führen. Diese Wege werden jetzt bald aufgehoben. Die Zeiten der Fehler, die 500 Jahre brauchen, um korrigiert zu werden, sind vorbei. Da ein Zeitalterwechsel bevorsteht, ist eine Korrektur nicht mehr möglich. Die Zeit reicht dafür nicht mehr. Es wird jetzt den Menschen das Licht in die Hand gegeben, damit der Weg gesehen werden kann.

Die göttliche Weisheit wird im Gewand eines zweijährigen Kindes wahrgenommen. Die Welt ist verzaubert. Es gibt Engel, Feen und Elfen. Kinder wissen in diesem magischen Alter noch, dass jeder Mensch bedingungslos geliebt, aufgehoben und geborgen im Göttlichen ist. Dieses liebevolle Bewusstsein ist die Voraussetzung für die Entfaltung göttlicher Weisheit. Nur so kann eine vollkommene Realität entstehen. Die Menschen aber werden zurzeit systematisch verflacht und den Mysterien des Lebens entfremdet. Selbst das Weihnachtsfest verliert immer mehr vom ursprünglichen magischen Zauber der Liebe. Es sollte das Lichtfest in einer lichtarmen Zeit sein, ist aber mittlerweile zu einem Wunschkörper-Festival degeneriert. Kleine Kinder werden dadurch beraubt, in das Mysterium des Lichts und der Liebe einzutauchen. Sie müssen stattdessen die von außen eingeflüsterten und aufgeblähten Wunschkörper nähren. Dadurch ziehen sich die Mysterien des Lebens zurück. Kinder, die die Einheit am Weihnachtsfest noch direkt erleben, erfahren die universelle Wahrheit, weil sie noch in der Einheit und dadurch im Wunder der Schöpfung leben.

Aber dem ist nicht so. Es entfaltet sich eine gleichmachende trostlose Welt, in der vor allem der Lebenskampf und die daraus resultierende Aufteilung in Gewinner und Verlierer hervorgeht. Die Menschen sind nun endgültig zu erwachsen geworden. Sie müssen sich darauf besinnen, dass sie Kinder Gottes sind. Kinder suchen die Liebe und die darin verborgenen Wunder. Die Menschen müssen sich entscheiden, wieder mit Kinderaugen zu schauen, wie Jesus Christus es vor 2000 Jahren sagte, da es der Weg in die Wahrheit, in die Liebe ist. Auf diese Art wird sich die Liebe Gottes auf der Erde ausbreiten. Wenn die Wahrheit und die Liebe völlig miteinander verschmelzen, entsteht die Synthese der göttlichen Weisheit. Die göttliche Weisheit ist ein hauchdünner Lichtstrahl, der jegliches Problem löst, allein durch die ihm innewohnende göttliche Kraft.

Die Menschheit hat sich aufgrund schwerer Fehler in der Spiritualität, in der Mystik und der Religionen Ende des vierzehnten Jahrhunderts entschieden, fast gänzlich den Weg der rationellen Vernunft und des intellektuellen Verstehens anzutreten. Doch das Kind wurde mit dem Bade ausgeschüttet. Es war nicht die Schuld der Spiritualität oder der religiösen Mystik, sondern deren Auslegungen. Es hatten sich in die Spiritualität, die im Mittelalter zugleich Wissenschaft war, Machtstrukturen eingeschlichen, die wissentlich den Menschen Unwahrheiten unterschoben. Dieses Vorgehen hatte natürlich verhängnisvolle Folgen.

Der vorläufige Höhepunkt gipfelte darin, dass die Wahrheits- und Weisheitssucher, die es in allen Kulturen zu allen Zeiten gegeben hat, verfolgt wurden. Dieses war anscheinend der Preis für die Entwicklung in die Moderne. Die Inquisition schaffte die Voraussetzungen, dass der Weg in die Rationalität, ins intellektuelle Verständnis über die weltlichen Gesetze angetreten werden konnte. Es war der Weg, der noch mehr in die Aufspaltung führte. Am Ende des vierzehnten Jahrhunderts wähnte sich die katholische Kirche am Ziel. Die freie Mystik war weitgehend abgeschafft oder eingeschüchtert. Die Religiosität war nun nur noch über die kirchlichen Institutionen möglich.

Nun entstand nach und nach aus einem sehr unvollkommenen Manifestationszustand die Wissenschaft der technischen Erfindungen. Dieses ebnete den Weg zur Erfindung von Elektrizität, Telegraphie, pflanzlicher und tierischer Züchtungen samt all den Erfindungen und Innovationen, die das menschliche Leben auf einer Seite erleichterten, auf der anderen Seite erschwerten. Dieses hängt mit der einseitigen menschlichen Denkweise zusammen, die nur von einer Gehirnhälfte ausgeht.

Um dem daraus entstehenden Ungleichgewicht entgegenzuwirken, fanden immer wieder gesellschaftliche Revolutionen statt, die einen Ausgleich herstellen sollten. Da diese Revolutionen oft auf negativen Eigenschaften wie Hass und Rache beruhten, erzeugten sie nach einer gewissen Zeit genau das, was sie eigentlich abschaffen wollten. Die letzte große Auflehnung gegen den einseitigen Materialismus war die kommunistische Revolution Anfang des zwanzigsten Jahrhunderts in Russland. Auch dort biss sich das intellektuell begründete Denken in den Schwanz. Das Leben bekämpfte sich dort, wo es eigentlich entsteht. Dieses war der Grund dafür, dass die materiellen Manifestationen in den kommunistischen Ländern zunehmend ins Lächerliche verzerrt wurden, da es ein Widerspruch in sich selbst ist, dass der Materialismus vollkommener wird, wenn er an seiner Wurzel bekämpft wird. Es dauerte ungefähr die Spanne eines Menschenlebens, bis dieses immer hohler werdende Gebilde in sich zusammenbrach, da die ökonomischen Voraussetzungen nicht mehr gegeben waren.

1989/90 wurde die nächste Phase eingeleitet. Der Kommunismus brach endgültig zusammen. Ein sozialistisches Land nach dem anderen meldete den Bankrott an und wollte so schnell wie möglich den kapitalistischen Ländern angehören. In der Folge stand dem kapitalistischen System kein Gegenpol mehr gegenüber. Dieser Gegenpol hatte in all den Jahren dafür gesorgt, dass der Kapitalismus in gesunden Grenzen gehalten wurde. Deshalb können die Jahre 1989/90 als der Höhepunkt des kapitalistischen Systems bezeichnet werden. Seitdem geht es stetig bergab. Die kapitalistischen Länder florierten zu diesem Zeitpunkt offensichtlich.

Nun kündigt sich in einem sehr schnellen Tempo eine Entwicklung an, die zum Bankrott der westlichen, ehemals reichen Länder führen wird. Durch steigenden global geführten Konkurrenzkampf soll dem entgegengewirkt werden. Doch die karmischen Reaktionen der damals kolonialisierten Länder werden jetzt fällig. Die ehemaligen Kolonien beginnen, den Weltmarkt zu beherrschen. Vor 5 Jahren wurde die Entwicklung noch nicht erkannt, aber jetzt wird es immer ernster. Es zeigt sich, dass die noch führenden westlichen Länder dem keinerlei Weisheit entgegenzusetzen haben.

Der Weltmarkt wird immer mehr überschwemmt mit Produkten aus den ehemaligen Kolonien. Es wird zunehmend unwirtschaftlich, im eigenen Land zu produzieren. Die Arbeitsplätze werden knapp. Die Sozialsysteme, die die Bezahlbarkeit und damit ihre Berechtigung daraus beziehen, dass die Wirtschaftskreisläufe funktionieren, geraten zunehmend unter Druck. Es werden vorübergehende Scheinlösungen geschaffen, z. B. werden Sozialleistungen in Lohnersatz umgewandelt. Zunehmend werden Sozialleistungen gekürzt oder gänzlich abgeschafft. Da diesem Prozess keinerlei Weisheit innewohnt, wird sich der unheilvolle Prozess beschleunigen. Das Licht zieht sich aus den gesellschaftlichen Entscheidungsprozessen immer mehr zurück. Dadurch können sich die Kräfte der Finsternis ausbreiten und die gesellschaftlichen Resultate werden immer mehr Resultate der Finsternis sein. Die Sozialsysteme der ehemals reichen westlichen Länder werden letztendlich zusammenbrechen.

Die Erde ist ein Planet, auf dem alle Wesen in Gottes Liebe aufgehoben sein sollen. Das nun auslaufende Zeitalter muss durch einen großzügigen kollektiven Verzeihungsprozess abgeschlossen werden. Alles was gewesen ist, muss losgelassen werden. Die Menschen müssen zueinander finden. Die Probleme auf der Erde können nur gemeinsam gelöst werden. Es gibt keinerlei Notwendigkeit, sich auf dem einen Planeten zu bekämpfen, um zu überleben. Dieses sind Realitäten, die aus Fehlwahrnehmungen entstanden sind und sich karmisch fortgesetzt haben. Die irdische Polarität funktioniert nach dem Gesetz: Gleiches zieht Gleiches an. Gleiches kann aber nicht durch Gleiches bekämpft werden. Wenn Hass zum Verschwinden gebracht werden soll, kann nicht mit Hass geantwortet werden. Es wird nur noch mehr Hass entstehen, der sich weiter fortpflanzen wird.

Liebe wird gegenwärtig, falls überhaupt, nur noch in den Familien an den Allernächsten gelebt. Göttliche Weisheit hingegen steht über der Polarität und kann jedes Problem, das aus der Vereinzelung entstanden ist, durch Zusammenführen der Pole lösen. Dieses Strickmuster, diese Verbindung von Positiv und Negativ, soll nun all die entstandenen Zersplitterungen wieder zusammenführen.

Da die Menschen meinen, sie könnten ohne die Aufsplitterungen des Verstandes nicht leben, haben sie tatsächlich einen Zustand erschaffen, der das Überleben gefährdet. Wenn dieser gefährliche Pfad jetzt nicht freiwillig verlassen wird, wird sich der Überlebenskampf auf dem Planeten nun bald in die Phase des „Rette sich wer kann" hineinsteigern. Gegenwärtig ziehen Warnwolken auf und bald wird es regnen. Die verhängnisvolle Spirale des Überlebenskampfes wird nun bald entfesselt.

Im Neuen Zeitalter werden die Nahrung und der Energiebedarf der Menschen immer feinstofflicher werden. Daher werden wieder ausgedehnte naturbelassene Gegenden auf dem Planeten entstehen. Das veränderte Energie- und Ernährungsbewusstsein der Menschen wird nicht mehr so riesige Nutzflächen benötigen. Die Nahrung wird viel einfacher und effizienter produziert werden. In der Folge können auch die vielen Nutztiere wieder freigelassen werden. So wird es Herden mit freien Tieren geben, die ebenfalls wieder in ihren natürlichen Gemeinschaften leben können. Es werden schließlich Möglichkeiten entwickelt, wie die vielfältigen Schadstoffe im Nahrungskreislauf, in den Kreisläufen der Luft und Erde, neutralisiert werden können. Licht wird umgesetzt werden, um Energie zu erzeugen. Es wird ein tausendfach potenziertes Prinzip der Solartechnik sein. Es geht dann nicht mehr um das Sonnenlicht, sondern um das Licht, das der Schöpfung als göttlicher Energieimpuls innewohnt.

Dafür wird die Illusion verschwinden müssen, dass Leben nur durch Lebenskampf bestehen kann. Lebenskampf führt zu Krankheit und Tod. Leben entsteht aus dem Leben, aus der Liebe. Diese Erkenntnis muss allem zugrunde liegen und wie eine Kettenreaktion um die Erde gehen. Dann werden die Völker nicht mehr isoliert sein und fremdartige Einflüsse anderer Länder werden dann nicht mehr als störend wahrgenommen. Die Probleme des Asylwesens, der Immigration und der Konkurrenz im „freien" Weltmarkt werden dadurch gelöst werden können.

Die Länder werden sich weiterhin als Nationalstaaten definieren, die Grenzen aber sowohl innerlich als auch äußerlich verschwinden. Es wird keine Rolle spielen, wie groß die ethnischen Minderheiten in einem Land sind. Seit Urbeginn der Menschheit haben sich immer wieder Völker vermischt. Die jetzigen Probleme sind aus der Angst und den Definitionen des Lebenskampfes entstanden. Es ist eine große Illusion, dass durch Zwang ideale Verhältnisse geschaffen werden können. Nur durch die freie Entscheidung der Menschen, dem großen Ganzen freudig zu dienen, wird sich das Ganze in seiner Vollkommenheit entfalten können. Alles wird dadurch immer mehr zusammenwachsen. Ähnlich wie im menschlichen Körper wird sich jede Zelle ganz natürlich an ihrem wahrsten und richtigsten Platz einfinden. Die Menschen müssen dafür aber wirklich frei sein und tun können, was sie von innen her tun wollen. Dafür werden zurzeit die Grundsteine gelegt.

Wenn ein Mensch keinen Kontakt zu seinem wahren Selbst hat und deshalb unfrei ist, aber trotzdem versucht, Freiheit zu leben, wird diese Freiheit die Rechte anderer Menschen verletzen. Ist ein Mensch mit seinem Innersten verbunden und deshalb frei, wird seine Freiheit anderen Menschen von großem Nutzen sein. So lautet das universelle Gesetz.

Darum achtet genau auf den Klang eures Seins. Wenn ihr euch entfalten wollt und ihr in eurer Umgebung einen Misston erzeugt, dann horcht in euch hinein: „Welchen inneren Klang höre ich nicht? Wo liegt der Fehler?" Jeder Mensch muss sich in die Symphonie der Einheit einstimmen können. Insgesamt kann dann ein sehr erhabenes, vollkommenes Musikstück entstehen. Folgt dem Klang der göttlichen Weisheit, der Synthese aus Liebe und Wahrheit. Dieses wird ein genauer Wegweiser ins Neue Zeitalter sein. Göttliche Weisheit zieht sich bei Gewaltanwendung und Spaltung zurück. Die göttliche Weisheit entfaltet sich aber unaufhörlich, wenn Gedanken der Liebe, der Einheit und der Freiheit, tief innen verwurzelt, vorherrschen.

Schlüssel 5

Suche still und bescheiden göttliche Weisheit,
um die Vollkommenheit des Lebens
immer mehr verwirklichen zu können.

6. Göttliche Kraft

Wie ein riesiger Wasserfall steht die göttliche Kraft
hinter allen anderen Aspekten des Göttlichen.
Die göttliche Kraft will sich großzügig
an alle Wesen verschenken.

Die materielle Schöpfung ist in ihrer Vielfältigkeit der Polarität unterworfen.
Deshalb ist die Kraft gespalten. Sie manifestiert sich einerseits durch das Leben
und wirkt andererseits in ihrer negativen Form dem Leben entgegen, wo sie
Zerstörung, Krankheit und Tod bringt. Wenn die göttliche Kraft auf der richtigen Seite ist, ist sie die Kraft des Lebens, die Kraft der Manifestationen. Dann
trägt sie zum Fortbestand der Schöpfung bei. Die göttliche Kraft ist in der materiellen Schöpfung enthalten und dient dem Leben.

Ein Baum, der emporwächst und einen kräftigen Stamm bildet, tut dieses,
weil er Kraft ziehen kann. Kraft zieht der Baum aus dem feinstofflichen Licht
der Sonne und den grobstofflichen Nährstoffen des Bodens. Auch hier ist das
Prinzip des Lebens in der Polarität gewährleistet. Das Licht, in dem Fall Sonnenlicht, erzeugt Leben. Der Boden nimmt abgestorbenes Leben auf und ist
gleichzeitig der stoffliche Nährboden für neues Leben. Der gesamte fruchtbare
Boden der Erde ist einerseits Voraussetzung für die Entstehung des Lebens, andererseits ist es vergangenes Leben, das sich wieder in den Kreislauf des Lebens einreiht. Kein Lebewesen auf dem Planeten Erde kommt ohne Erde, Wasser, Luft und Licht aus.

Die verkörperten Wesen in der materiellen Schöpfung entscheiden aber, wie
die Kraft genutzt wird, wie viel Kraft dem Leben zur Verfügung steht und wie
viel Kraft sich gegen das Leben richtet. So haben die verkörperten Seelen genau
festgelegt, wie die materielle Schöpfung aufgebaut ist. Das Ziel der irdischen
Evolution ist, dass die göttliche Kraft eins zu eins dem Leben dienen soll. In

diesem Idealzustand erfüllen sich alle Wünsche der Menschen und der anderen Wesen auf dem Planeten: Dann wird der manifestierte Magnetismus die göttliche Kraft völlig in die Schöpfungsprozesse des materiellen Lebens hineinziehen können. Das Leben in seiner Vollkommenheit und seiner Fülle ist durch die grenzenlose göttliche Kraft unendlich. Dieses ist ein verwirklichter Zustand der reinen Ekstase, in dem die Schöpfung in ihrer vollkommenen Fülle besteht. Aufgrund eines unvollkommenen menschlichen Kollektivbewusstseins ist ein solcher verwirklichter Zustand derzeitig noch nicht möglich.

Im gegenwärtigen Kali Yuga, dem Zeitalter der Dunkelheit, wird die göttliche Kraft zunehmend antimagnetisch aus der Schöpfung hinauskatapultiert. Die göttliche Kraft ist dadurch nicht verschwunden, sondern hat sich ins Negative gekehrt. Die Kraft, die auch ein Ausdruck der universellen Wahrheit ist, muss sich dann einen anderen Weg suchen, um zu sein. Die negative Kraft wird jetzt immer stärker als die Kraft, die dem Leben noch dient. Die vielfältigen Katastrophen, die bald auf dem Planeten stattfinden werden, teilweise schon stattfinden, sind ein Ausdruck davon. Die göttliche Kraft, wie sie von den Menschen im negativen Sinne gebraucht wird, wird sich nun immer mehr gegen die irdische Schöpfung richten.

Die Menschen werden sich Gedanken machen müssen, wie sie die Kraft wieder ins Leben holen. Da das Leben dem Leben dienen soll, muss der Prozess der Kraftumdrehung rückgängig gemacht werden. Die Bewusstseinsfehler, die dem zugrunde liegen, müssen korrigiert werden. Gedanken wie: „Das Leben ist Kampf. Das Leben ist schwer. Das Leben ist feindlich. Ich muss um mein Recht kämpfen. Meine Schuld ist zu groß. Ich bin es nicht wert", katapultieren ständig Kräfte aus dem Leben hinaus, anstatt sie zu binden.

Die Reinheit der Gedanken muss wieder hergestellt werden. Die Menschen haben sich eine Welt ausgedacht, in der sie nicht mehr lange überleben können. Die göttliche Kraft in der materiellen Evolution dient dem Leben und nicht der Bedrohung des Lebens.

Viele Menschen fangen an zu begreifen, dass die Probleme, die daraus entstanden sind, äußerlich nicht mehr zu lösen sind. Die göttliche Kraft muss im Inneren gefunden werden. Die Menschen müssen den Baum der Erkenntnis endgültig ignorieren, da jetzt vergiftete Früchte daran hängen. Dieses biblische Gleichnis gleicht der heutigen Zeit. Die Menschen können nicht noch weiter aus dem Paradies vertrieben werden. Die Konsequenz wäre die endgültige Vernichtung des Planeten Erde.

Jede positive Botschaft, die die Menschen zusammenbringt, holt göttliche Kraft in die Schöpfung zurück. In dem Verhältnis, wie sie heruntergeholt wird, muss die Kraft in der Polarität kein Zerstörungswerk tun. Dazu gehört, dass auch der Selbsthass der Menschen aufhören muss. Die Menschen sind sich der Tragweite des Selbsthasses nicht bewusst. Viele irdische Disharmonien sind aus Selbsthass entstanden. Die Auflösung von Schuld fängt deshalb in der Selbst-Vergebung an. Geschieht das nicht, wird verbliebenes Karma sich unweigerlich vollziehen, da altes Karma nicht ins Neue Zeitalter hineingenommen werden darf. Eine gewaltige Kraft wird hinter den Naturelementen stehen, die dieses Karma dann vollziehen. Die Kraft des Lebens in der Evolution ist neutral. Tritt eine kraftvolle Naturkatastrophe mit sehr vielen Menschenopfern ein, dann hat das menschliche Kollektivbewusstsein diese Katastrophe auf irgendeine Weise ausgelöst.

Jeder Mensch, der durch den ihm zugefügten Schaden die Verbindung zur Kraft verloren hat, wird unbewusst ein Leben führen, das ihn und andere Menschen weiterhin von der Kraft trennen wird. Die meisten Kriege der Menschheitsgeschichte wurden dadurch ausgelöst, weil Menschen den Zugang zu ihrer Kraft verloren hatten. Dadurch hat das Streben nach Kraft ein negativ verdrehtes Verhältnis entstehen lassen. Über die Kraftanstrengung eines Krieges lebte sich schließlich diese negative Kraft aus. Die militärischen Möglichkeiten haben sich aber jetzt so stark entwickelt, dass es zum Untergang des Planeten Erde führen könnte, wenn dieser Mechanismus in seiner vollen Konsequenz noch einmal zugelassen werden würde. Oberflächlich betrachtet wollen sehr viele Menschen keinen großen Krieg mehr führen. Trotzdem könnte ein solcher großer Krieg bald stattfinden, wenn sich die Verhältnisse nicht bald ändern. Da die Kraft immer noch ins Destruktive abgeleitet wird, zieht sie das Bewusstsein der Menschen in Richtung Krieg. Mit anderen Worten, wenn die Kraft durch falsches menschliches Bewusstsein negativ verdreht wird, wird die Kraft wiederum das menschliche Bewusstsein negativ verdrehen, damit sie sich auf diese destruktive Art entfalten kann. Dieses ist ein physikalischer Prozess, von dem die Menschen nicht viel wissen.

Weil die Menschen von diesem Prozess wenig verstehen, befinden sie sich auf einem sehr gefährlichen Pfad. Die äußerlichen menschlichen Friedensvereinbarungen reichen nicht mehr aus. Die vergangenen Kriege waren demzufolge auch physikalische Entladungen fehlgeleiteter Kraft. Die oberflächlich betrachteten Entscheidungen der Menschen spielten dabei überhaupt keine so große Rolle, wie es ihnen in der Geschichtsschreibung weisgemacht wird. Die Menschen folgten Kraftfeldern. Diese Kraftfelder waren unwiderstehlich. Nach dem Zweiten Weltkrieg wurden die Verantwortlichen bestraft, um einen Abschreckungseffekt zu schaffen. Dieses ähnelte dem Anpflanzen von Schilf auf einem Deich, um dem nächsten Hochwasser begegnen zu können. Wenn die Kraftverhältnisse sich verhängnisvoll positioniert haben, wird sich das Drama auch vollziehen. Ob die Menschen es wollen oder nicht. Ob ein Abschreckungseffekt konstruiert wurde oder nicht. Die Menschen definieren ihren Fortschritt fast ausschließlich über zweifelhafte Freiheiten, die sie dann in Verbindung mit ihren niedrigen Instinkten leben. Ein solches Verhalten führt zu all den unerwünschten Resultaten in der Gesellschaft, die wiederum durch Verbote eingedämmt werden sollen. Dieser Mechanismus hat besonders in der westlichen Welt um sich gegriffen. Das Streben nach individueller Freiheit führt demzufolge immer mehr zu einer Unfreiheit. Das Fortschrittsdenken wird rückwärts gewandt definiert. Es wird in der Geschichte zurückgeschaut. Die Lektionen der Geschichte werden bewertet, um in der jetzigen Zeit diese Fehler nicht noch einmal zu wiederholen. Diese Art der Fehlereliminierung führt aber dazu, dass die Fehler, die jetzt gemacht werden, nicht erkannt werden.

Das Leben erschafft sich nicht durch Zerstörung. Das Leben erhält sich nicht dadurch, dass die Liebe reduziert wird. Das Leben definiert sich nicht über das Recht des Stärkeren. Das Leben wächst nicht durch Verschwendung. Dieses sind nicht die Gesetze des Lebens. Dieses sind die Gesetze des Todes. Auch wenn viele Menschen meinen, in der Natur solche Gesetze zu entdecken. Sie sehen nur einen vorläufigen Entwurf. Es ist nicht die Wahrheit, sondern nur ein kleiner Teil davon. Je mehr Wesen an der Lebensenergie teilhaben dürfen, desto mehr Lebensenergie wird da sein. Je mehr Lebensenergie zurückgehalten wird aus Habgier, aus Geiz, aus einem falsch verstandenen Bewusstsein von Lebenskampf, desto mehr wird sich die Lebensenergie zurückziehen. Das ist das universelle Gesetz.

Die Staaten, die den 2. Weltkrieg gewonnen hatten, waren nicht automatisch die Nationen, die es in den Nachkriegsjahren zu Wohlstand brachten. Die Länder, in denen Freiheit, Frieden, Solidarität und die Ausschüttung des errungenen Wohlstandes an eine möglichst große Bevölkerungszahl am größten waren, wurden letztendlich reich. Die Staaten, die weiterhin Repressionen am eigenen Volk ausübten, Misstrauen nährten, Menschen unterdrückten, bekamen in der Folge wirtschaftliche Probleme.

Zu der Zeit, als in der Sowjetunion die Degeneration überhandnahm und das riesige Reich ernsthaft gefährdet war, was zu einem Ausbruch des 3. Weltkriegs hätte führen können, wurde Gorbatschow an die Macht gerufen, um noch zu retten, was zu retten war. Die weise Seele von Gorbatschow, der auf einer relativ reinen Stufe Entscheidungen traf, brachte Impulse in die sowjetische Politik, die auf Frieden, auf ein Miteinander und auf Freiheit gegründet waren. Da der dritte Weltkrieg nicht vorgesehen war, erhielt Gorbatschow für Veränderungen weitreichende geistige Hilfe. Der 3. Weltkrieg wurde so verhindert.

Es gab eine Aussöhnung mit den USA. Viele osteuropäische Staaten erlangten ihre Freiheit und Souveränität zurück. Deutschland wurde wiedervereinigt. Dadurch wurde eine weitergehende Degenerierung des ostdeutschen Staates verhindert. Nachdem der Prozess abgeschlossen war, die positiven Veränderungen vollzogen waren, wurde Gorbatschow abgesetzt. Seine Mission war erfüllt. Er erhielt zu Recht den Friedensnobelpreis. Der 3. Weltkrieg wäre nicht zu verhindern gewesen, hätte der sowjetische Staat noch weiter degenerieren können. Es wäre ohne Zweifel nach einem Krieg verlangt worden, um die Probleme zu lösen.

Ab einem gewissen Punkt verselbstständigen sich die menschlichen Innenwelten. Es wird im Außen wahrgenommen, was innen nicht harmonisiert. Zwangsläufig drängen sich Gegenmaßnahmen auf. Der individuellen Freiheit müssen deshalb natürliche Grenzen auferlegt werden, die im Dharma verwurzelt sind. Es ist bald eine Generation herangewachsen, der fast keine Grenzen mehr aufgezeigt wurden. Daraus werden bisher unbekannte Probleme entstehen. Die Menschen müssen dann sehr vorsichtig mit Religionsmodellen umgehen, die lediglich als Reaktion auf ins Ungleichgewicht verschobene gesellschaftliche Phänomene entstanden sind. Sie führen zu Spaltung, Zwietracht und terroristischen Entladungen.

Ein Mensch, der im Dharma ist, spaltet nicht, sondern fügt zusammen. Ein Mensch, der in der Liebe ist, verurteilt nicht, sondern versteht. Ein Mensch, der den göttlichen Frieden in sich hat, bringt keine Zwietracht, sondern Frieden. Genauso ist es auch mit Völkern. In der Summe, wie ein Volk bereit ist, mit den Schwächsten zu teilen, Menschen aus anderen Ländern die gleichen Rechte zu gewähren, mit den Nachbarn in Frieden zu leben und fairen Handel zu treiben, wird dieses Volk zu materiellem Reichtum kommen. Die Gesetzmäßigkeiten, die ursprünglich mit den ewigen Werten des Dharma verknüpft sind, sollen jetzt durch alle Religionen neu hindurchscheinen. Es darf nicht mehr lange sein, dass die Religionen spalten, anstatt zu einen. Die Religionen sollen zur Liebe führen, anstatt im „Namen Gottes" zu Kriegen aufzurufen. Die Religionen sollen die Menschen versöhnen, anstatt im „Namen der Religion" Gotteslästerer zu verfolgen.

Am Urbeginn der Schöpfung hauchte Gott dem materiellen Leben eine gewaltige göttliche Kraft ein. Diese Kraft wird bei jeder Geburt in ihrer vollen Lebhaftigkeit an jedes Lebewesen weitergegeben. Jedes menschliche Wesen, jedes Wesen überhaupt, entscheidet selbst, was mit dieser Kraft geschehen soll. Je höher entwickelt ein Wesen ist, desto mehr Kraft bekommt es. Dementsprechend haben die Menschen eine sehr große Freiheit. Ein Tier hingegen ist über seine Instinkte viel stärker in einen kleineren karmischen Rahmen gebunden.

Ein Mensch kann seine Freiheit auch dazu benutzen, um im Tierreich wiedergeboren zu werden. Von dort wird sich die Seele wieder allmählich emporarbeiten. Dieses geschieht immer wieder. In manchen Kulturen ist diese Tatsache bekannt. Die göttliche Kraft wurde in die Evolution hineingegeben, um sich innerhalb der individuellen Freiheiten entfalten zu können. Der Rahmen dieser Freiheit ist fast grenzenlos. Ein Mensch kann tun, wozu er sich entscheidet. Die Konsequenzen auf seine Handlungen werden in seinen nächsten Inkarnationen im Rahmen der kosmischen Gesetze unweigerlich korrigiert, wenn sie von ihnen abweichen.

Für viele Menschen wird Hingabe zu einem spirituellen Weg oder zu einem spirituellen Meister nötig sein, um über diese Brücke ins Neue Zeitalter zu gelangen. Es ist ein sehr einfacher, zugleich aber auch ein sehr schwieriger Weg. Die Menschen, die ein solches Angebot des Göttlichen annehmen und glauben, dass sie von Gott geliebt sind, dass er ihnen helfen wird, werden auf dem Weg beschützt sein. Sie gehen in eine Dimension, die sich wie ein Quantensprung vergrößert hat, denn die Möglichkeiten des Seins haben sich vervielfacht. Ebenso die Aussichten, wie das Leben gelebt werden kann. Die Kreativität der Menschen wird eine gänzlich andere sein. Gott wird wieder direkt auf der Erde wandeln. Es wird sehr einfach sein, mit Gott zu kommunizieren, wie es in den höheren geistigen Welten ganz selbstverständlich ist. Der graue Schleier der Verdunkelung wird nun weggezogen.

Die Menschen finden deshalb jetzt zu einem neuen Verständnis ihres Seins. Dieses Sein wird darüber definiert werden, dass jeder Mensch ein wunderbares Talent in sich trägt. Wenn dieses Talent mit den Fähigkeiten der anderen Menschen synchronisiert wird, ergibt es ein perfektes Ganzes. Arbeit ist dann keine Last mehr, sondern wird endlich zu einer freudigen Kreativität. Die Last der ungeliebten Arbeit wird von den Menschen abfallen wie im vorletzten Jahrhundert die Sklaverei in den USA. Allein dadurch, dass die Menschen ihren göttlichen Impuls wiederfinden, wird sich die Arbeitswelt vollständig wandeln. Die Umweltverschmutzung, entstanden aus ungeliebter Arbeit, wird sich zurückbilden. Achtet ein Mensch nicht auf sein Inneres, übergeht er auch die Bedürfnisse der Umwelt. Ist ein Mensch seinem Innersten treu, identifiziert er sich mit den Interessen der Umwelt. Dann gibt es keine Umweltverschmutzung mehr.

Die derzeitige Umweltverschmutzung, die viel größer ist als bekannt, spiegelt eins zu eins die kollektiven menschlichen Innenwelten wider.

Viel von der Energie, die zurzeit in die Unterdrückung der Menschen, deren Folgeerscheinungen und dadurch in das Justizwesen und in den Strafvollzug fließt, wird bald verstärkt in die Talentförderung junger Menschen fließen. Je mehr individuelles Talent sich entwickeln kann, desto erhabener wird die gesellschaftliche Realität sein. Folglich werden die Gesellschaften allmählich zu organischen, harmonisch funktionierenden, natürlichen Körpern heranwachsen. Das Justizwesen wird dann gänzlich abgeschafft werden. Krankheit und Invalidität werden zunehmend in den Hintergrund treten. Die Menschen werden immer älter werden. Im Gegensatz zu heute wird Alter wieder etwas mit geachteter Weisheit zu tun haben. Die Menschen wissen aus früheren Zeiten, dass Alter einmal einen anderen, höheren Stellenwert hatte.

Die Menschen fangen überhaupt erst an zu begreifen, dass alles Gute von innen kommt. Gott ist nicht irgendwo außen zu suchen, sondern wohnt tief im Innersten des Menschen. Dieses wird die Erkenntnis des Neuen Zeitalters sein. Es ist alles vorhanden. Die Menschen müssen sich nur nach innen wenden und aufhören, auf die äußere Wiederkehr des Messias zu warten. Jeder Mensch hat den Messias in sich. Jeder Mensch hat die gesamten heiligen Schriften in sich. Jeder Mensch kann sich dadurch selbst vollständig befreien. Dieses soll in den nächsten Jahren geschehen. Bevor es aber so weit ist, muss sich jeder Mensch über die schmale Brücke begeben, die aus den karmischen Verträgen in die universelle Freiheit führt. Das göttliche Bewusstsein wird sich in der nächsten Zeit sehr klar offenbaren, was dieses auch für jeden einzelnen Menschen genau heißen mag.

Schlüssel 6

Setze all deine Kraft für das Leben in seinen vielfältigen Formen ein.
Du erhält dadurch immer mehr Kraft.

7. Göttliches Licht

Göttliches Licht erhellt die Dunkelheit.
Es wärmt die Seelen und macht sie frei.
Göttliches Licht ist der Ursprung aller Lebensenergie.

Das göttliche Licht ist ein wichtiger Aspekt des Göttlichen. Die materielle Schöpfung wächst und gedeiht in der wohligen Wärme des Sonnenlichts und ruht umhüllt in der Dunkelheit der Nacht. Dieses sind die materiellen Entsprechungen der geistigen Welten von Licht und Finsternis. Göttliches Licht ist das geistige Licht, das das gesamte Leben, in allen Universen, nährt. Genauso wie das irdische Sonnenlicht die Pflanzen wachsen lässt und den Menschen Zuversicht und Kraft gibt. Die Schöpfung wird durch das göttliche Licht ins Leben gerufen und göttliches Licht spendet Lebensenergie. Ohne Licht gäbe es auf dem Planeten Erde keine Farbe. Ohne Licht gäbe es keine Schöpfung. Über das göttliche Licht transformiert sich die materielle Schöpfung ständig in höhere Sphären hinauf. Wirkliche Heilung passiert über das göttliche Licht. Wirkliche Transformation, wirkliches Verstehen und wirkliche Weisheit hängen immer mit dem göttlichen Licht zusammen.

Doch – wo Licht ist, ist auch Dunkelheit. Wo Dunkelheit ist, ist Leid. Die Freude des Lichts und das Leid der Dunkelheit ergeben in der materiellen Schöpfung den dadurch begrenzten Raum mit den der Polarität unterworfenen Realitäten der verkörperten Seelen. Das eine existiert nicht ohne das andere. Die materielle Schöpfung, die Umwandlung des Geistigen ins Körperliche, wäre ohne die Dualität nicht möglich. Damit die Mehrdimensionalität der materiellen Schöpfung entstehen konnte, brauchte es Licht und Dunkelheit. Alle Wesen, die sich in der materiellen Schöpfung befinden, haben sich vor Gott dazu entschieden, diesen langen Evolutionsweg anzutreten. Sie entschieden sich dazu in der Ewigkeit, in der Zeit nicht existiert. Dort haben die Seelen sich frei für die irdischen Inkarnationen entschieden. Dies geschah aus einem echten Wissen heraus und nicht aus Unwissenheit. Deshalb konnten sie all dieses scheinbare Leiden auf sich nehmen.

Es ähnelt einem Theaterstück, in dem ein Mensch eine schwierige Rolle übernimmt und weiß, dass alles nur gespielt ist. Er wird anschließend wieder nach Hause gehen, um sich zu entspannen. Genauso wird das menschliche Drama, das sich in der Polarität von Licht und Finsternis abspielt, in den Lichtwelten entschädigt. Es sind Relationen, die nicht in Zahlen ausgedrückt werden können. Der Schmerz, der in der irdischen Realität erlitten wird, ist so unsagbar gering in den Lichtwelten, dass er dort nicht mehr wahrgenommen wird.

Das Evolutionsziel der materiellen Schöpfung ist, immer höhere Stufen der Vollkommenheit zu erreichen, in denen Leid und Schmerz sich immer mehr zurückgezogen haben, um Glück und Freude für alle Wesen zu verwirklichen. Der gesamte Planet Erde, der gesamte Kosmos, alle materiellen Schöpfungen auf allen Ebenen sollen sich auf eine Stufe erheben, in der sich die göttliche Freude in ihrer absoluten Grenzenlosigkeit ausbreiten kann. In Wirklichkeit sind all die Freuden und alle Dramen der materiellen Welten, eingebettet im Licht und der Finsternis, sich ständig ausbreitende Manifestationen des göttlichen Bewusstseins in den grenzenlosen Raum aller Universen. Jeder Mensch weiß tief in seinem Innersten, dass eigentlich alles gut ist.

Das Licht, die Liebe und die universelle Wahrheit sollen sich weiter ausdehnen können und der Tanz der göttlichen Schöpfung soll immer mehrdimensionaler werden. Diese Absicht steckt hinter all dem Drama, das die Menschen freiwillig in Kauf genommen haben, auch wenn sie es während ihrer irdischen Verkörperung nicht wissen. Sie haben dem zugestimmt, um die Ausdehnung des Göttlichen in der materiellen Welt zu ermöglichen. Es ist kein böses Spiel, wie manche Skeptiker auf der Erde behaupten. Gott will nicht, dass die Menschen leiden. Gott ist vollkommene Liebe. Gott ist Wahrheit. Gott ist Licht. Nichts anderes!

Diese Schwingungen des Lichts, der Liebe und der Wahrheit wollen sich ausbreiten, damit sie in der irdischen Realität immer stärker werden können. Es gibt keine Begrenzungen! Freude kann immer noch freudiger werden. Liebe kann immer noch stärker zu Liebe werden. Licht kann sich immer mehr in seiner Qualität intensivieren. Nie war es für die Menschen so einfach wie heute, an Licht-Erfahrungen teilzuhaben. Immer mehr Menschen auf dem Planeten suchen und finden das göttliche Licht. Dadurch breitet es sich auf dem Planeten weiter aus. Die Evolution ins nächste Zeitalter wird deshalb unweigerlich stattfinden. Das göttliche Licht hat längst begonnen, auf dem Planeten Erde alles zu verändern. Überall werden die Zellinformationen des Lebens umgewandelt und erhöht. Die Schwingungen der Zellkerne beschleunigen sich. Dadurch werden alle Lebensprozesse, die von diesen Zellkernen ausgehen, sichtbar gemacht und mit Lichtnahrung versorgt.

Aus diesem Grunde erfüllt sich das menschliche Karma immer schneller. Es wird in den nächsten Jahren endgültig auf den Punkt gebracht. Wie in den letzten Kapiteln schon eingehend beschrieben, werden die Menschen deshalb vor die Entscheidung gestellt, das Karma hinter sich zu lassen, es aufzulösen oder es abzutragen. Das Karma soll abgelegt werden wie ein alter schäbiger Mantel, der im alten Zeitalter zurückgelassen wird. Im Neuen Zeitalter gibt es einen neuen Mantel, es gibt demzufolge eine andere, eine bessere Realität. Jeder Mensch soll rein wie ein kleines Kind in das Neue Zeitalter eintreten können.

Da der Planet von vielen Spuren falschen Bewusstseins gereinigt werden muss, braucht er jetzt diese große Lichtqualität. Dieses Licht soll die karmischen Prozesse nicht mehr verstärken, die ebenfalls in den Zellkernen verborgen sind. Deshalb trägt das göttliche Licht, das jetzt zunehmend auf dem Planeten ausgeschüttet wird, die Information in sich, die dunklen Kerne des Karmas aufzulösen. Dieses wird unterstützt durch eine immer größer werdende Anzahl von Menschen, die das göttliche Licht mit der dazugehörigen Heilung zu den Menschen tragen. Das göttliche Licht, das sich seit 1987 stetig auf dem Planeten ausbreitet, wird das Neue Zeitalter letztendlich zum Erblühen bringen.

Vor fast genau 2000 Jahren waren die dunklen Kräfte auf dem Planeten, besonders im damaligen kulturellen und gesellschaftlichen Mittelpunkt der Erde, in Jerusalem, so groß, dass das Göttliche direkt eingreifen musste, um eine Korrektur vorzunehmen. Die Kräfte der Finsternis durften nicht noch mehr die Oberhand gewinnen. Zu dieser Zeit wurde Jesus Christus auf die Erde gesandt und initiiert. Es wurde der damals bestmögliche Weg beschritten, um diese Korrektur auf dem Planeten vorzunehmen. Jesus Christus sagte mehrmals: „Ich bin das Licht der Welt. Ich bringe der Welt das Licht." Er nahm es mit den Kräften der Finsternis auf. Die Kräfte der Finsternis, die in alle Bereiche der damaligen weltlichen und kirchlichen Machtstrukturen eingedrungen waren, bäumten sich schließlich auf. Dieses führte zur Verfolgung und letztendlich zur Kreuzigung von Jesus Christus. Direkt nach der Kreuzigung Jesu Christi fand die Umwandlung statt.

In den darauf folgenden Jahren, Jahrhunderten wurde die gewaltige Kraft und der Segen, die von Jesus Christus ausgingen, lange nicht erkannt. Die Menschen, die Jesus Christus nachfolgten, wurden über Jahrhunderte verfolgt, bekämpft und getötet. Dieses war ein zähes Ringen zwischen den Kräften des

Lichts und der Finsternis. Als sich dieses Ringen nach 200 Jahren beruhigte, die ersten Christianisierungen stattfanden, sah es zunächst so aus, als ob sich das Christusbewusstsein wahrhaftig ausbreiten würde. Dieses rief wiederum die etablierte Priesterschaft auf den Plan. Nun gingen sie raffinierter vor. Sie schlichen sich in die neuen christianisierten inneren Zirkel ein, um sie zu übernehmen. Die heiligen Schriften wurden, da die Mehrheit der Menschen nicht lesen und schreiben konnte, unterwandert, abgeändert und weltliche Ziele in den Schriften festgelegt. Dieses verfälschte die Lehre von Jesus Christus wohl nicht zur Unkenntlichkeit, aber das wesentliche Ziel, die endgültige Befreiung der Menschen von der Knechtschaft der Obrigkeit, sei es kirchlich oder weltlich, konnte nicht mehr erreicht werden.

Im Gegenteil, die Unterwanderung des Christentums durch die etablierte Priesterschaft, die mit den Jahren auch reinkarnierten, führte dazu, dass letztendlich die alte Priesterschaft, die Pharisäer im Gewand der Christen, fast vollständig zurückgekehrt waren. Nun war der alte Wein in neuen Schläuchen wieder da. Die Befreiung der Menschen rückte in weite Ferne. Das eigentliche Ziel des Christentums schien nun nicht mehr erreicht werden zu können. Als Reaktion darauf entstanden die freien Mystiker, die freien Yogis des Abendlandes, die Heiler und frei schöpfenden religiösen Weisheitslehrer, die Einsiedler und Eremiten.

Die mittlerweile etablierte christliche Kirche ließ diese Menschen zunächst gewähren. Mit der Zeit erkannte die Kirche aber, dass die freien spirituellen Bewegungen ihnen ernsthaft Konkurrenz machten. Die Erfolge waren durchaus sichtbar. Kranke wurden geheilt. Mutlose Menschen bekamen wieder Mut. Die etablierte Kirche wurde fast überflüssig. Diese Entwicklung rief die Oberen der Kirchen auf den Plan und die Inquisition wurde eingeleitet. Die menschliche Gesellschaft fing damals erstmals an, sich in Richtung des logischen Denkens zu verändern. Das menschliche Gehirn kann logisches Denken anfänglich nur einseitig vollziehen, bevor es ganzheitlich angewendet werden kann. Deshalb entstand der einseitig dominierte Verstand mit seinen verhängnisvollen Folgen. Die kirchliche Obrigkeit bekam einerseits Angst, ihre Macht und damit ihre Ämter zu verlieren, andererseits wurden sie immer mehr beeinflusst vom verstandesbetonten Denken, was noch unvollständig funktionierte und daher mit Fehlern durchzogen war. Da die heilige Schrift laufend verändert und „aktualisiert" wurde, mischte sich dieses neue Denken immer mehr in die Bibel hinein.

Die eigentliche Lehre Jesu Christi, die sehr einfach ist, eine unendliche Liebe und einen sehr großen Wahrheitsgehalt hat, wurde zunehmend verfälscht. Die Eindimensionalität des aufkommenden Denkens des Mittelalters brachte ein klares Feindbild hervor. Daraus entstanden dann die Hexenverfolgungen. Einerseits war dieses zutiefst ungerecht, andererseits hatte es seine karmischen Entsprechungen in den Christenverfolgungen der ersten Jahrhunderte nach Christus. Die Reaktionen des Karmas wurden kollektiv sichtbar. Karma wurde abgetragen, neues Karma wurde geschaffen. Bis zum heutigen Tag haben die darauf folgenden Wirkungen des Karmas immer wieder ihre Wirkung entfaltet, zuletzt im Holocaust des Zweiten Weltkrieges.

Mit dem Holocaust an den europäischen Juden hat etwas stattgefunden, was für die zivilisierte Menschheit zu jenem Zeitpunkt unvorstellbar war. Mitten im Zentrum der abendländischen Kultur, in einem Land, das geistig und technisch führte, konnte ein Völkermord stattfinden, ohne dass andere Länder ernsthaft eingriffen. Den Alliierten war dieser Genozid durchaus bekannt, aber sie schritten nicht ein, da sie vordergründig ihre eigenen Kriegsziele verfolgten. Sie hatten kein Interesse, auf Nebenschauplätzen die Interessen anderer Menschen wahrzunehmen. So konnten sehr viele Menschen nicht gerettet werden und gingen in den sicheren Tod.

Dieses war die vorläufig letzte Reinigungswelle der riesigen karmischen Schübe der letzten 2000 Jahre. Der nächste Schub steht nun unmittelbar bevor. Auf dem Planeten Erde stehen die Kräfte der Dunkelheit und die Kräfte des Lichts vor einem großen Abschiedsfinale. Der Planet Erde als Ganzes mit all seinen Wesen soll nun in die nächste planetarische Schwingungsstufe erhöht werden. Nun weitet die göttliche Ebene ihre Anstrengungen aus, allen Seelen eine Chance zu geben, entweder diesem karmischen Schmelztiegel ausgeliefert zu sein oder ihn durch das Tor der Vergebung und der Auflösung alter Schuld zu verlassen. Dieses ist das Versprechen, das Gott den Menschen gibt. Die Vorbereitungen dafür sind auf dem Planeten Erde so gut wie abgeschlossen. Jeder Mensch kann jetzt erreicht werden. Jeder Mensch, der Heilung sucht, wird seine ihm angemessene Heilung bekommen. Den Schritt zur Heilung muss jeder Mensch jedoch aus freier Entscheidung selbst tun. Aus irdischer Sicht verbleibt nicht mehr viel Zeit. Aus göttlicher Sicht steht die ganze Ewigkeit zur Verfügung.

Wenn sich eine Katastrophe abzeichnet, wird es innerhalb von zwei Sekunden möglich sein, eine vollständige Vergebung zu erfahren. Kein Mensch wird sich an einem Ort befinden, wo Rettung unmöglich ist. Niemandem wird die Chance versagt, erlöst zu werden. Es sind auch keine komplizierten Vorgänge nötig. Es geht lediglich darum, Vergebung zu praktizieren, um Vergebung zu erfahren. Es geht darum, Gott um Hilfe zu bitten, um seine Hilfe zu bekommen.

Es geht darum, dem Geringsten zu helfen, um ebenfalls Hilfe zu erhalten. Es geht darum, Liebe zu geben, um Liebe zu erfahren. Um nichts anderes!

Es handelt sich hier nicht um das Auswendiglernen einer neuen religiösen Lehre. Es geht nicht darum, einer Gruppe anzugehören, die erlöst wird und abfällig auf die Nicht-Erlösten hinabschaut. Wer wie die Seele eines kleinen Kindes auf die Menschen mit einem großen offenen Herzen zugeht, wer mit großem Vertrauen den Menschen die Hand reicht, wird Erlösung erfahren. Misstrauen wird zu Misstrauen führen, aus der eine unsichtbare Wand entsteht, die die Menschen von ihrer Rettung abhalten wird. Trotzdem muss jeder Mensch wissen, was er tut. Der Verstand darf nicht vollständig ausgeschaltet werden. Dennoch hat der Verstand zurückzutreten, damit sich die einseitigen Gewinner- und Verlierer-Definitionen nicht weiter ausbreiten können.

Der astrologisch berechenbare karmische Umwandlungszeitpunkt des Planeten Erde wird so unweigerlich kommen wie der Sonnenaufgang eines jeden Tages. Jesus Christus gab vor 2000 Jahren den wichtigen Hinweis: „Fürchtet euch nicht!" Furcht führt in ihrer vollen Konsequenz zu dem, was befürchtet wird. Die Furcht war ursprünglich dazu da, die Menschen vor Gefahren zu warnen, damit sie keine unnötigen Risiken eingehen. Alle anderen menschlichen Belange sollten über das Vertrauen, über die Liebe und das gegenseitige Verständnis geregelt werden. Die Furcht hat dort nichts zu suchen. Sie schafft immer wieder negative Kreisläufe des Bösen. Kinder, wenn sie noch nicht zu stark beeinflusst sind, haben Vertrauen zu jedem Menschen, zu jedem Wesen und zum Leben als Ganzes. Dort sollen die Menschen hinfinden.

Die Gesetzmäßigkeiten des Lebens sollen global neu definiert werden. Weg von der Vereinzelung, hin zur universellen Einheit. Der Planet befindet sich in einer Übergangsphase, wo einerseits positive Zusammenschlüsse stattfinden, andererseits sich der Lebenskampf in eine neue gefährliche Dimension hineinsteigert. Es wird nun sehr prekär, da dieser Kampf zwischen Völkern und Zusammenschlüssen von Nationen auf wirtschaftlichem und ideologischem Gebiet bereits sichtbar und unsichtbar stattfindet. Dieses bindet immer mehr Bewusstsein. Immer mehr menschliche Seelen werden in diesen Kampf, der in Wahrheit ein Kampf zwischen Licht und Finsternis ist, involviert. Jeder Mensch wird gemäß seines Karmas in dieses Energiefeld eingebunden werden. Dieser unsichtbare Kampf zwischen Licht und Finsternis wird, weil er immer mehr materielle Energie an sich bindet, sich bald zu einem äußeren Schlachtfeld ausweiten.

Dann werden auf dem Planeten einerseits die Elemente zum Einsatz kommen, andererseits werden sich die ideologischen Auseinandersetzungen und die wirtschaftlichen Differenzen ins Unermessliche steigern und ihre Entladung suchen. Infolgedessen werden die weltwirtschaftlichen Systeme zusammenbrechen. Die Vorboten dieser unheilvollen Entwicklung sind bereits deutlich an den Finanzmärkten zu spüren.

Viele Menschen werden gemäß ihrer karmischen Struktur der Versuchung des Dunklen nicht mehr widerstehen können. Deshalb wird bald ein Überangebot an Hass und Unfrieden herrschen. Die Furchtlosigkeit vergangener Zeiten wird deshalb wieder hervorgeholt werden müssen. Die Friedenszeiten, die seit dem Zweiten Weltkrieg in den westlichen Ländern herrschen, werden bald vorbei sein. Es geht jetzt definitiv darum, alte Verletzungen anzugehen, Frieden mit der Vergangenheit zu schließen und alles Unschöne endgültig hinter sich zu lassen. Alles, was nicht erledigt ist, was nicht bereinigt wurde und noch nicht verziehen ist, wird die Menschen in die falsche Richtung treiben. Wer Frieden will, muss Frieden wirklich leben. Es wird nicht mehr funktionieren, Frieden mit destruktiven Mitteln herbeizuführen. Es wird nicht mehr möglich sein, Liebe durch Verfolgung von Menschen, die angeblich zu wenig Liebe haben, zu verwirklichen. Das ist ein Widerspruch. Das ist nicht der Weg. Was hervorgebracht werden soll, muss auch gelebt werden.

Es ist kein Widerspruch, dass Liebe auch Mut braucht, dass für die Liebe auch eine Unerschrockenheit nötig ist, um zum Ziel der Liebe zu gelangen. Die Pole müssen wieder ausgeglichen werden, damit auf der Erde kein Polsprung entsteht, weil die Pole sich zu stark verschoben haben. Der Planet spiegelt genau das Kollektivbewusstsein der Menschen wider. Verzeiht euch vorübergehende Ausbrüche von Wut und Angst. Aber geht sie immer wieder an. Je mehr Menschen zur Einheit und in die universelle Liebe finden können, desto eher kann der Planet den Bewusstseinssprung ins Neue Zeitalter machen.

Das göttliche Licht ist die Grundenergie hinter der gesamten universellen Schöpfung. Die Sonnen sind lediglich fast abgestorbene, vergangene und verlangsamte Entsprechungen des göttlichen Lichts. Trotzdem nähren sie das Universum, schaffen Leben und erhalten es. Das göttliche Licht ist der eigentliche Lebensimpuls hinter dem Sonnenlicht. Es ist die Lebensenergie, die dem Universum zugrunde liegt. Die Sonnen des Universums sind Manifestationen eines gewaltigen schöpferischen Lichteinfalls zu Beginn der materiellen Schöpfung. Sie sind das innere Licht des Lebens, außen widergespiegelt. Deshalb glauben die Menschen, dass alles im Universum wächst und gedeiht, weil es Sonnen gibt. In Wirklichkeit entspringt alles dem göttlichen Licht. Dieses Licht strahlt jetzt so intensiv auf den Planeten Erde, dass alle karmischen Verträge binnen kurzem fällig werden. Die Vorbereitungszeit des spirituellen Umbruchs läuft aus. Nun wandelt sich die Realität der Menschheit. Alte karmische Verträge müssen jetzt aufgelöst werden. Es muss auf allen Ebenen Frieden geschlossen werden, da die Bücher des Karmas bald geschlossen werden.

Dann wird das göttliche Licht endgültig zur Elektrizität des Lebens werden. Das Universum ist wahrhaftig so aufgebaut, dass die Energiekreisläufe der Planeten über das göttliche Licht gehen. Je fortgeschrittener ein Planet im Universum ist, desto stärker ist dort das universelle Gesetz der Nahrung aus Licht für alle Wesen verwirklicht. Je mehr der Lebenskampf durch das universelle Gesetz der Liebe und der Wahrheit abgelöst wird, desto mehr wird das göttliche Licht die verkörperten Wesen unmittelbar mit göttlicher Lebensenergie versorgen. Es gibt im Universum Planeten, auf denen das Paradies, wie es in der Bibel beschrieben ist, in der absoluten Konsequenz existent ist. Dort werden die verkörperten Wesen direkt aus der göttlichen Energie versorgt. Eine Anstrengung in der Materie ist da nicht mehr nötig. Der Lebenskampf, Krankheiten und der Tod existieren nicht mehr.

Jeder Mensch hat eine unstillbare Sehnsucht nach diesem Zustand. Die Menschen wissen tief in sich, dass dieses die Wahrheit der Existenz ist. Sie müssen ihren Schritt in diese Dimension aber aus freien Entscheidungen selbst tun. Das Göttliche kann lediglich den Weg aufzeigen, es kann aber nicht einfach einen Schalter betätigen, damit diese Realität entstehen kann. Für den Planeten Erde ist diese Entwicklung in Stufen vorgesehen. Die nächste Stufe steht jetzt bevor.

Ein wesentlicher Faktor für die nun kommende Transformation wird die Freiheit sein. In den letzten 2000 Jahren haben die Menschen oft sehr große geistige Stagnationen erlebt, weil in vielen westlichen Klöstern und christlichen Schulungswegen der Aspekt der Freiheit vernachlässigt worden ist. Dieses führte zu Verdrängungen, zur Verneinung der natürlichen menschlichen Triebe und dadurch zu erneutem Leid. Dieses hat im letzten Jahrhundert fast zur Abschaffung der Religionen geführt, was natürlich nicht möglich ist. Die Religionen, die Spiritualität und die Mystik gehören zum Menschen wie die Luft zum Atmen. Freiheit ist dafür wichtig. Licht fließt dort, wo Freiheit ist. Wo keine Freiheit ist, die Abhängigkeit und die Verknechtung, auch der menschlichen Triebe, vorherrschen, kann sich das Licht nur ungenügend ausbreiten. Das Verbreiten von Angst, ein endloses Verbieten der Freude ist zu oft in den Klöstern praktiziert worden. Da musste sich das Licht zwangsläufig zurückziehen. Darum kann die Menschheit nur voranschreiten, wenn sie einerseits zur universellen Freiheit findet, andererseits sich im großen Ganzen aufgeben kann. Aus intellektueller Sicht ist es ein Widerspruch, aus ganzheitlicher Sicht ist es die göttliche Logik schlechthin. Freiheit in Selbstaufgabe zu leben, heißt, das göttliche Tor in die universelle Freiheit direkt zu durchschreiten. Dann können Dimensionen der Freiheit erfahren werden, die die absolute Grenzenlosigkeit des Göttlichen erleben lassen.

Der Energiebedarf der Menschen soll bald nicht mehr über die Ausbeutung der Rohstoffe des Planeten sichergestellt werden. Das göttliche Licht soll nun direkt für den Energiebedarf auf dem Planeten erschlossen werden. Das Bewusstsein, dass dieses möglich ist, beginnt, sich auszubreiten. Es ist vorgesehen, dass die Menschheit im Rahmen ihrer Bewusstwerdung auch die Ressourcen der Lichtnahrung und Lichtenergie erschließen wird. Je mehr vom göttlichen Licht genommen wird, desto stärker baut sich sein Energiefeld auf. Wenn das göttliche Licht ignoriert wird, zieht es sich zurück. Es wird überall gegenwärtig sein, und nicht auf einzelne Lichtmeditationen beschränkt sein, um Erkenntnisse geistiger Art in diesem Licht zu transportieren.

Die Menschen, die sich dem göttlichen Licht öffnen, werden dieses Licht von innen nach außen strahlen. Solche Menschen werden ganz klar zu erkennen sein. Sie drücken Liebe aus. Sie drücken Verständnis aus. Sie sind friedlich. Sie sind mutig und kraftvoll. Deshalb soll die Vision der Menschheit das innere Licht sein. Das göttliche Licht soll sich jetzt auf dem Planeten ausbreiten und wird sich letztendlich als die wichtigste Manifestationsquelle allen Lebens ausdrücken. Gottes Liebe und Gottes Schutz für das gesamte Universum manifestiert sich über das göttliche Licht. Es ist der Strom der Schöpfung, der Blutkreislauf des Universums. Je mehr durchlichtet ein Teil der Schöpfung ist, desto gesünder wird dieser Teil des Universums sein. Sucht und findet das göttliche Licht und lasst in diesem Licht eure innere vollkommene Schönheit, euren inneren Frieden leuchten und schenkt all dieses der Welt.

Schlüssel 7

Suche in allem, was du bist und tust, das göttliche Licht,
um in diesem Licht die Möglichkeiten deines Seins
immer mehr auszuweiten.

8. Göttliches Verständnis

Gott weiß und versteht alles.
Verstehen im ganzen Umfang, in der vollkommenen Einheit.
Gott kennt unsere Ängste, Sorgen, Fehler
und möchte uns immer helfen!
Immer!
Darum seid nicht zu stolz, um Hilfe zu bitten.

Der Turm von Babylon ist ein biblisches Gleichnis darüber, wie die Menschen komplizierte Gedankengebilde erschaffen, um Lösungen des Lebens zu finden. Da diese Lösungen vor allem über den Verstand laufen, aufs Ego bezogen und deshalb einseitig sind, sind daraus sehr viele geistige Aufspaltungen entstanden. Es wurde ein großer Turm von komplizierten Gedankenstrukturen, scheinbaren Lösungen, Ideologien und Weltanschauungen errichtet. Die Menschen sprechen jetzt viele verschiedene Sprachen und verstehen sich nicht mehr. Die Einheit ist endgültig zerbrochen.

Göttliches Verstehen kommt nun nicht mehr durch. Solange das alte Zeitalter noch im Wesentlichen funktionierte, führte dieses Denken nicht zu großen Problemen. Das ändert sich nun. Da auch die Aufspaltungen des Geistigen jetzt zunehmend mit Lichtinformationen versorgt werden, wird die Essenz dieses verkehrten, zersplitterten Bewusstseins sichtbar und manifest. Es wird dazu führen, dass diese komplizierten Denkvorgänge ihre Früchte nun verstärkt in die Materie streuen. Viele „Wahrheiten" werden sich als Selbstzweck verteidigen gegen andere „Unwahrheiten". Da es sehr viele Teilwahrheiten sind und keine allumfassende Wahrheit mehr, wird der Konflikt unvermeidbar sein. Deshalb muss die Wahrheit wieder zusammengesetzt werden. In mühsamer Kleinarbeit sollte jede einzelne Unwahrheit angeschaut und ins Ganze integriert werden. Der zerbrochene Krug muss nach und nach wieder heil werden.

Diese geistige Arbeit erscheint zunächst schwer, da etwas Kompliziertes vereinfacht werden muss. Der Verstand muss überlistet werden. Die Einfachheit muss im Gewand der Kompliziertheit die Einheit in der Einfachheit wieder herstellen. Im Lichte des göttlichen Verständnisses wird jeder Fehler, jedes Abweichen von der Wahrheit erkannt und wieder in das Mosaik der großen einen Wahrheit eingefügt. Das muss behutsam geschehen, da die Kompliziertheit der geistigen Aufspaltungen ein sehr großes Misstrauen gegen die einfachen Wege in sich trägt. Viele Menschen können sich gar nicht mehr vorstellen, dass alles ganz einfach ist. Sie meinen, die Probleme müssen nur richtig analysiert werden, um Lösungen zu finden. Dieses mag richtig sein, um eine Maschine zu entwerfen und zu reparieren. Es ist aber falsch, um in die Wahrheitsstruktur des Göttlichen vorzudringen. Dieser Widerspruch muss überlistet werden.

Auf dem Strom des Lichts und der Liebe werden die Lösungen nach und nach zu den dafür zuständigen Menschen gelangen. Alles, was auf dem Planeten Erde auseinandergefallen ist, kann wieder vereint werden. Es wird sogar möglich sein, die Probleme, die aus der Kernspaltung entstanden sind, rückgängig zu machen. Mit dem göttlichen Bewusstsein ist alles möglich. Alle Probleme, die aus der menschlichen Bewusstseinsaufspaltung entstanden sind, können damit angegangen werden. Unter diesem Aspekt sollte jeder wirklich eingeweihte Mensch sofort an der Erlösung des Planeten Erde mitwirken. Diese Transformation wird über das göttliche Verständnis gehen, das jederzeit direkt abrufbar ist.

Nun dringt die Heilung, die bisher im Verborgenen wirkte, an die Oberfläche. Viele Menschen, die in den letzten Jahrzehnten ihrem spirituellen Ruf folgten, zwischendurch meinten, dieser Weg führe nirgendwohin, werden jetzt sehr schnell aufgefordert werden, an die Arbeit zu gehen. Ein neuer Vertrag mit dem Göttlichen wird jetzt abgeschlossen. Es wird ein Vertrag des Lichts sein. Das Blatt soll wieder weiß werden, die Liebe die Oberhand gewinnen. Auf der Schöpfung des Planeten Erde lastet eine riesige Last der Schuld, der Unbewusstheiten und der Unwahrheiten. Diese Last muss jetzt gereinigt werden durch die Kraft der göttlichen Liebe und göttlichen Wahrheit. Tief in sich hat jeder Mensch Sehnsucht nach der Einheit, nach der allumfassenden Liebe und der Vollkommenheit, die daraus entstehen kann.

Die göttliche Freude ist ein wesentlicher Aspekt, um in die Tiefe des göttlichen Verständnisses vorzudringen. Ein Mensch, der sich Gott nähert, aber die Freude dabei außer Acht lässt, wird nicht sehr weit kommen. Göttliches Verständnis entsteht in einer tiefen Liebe, die unweigerlich die Freude bringen wird. Wenn Freude sich einstellt, kann die ganze Bandbreite des Göttlichen sich entfalten. Die Herzen der Menschen können aufgehen. Das Licht der Erkenntnis kann sich ausbreiten. Die Wunden der vergangenen Inkarnationen können geheilt werden. In den nächsten Jahren werden die Menschen erkennen, was in der Vergangenheit geschah und welches die Schlussfolgerungen sind, um sich davon zu befreien. Die Vergangenheit soll abgeschlossen werden, die Schuld aufgelöst werden. Die Irrtümer sollen durchlichtet und damit korrigiert werden. Auch wenn vieles schon sehr viele Jahre oder Jahrhunderte her ist, für alles wird es Lösungen geben. Macht euch großherzig an die Arbeit. Arbeitet sehr genau. Verzeiht großzügig die Schuld der anderen. Karma existiert jetzt nur noch, um es aufzulösen.

Die Anstrengungen im Engelreich, in den Lichtebenen, auch von den höher entwickelten Wesen ferner Planeten werden jetzt ausgeweitet und synchronisiert, um der Menschheit bei diesem Kraftakt beizustehen. Es werden sich in den nächsten Jahren viele Meister des Lichts auf der Erde verkörpern, initiiert werden oder über einen geistigen Schulungsweg zur Erleuchtung gelangen, um die Schulungen einzuleiten, die die Menschen ins göttliche Licht, in die göttliche Wahrheit und in die göttliche Liebe führen sollen. Eine Welle von großer Freude wird durch die Erkenntnis ausgelöst werden, dass der nächste Evolutionsschritt über die Überwindung des Leids möglich ist. Dieses wird die einleuchtende Erkenntnis der nächsten Jahre sein.

Die Menschen bekommen endlich Schlüssel in die Hand, um das Leid, die Schwere und den Schmerz zu überwinden. Das Vertrauen ins Göttliche, diese Zuversicht, dass nun alles gut werden darf und soll, muss direkt genutzt werden, um das Leid auf der Erde, das sich nun verstärken will, tilgen zu können. Es wird effektiv ein Kampf zwischen dem Licht und der Finsternis sein. Die Kräfte der Finsternis bauen sich jetzt drohend auf, aber die Lichtkräfte werden letztendlich stärker sein.

Trotzdem dürfen die Menschen sich nicht passiv, wartend verhalten. Jeder Mensch muss das seinige dafür tun. Wer sich berufen fühlt, eine Arbeit in diesem riesigen Räderwerk des göttlichen Lichts zu übernehmen, soll es tun. Die Farbschattierungen des göttlichen Lichts werden sich ständig erweitern. Viele Menschen werden fähig sein, Krankheiten unmittelbar über die Kraft des göttlichen Lichts, der göttlichen Liebe zu heilen.

Die Kraft des Christusbewusstseins wird sich auf der Erde ausbreiten. An vielen Orten des Planeten werden ganz selbstverständlich Wunderheilungen geschehen. Gleichzeitig werden sehr viele Menschen Bewusstseinsarbeit anbieten, die die Menschen direkt, ohne Umwege, in die göttliche Wahrheit führen kann. Es soll ein Bewusstseinssprung in Form eines Energiekreises um den Planeten gehen, der den Quantensprung ins Neue Zeitalter auslösen wird. Die Menschen, die diese Wunder erleben, werden ihre Erfahrung weitergeben. Die Wunder des Göttlichen werden sich schließlich endlos in alle Richtungen verbreiten und eine große Befreiung der Schöpfung einleiten. Allerdings wird dieses die Gegenseite, den Pol der Begrenzung, des Schmerzes, des Leids und des Todes provozieren. Da die Wunder Christi sich unmittelbar auf dem Planeten Erde ausbreiten, kann auch die Inquisition im neuen Gewand wieder auf den Plan gerufen werden.

Die Evolution der gesamten Menschheit verläuft nach demselben Prinzip wie die Evolution einzelner Menschen. Vom Zeitpunkt der Geburt bis zum Erwachsensein werden verschiedene Stufen durchlaufen. Die Menschheit ist derzeitig auf der Stufe eines dreimonatigen Kindes. Es findet noch keine wirkliche Kommunikation statt. Es haben sich noch nicht alle Farben des Sehens eingestellt. Der Mensch kann noch nicht laufen und ist auf sehr viele äußere Hilfsmittel angewiesen, um überhaupt existieren zu können.

Jeder Mensch weiß, dass dieses Stadium des dreimonatigen Kindes sich schnell verändern wird. Gewaltige Entwicklungsschritte bahnen sich an. Die Menschheit wird bald viele unvollkommene Hilfsmittel abwerfen. Die Kommunikation wird sich immer mehr über das dritte Auge entwickeln, so dass sich die Menschen über weite Distanzen verständigen können. Sie werden über das dritte Auge zu jeglichem Wissen hingeführt. Das mühsame Lernen und Kopieren über den Verstand wird nicht mehr nötig sein. Alles Wissen, das die Menschen brauchen, um in Vollkommenheit existieren zu können, liegt bereit. Über das dritte Auge, das geistige, ganzheitliche Auge des Menschen, kann dieses Wissen abgerufen werden.

Dieses ist allerdings nur möglich, wenn spirituelle Missbräuche ausgeschlossen sind, wie die der schwarzen Magie. Im Laufe der Menschheitsgeschichte hat die schwarze Magie immer wieder zu karmischen Reaktionen, zu Katastrophen größeren Ausmaßes geführt. Das alte Atlantis musste aufgrund schwarzer Magie untergehen. Im Wandel des damaligen Zeitalters hätte die Macht auf Atlantis dem Göttlichen konsequent unterstellt werden müssen. Dieses ist aber nicht geschehen. Die schwarze Magie nahm mit den Jahren einen zu starken Raum ein. Deshalb musste dem schließlich dunklen Treiben ein Ende gesetzt werden. Das Zeitalter von Atlantis wäre auch sonst zu Ende gegangen, aber weitaus weniger schmerzhaft.

Die Menschheit wird das große Geschenk des Sehens über das dritte Auge erst dann kollektiv erhalten, wenn der kollektive Evolutionsschritt stark genug ist. Das heißt, wenn sich sehr viele Menschen dazu entschieden haben, die Missbräuche der schwarzen Magie bewusst und definitiv nicht zu begehen. Das Energiefeld muss stark genug sein, damit es andere Menschen mitziehen kann. Dann wird sich das Bewusstsein der Menschen dahin erweitern, dass die Essenz des menschlichen Seins auf diese neue Grundlage gestellt werden kann.

Die Menschheit wird sich dann in die Richtung entwickeln, wie sie es sich seit Anbeginn ihres Seins gewünscht hat. Die irdische Polarität, die sich durch die Spaltungen des menschlichen Verstandes verstärkt hat, wird nach und nach verschwinden. Der Verstand sollte nur das ausführende und verwaltende Organ sein und nicht der schöpferische Impuls hinter den Manifestationen. Die Schöpfung des Planeten steht jetzt an dem Punkt, wo der Lebenskampf definitiv überwunden werden kann. In der Folge wird sich das Leben, wie es in der Evolution gegenwärtig, z. B. im Fall der Raubtiere, noch möglich ist, nicht mehr über den Tod eines anderen Lebens definieren müssen. Ein starker Energiekreis des göttlichen Bewusstseins wird sich letztendlich um den Planeten Erde legen. Obwohl dieses schon ein sehr hoher Zustand sein wird, wird die Menschheit sich weiterhin in immer perfektere Realitäten hineinentwickeln können. Da diese Möglichkeiten schier unerschöpflich sind, sind die Begriffe der heutigen Zeit nicht imstande, diese erhabenen zukünftigen Realitäten nur annähernd zu beschreiben.

Die Reiche der Engel, der Devas, der Elfen und Feen, der höher schwingenden Gnome und der helfenden Lichtwesen, die unentwegt dafür sorgen, dass auf der Erde alles wächst und gedeiht und die höheren Entwürfe eingehalten werden, werden nun bald wieder für die Menschen sichtbar sein. Über das dritte Auge werden die Menschen mit diesen Lichtwesen in Kontakt treten. An den vielerorts wiederbelebten Kraftplätzen werden freie und geschützte Zonen für diese Wesen bereitgestellt sein. Dort werden Opferungen für diese Lichtwesen stattfinden. Sie werden von den Menschen die ihnen gebührende Ehre erhalten. Dadurch wird ein alter Vertrag, den es seit Urbeginn der Schöpfung zwischen den Menschen und den Lichtwesen gibt, neu definiert.

Nur durch Bewusstheit wird diese Änderung möglich sein. Durch ein inneres Schauen der Menschen kann der Weg außen klarer gesehen werden. Nur durch ein stetig wachsendes Energiefeld der bewussten, erwachten Menschen kann Vertrauen zu den geistigen Ebenen der Devas und Engel hergestellt werden. Zurzeit müssen sich die Boten des Lichts vor den Menschen tarnen. Die lichtvollen Elementarwesen ziehen sich sogar immer mehr vor der zunehmenden Disharmonie auf dem Planeten zurück. An ihren Hochburgen in der unberührten Natur kommen sie oft nur noch in den sehr frühen Morgenstunden zwischen 3 und 4 Uhr aus ihren inneren Schutzbereichen heraus. Die Menschen haben die irdische Atmosphäre zu sehr mit Misstönen der Sinnesbefriedigung, der Angst und des Misstrauens verunreinigt, dass diese lichtvollen Helferseelen es schlichtweg nicht mehr vertragen.

Die menschlichen Wohnformen auf dem Planeten werden harmonischer werden. An vielen Orten des Planeten werden Lichtstädte entstehen, die nicht mehr so groß sind wie die heutigen Metropolen, die definitiv zu groß sind. Die neu entstehenden Lichtstädte werden die Menschen sehr anziehen. Viele Menschen werden freudig in diese Städte übersiedeln. Die Organisation dieser Lichtstädte wird den menschlichen Stämmen der Vergangenheit ähneln. Die Zusammensetzung dieser stammesähnlichen Gemeinschaften wird nicht auf eine Bevölkerungsgruppe beschränkt sein. Sie können sich international zusammensetzen. Das Band, das diese stammesähnlichen Gemeinschaften zusammenhält, wird Liebe und Licht sein und nicht das Band einer nationalen Zugehörigkeit. Eine Lichtführerschaft, ähnlich einem großen Rat, wird die Geschicke dieser Städte leiten. Dieser Rat der Weisen wird der innere Kreis, der spirituelle Kern der Städte sein. Jede Zelle in der materiellen Schöpfung funktioniert so. Deshalb wird es ein Abbild einer lebendigen Zelle sein. Die Zellen des Lebens, die sich ständig in ihre Lichtqualitäten vervollkommnen, sind so aufgebaut, dass der innere spirituelle Kern alle äußeren Ringe mit Licht und Leben versorgt. Dementsprechend konzentriert sich alles Leben auf diesen inneren Kern und versucht, ihm ebenfalls Licht zu geben. Dadurch entsteht über das göttliche Licht eine sehr fruchtbare Wechselbeziehung des Lebens.

Das uralte Versprechen an die Menschheit, sie zum göttlichen Wissen zu führen, wird erfüllt werden. Über das dritte Auge wird das göttliche Bewusstsein jedem Menschen frei zugänglich sein. Das göttliche Verständnis wird sich dadurch wie ein Quantensprung auf dem Planeten entfalten können. Für jedes noch so schwierige Problem, sei es die Endlagerung von Atomstäben oder die Folgen der massiven Umweltverschmutzung, wird es nach und nach Lösungen geben. Auch wenn viele dieser Probleme aus heutiger Sicht in Jahrtausenden nicht lösbar sind.

Die Heftigkeit des nun bevorstehenden Umbruchs, die Intensität der Naturkatastrophen ist zurzeit nicht genau berechenbar, da sie in der Glut des Aufbäumens des alten Bewusstseins ausbrechen werden. Die Heftigkeit wird in der Intensität vor sich gehen, wie die Negativität der Menschen in die Atmosphäre strahlt und zurückgestrahlt wird.

Zurzeit ist die gesamte irdische Atmosphäre belastet mit immer ungültiger werdendem menschlichen Bewusstsein. Die Krücken, mit denen sich die Menschheit bewegt, sind nicht mehr funktionstüchtig. All diese geistigen Gebilde, sei es in der Psychologie, in der Philosophie, Medizin und der intellektuellen Wissenschaft, werden nach und nach abgeworfen werden müssen. Es sind vergilbte Bücher, die staubig, fehlerhaft und vor allem nicht mehr zutreffend sind. Sie helfen der Menschheit nicht mehr weiter.

Die Menschheit soll jetzt in die absolute Lebendigkeit des universellen göttlichen Wissens vordringen. Für jedes Problem der menschlichen Angelegenheiten kann die perfekte Lösung direkt von innen empfangen werden. Je mehr Wesen der irdischen Schöpfung von diesen Lösungen profitieren können, desto perfektere Lösungen werden es sein. Die gesamte Schöpfung mit all ihren Wesen muss berücksichtigt sein. Dieses ist eine einfache Verhaltensregel für die Vorgehensweise der Menschen im Neuen Zeitalter. Dadurch werden die Probleme der Menschheit immer mehr in den Hintergrund treten und letztendlich verschwinden. Krankheiten werden verschwinden, sogar der Tod kann überwunden werden. Die Menschen werden immer älter werden, immer gesünder sein. In der jetzigen Übergangzeit bereitet es den westlichen Gesellschaften noch Probleme, dass die Bevölkerungen tendenziell überaltern. Dieses wird aber nur noch bis zum Augenblick der Ewigkeit Probleme verursachen.

Schrittweise wird die Menschheit dahin geführt werden, mit immer weniger Aufwand und immer mehr Freiheiten im materiellen Wohlstand leben zu können. Nach und nach wird ein irdischer Reichtum in der vollkommenen Einheit aller Wesen entstehen. Die Natur wird sich ihrem göttlichen Entwurf immer mehr annähern. Das Paradies wird sich erschaffen. Die Menschen, alle Wesen des irdischen Planeten werden dieses Geschenk, das ihnen seit Urzeiten versprochen ist, endlich erhalten. Die biblische Geschichte der Vertreibung aus dem Paradies war in Wahrheit eine Verheißung, keine Geschichte aus der Vergangenheit. Mit dem Baum der Erkenntnis ist die verstandesmäßige Aufspaltung der heutigen Zeit beschrieben worden. Die Geschichte ist in einer umgedrehten Chronologie erzählt worden, um den Menschen zu zeigen, wo sie hin sollen. Gott vertreibt die Menschen nicht aus dem Paradies. Gott schafft den Menschen das Paradies und führt sie dorthin. Das ist die eigentliche Botschaft dieser biblischen Geschichte.

In der materiellen Schöpfung der Erde gab es das Paradies in dem Sinne noch nicht, da die Schöpfung auf einem sehr grobstofflichen Niveau begonnen hat. In den ewigen Welten der göttlichen Reiche ist das Paradies in seiner vollkommenen Absolutheit jedoch vorhanden. In diesem Sinne stimmt die Geschichte doch. Die Menschheit wurde beim Eintritt in die irdische Realität aus dem Paradies vertrieben. Nun kann über die Vergebung die Vertreibung aus dem Paradies rückgängig gemacht werden. Das Tor ins Paradies ist offen und kann durchschritten werden. Der Augenblick der Ewigkeit, der nicht mehr lange auf sich warten lässt, wird ein Durchschreiten der gesamten Menschheit in das Paradies sein.

In den kommenden Jahren wird ein völlig neues Bewusstsein auf dem Planeten entstehen. Die alten religiösen Schriften der Menschheit werden richtig gedeutet werden. Da die heiligen Schriften verfälscht und als Machtinstrumente missbraucht wurden, wird sich den Menschen jetzt ihr ursprünglicher Wahrheitsgehalt offenbaren. Das erfordert der nun anstehende Schritt ins Neue Zeitalter. Einige wenige Menschen werden sich zur Wiederherstellung der Originalschriften berufen fühlen, was über die Einfachheit eines liebenden Herzens geschehen wird. Diese geistige Arbeit wird von denen vollzogen werden, die in der intellektuellen Welt nicht zu den „Wissenden" gehörten. Über das Herz kann eine solche Arbeit durch einen Menschen gemacht werden, der 30 Jahre damit beschäftigt war, Straßen zu fegen, oder durch einen Bettler. Darum sollen sich die Menschen von ihren Vorstellungen lösen, wer das Recht hat, Wissen zu verbreiten und wer nicht. In der Übergangszeit wird sich ein alter biblischer Spruch bewahrheiten: „Die Letzten werden die Ersten sein!"

Die Menschen haben das Wort „Verstand" in seiner Bedeutung verdreht. Verstand, von Verstehen, drückt heute nicht das Verständnis aus, das aus der Weisheit entsteht. Da die Menschen sich seit 500 Jahren vor allem auf dieses einseitige Instrument gestützt haben, haben sie ihrer Wahrnehmung zufolge große Fortschritte gemacht. Die Menschen meinen, sich auf den Verstand verlassen zu können. Trotzdem hat der Verstand nur die auf einer Gehirnhälfte gegründeten Manifestationen hervorgebracht, die einseitig, daher unvollkommen und deshalb immer eine Gegenreaktion provoziert haben. Diese Gegenreaktion musste dann wiederum bekämpft werden, was ein stetiges Wechselspiel von Aktion und Reaktion war. Dieses Wechselspiel führte zu all den menschlichen Katastrophen der letzten fünfhundert Jahre.

Die Menschen werden in den nächsten Jahren erfahren, dass ihre alten heiligen Schriften, die Bibel, die Upanishaden, der Rigveda, die Bhagavad Gita und viele andere, zum Teil noch nicht bekannte Schriften, verschlüsselte Informationen enthalten. Diese Botschaften sollen bald entschlüsselt werden, um mit diesem vollkommenen Wissen in das Neue Zeitalter zu gehen. Die Heiligen Schriften bergen seit Jahrtausenden Schlüssel der Ewigkeit in sich. Diese Schlüssel der Ewigkeit sollten über die Jahrtausende erhalten bleiben. In den kommenden Zeiten des Umbruchs werden diese Schlüssel der Menschheit zur Verfügung gestellt. Zum Zeitpunkt des endgültigen Übertritts ins Neue Zeitalter werden zwölf erwählte Menschen aus zwölf verschiedenen Weisheitswegen diese heiligen Schlüssel für die Menschheit entschlüsselt und zugänglich gemacht haben. Die Weisheit der gesamten Menschheit wird dann in zwölf verschiedene Lichtsprachen aufgeteilt sein. Jeder Mensch wird einem dieser zwölf Weisheitswege angehören, da jeder erreicht werden soll. Dieses ist von sehr langer Hand vorbereitet worden. Die Dechiffrierung der geistigen Schlüssel wird rechtzeitig geschehen, damit jeder Mensch Zugang zu seinem Weisheitsweg bekommt.

Das analytische Denken des menschlichen Verstandes hat nicht Halt gemacht vor den verschiedenen geistigen Offenbarungen, die für diese Zeit geschrieben worden sind. Auch unter den Prophezeiungen, die gegenwärtig auf dem Markt sind, gibt es solche, die ganz klar in die Unwahrheit führen. Es sind da materielle Interessen im Spiel. Die Quellen sind nicht rein. Die Motivation, diese Schriften zu verbreiten, ist nicht dem Höchsten geweiht. Deshalb ist es wichtig, dass die Menschen eine klare Unterscheidungskraft entwickeln und die geistige Botschaft hinter einer Schrift erkennen lernen. Die Botschaft einer heiligen Schrift sollte die göttliche Liebe, die göttliche Weisheit und die Einfachheit des Lebens sein.

Die Menschen werden über das Karma auf ihre Fehler aufmerksam gemacht. Auch wenn es nicht immer so aussieht, geschieht es mit Liebe. Die Menschen sollen sich vor Schriften hüten, in denen ihnen ein furchterregender Gott droht. So einen Gott gibt es nicht. Er ist vielmehr eine Erfindung, entstanden aus einem unreinen Geist und aus Angst. Lasst euch so etwas nicht erzählen. Jeder Teil der materiellen Schöpfung wird bedingungslos geliebt und ist in dieser Liebe für immer aufgehoben. Alles, was in den irdischen Realitäten passiert, sind Umwege, die gegangen werden müssen, weil die Seelen sich frei dazu entschieden haben, um ein bestimmtes Resultat zu erreichen. Hütet euch deshalb vor „heiligen Schriften", die zu stark über den Verstand verfasst worden sind und deshalb einseitig sind.

Der karmische Prozess kann verlassen werden. Die Wirkungen können aufgehoben werden. Es geht im universellen Gesetz lediglich darum, dass menschliche Fehler getilgt werden und sich im Universum nicht ausbreiten. Wie die menschlichen Seelen dieses tun, ist ihnen in der Freiheit des Seins selbst überlassen. Der Weg über das Karma ist der unbewusste Weg. Es gibt aber auch einen bewussten Weg, sowohl auf der körperlichen als auch auf der nicht verkörperten Ebene. Darum wird die ganzheitliche Erlösungsarbeit der nächsten

Jahre beide Bereiche der materiellen Schöpfung umfassen müssen. Die ewigen göttlichen Bereiche, in die jede Seele letztendlich eingehen wird, sind vollständig unbelastet von den Realitäten der Astralebenen.

Der Übergang ins Neue Zeitalter soll möglichst wenig Zerstörung verursachen. Dennoch wird vieles nicht mehr aufzuhalten sein. Die Menschheit kann noch vieles tun, damit die Zerstörungen möglichst gering ausfallen. Je mehr das menschliche Bewusstsein in der Aufspaltung, in der Trennung und dadurch in den negativen menschlichen Eigenschaften ist, desto größer wird die Zerstörung sein. Je mehr Bewusstsein in der Einheit, in der Liebe und damit in der universellen Wahrheit ist, desto geringer wird die Zerstörung ausfallen. Die Frage, die sich stellt, ist, wie schmerzhaft wird der Übergang für die Menschheit sein? Wie viele Seelen bleiben zurück? Wie viele Seelen entscheiden sich und in welchem Zeitraum für die Realitäten des Neuen Zeitalters? Wie verteilen sich die Kraftfelder auf dem Planeten? Letztendlich wird es eine Frage der Physik sein. Je mehr Kräfte die Energien runterziehen, desto tiefer geht es hinab. Je mehr die Kräfte emporstreben, desto höher wird es hinaufgehen, desto leichter wird alles werden.

Der Tod darf nicht ins Universum exportiert werden. Darum ist die Überwindung des Todes die Voraussetzung, damit die Menschheit den Planeten Erde in absehbarer Zeit verlassen kann. Krankheit und Tod dürfen nur isoliert auf einem Planeten stattfinden. Die Menschheit kann erst ins Universum aufbrechen, wenn sie dem Universum etwas geben kann, was die Vollkommenheit des Universums verstärkt. Die Menschheit wird bald erkennen, dass dieses die Schlüssel sind, um freudig ins Universum aufbrechen zu können. Die Menschen können dann endlich all die vollkommenen Manifestationen im Universum kennenlernen.

Erst wenn die Menschheit kollektiv Krankheit und Tod überwunden hat, ist sie auch kollektiv geschützt vor niedriger entwickelten und deshalb gefährlichen außerirdischen Wesen. Es liegt zurzeit noch ein besonderer Schutz um den Planeten Erde, damit diese Wesen den Menschen nicht schaden können. Vereinzelt können Übergriffe stattfinden, wenn das Karma der betroffenen Menschen es zulässt. Den Menschen sind einzelne Fälle bekannt. Fürchtet euch nicht. Auf dem Planeten gibt es sehr wenige karmische Voraussetzungen für ein solches Geschehen.

Es werden noch einige Jahrtausende vergehen, bis die Menschheit ins Universum aufbrechen kann. Das wird bei Anbruch des übernächsten Neuen Zeitalters sein. Das nun folgende Zeitalter wird das Erwachen und Heranwachsen des kosmischen Menschen sein. Es ist das Hineinwachsen in die erste Vollkommenheitsstufe des Menschen. Das göttliche Bewusstsein von Jesus Christus war ein erstes Durchscheinen der vorgesehenen Vollendungsstufe für die gesamte Menschheit. Einige wenige Menschen werden jetzt vorangehen müssen, um das Licht der Erkenntnis anzuzünden. Das göttliche Licht wird dann sowohl als Nahrungsquelle, als Energiereserve, zur Heilung und als Transportschiene des erhöhten geistigen Bewusstseins zur Verfügung stehen. Durch zunehmenden Lichteinfall in die Schöpfung des Planeten wird sich die Materie erweitern. Der Planet wird dadurch nicht vergrößert, die Menschen aber werden für das Leben immer weniger materielle Energie in Anspruch nehmen müssen. Trotzdem wird die Versorgung der Menschen viel umfassender sein, da sie direkt über Lichtenergie ernährt werden. Reichtum wird ganz selbstverständlich sein, da Reichtum das Geschenk der Schöpfung an die Menschen ist.

Die technischen Kommunikationsmittel wie Computer und Handy der Menschen haben einen hohen Stand erreicht, durch den die Menschen ihren nutzlosen Spieltrieb in der Kommunikation immer oberflächlicher ausleben können. Die Geschwätzigkeit nimmt zu, trotzdem haben sich die Menschen nicht viel Wesentliches zu sagen. Sie lenken sich stattdessen ab. Die Menschen verstehen sich immer weniger, reden aber unentwegt aufeinander ein. Dieses ist keine wirkliche Kommunikation. Dieses Spiel steigert sich nun ins Absurde. Ein sehr großer Verschleiß an natürlichen Rohstoffen wird diesem unnützen Spiel des Nichtverstehens geopfert. Lange wird das nicht mehr so weitergehen können, da die sichtbaren und unsichtbaren Ebenen des Seins davon verschmutzt werden und die Atmosphäre und weitere ätherische Ebenen diese Verunreinigung nicht mehr vertragen.

Die Menschen spüren instinktiv, dass sie etwas falsch machen. Sie spüren, dass sie sich nicht um die Wahrheit, um das Dharma bemühen. Sie wollen es aber nicht wahrhaben. Stattdessen spielen sie wie ein verwöhntes Kind mit den Kommunikationsmitteln, als ob sie kommunizierten. Diese Kommunikation ist aber keine mehr.

In nicht allzu ferner Zeit werden die immer noch wachsenden Funknetze zusammenbrechen. Die Menschen wissen nicht, dass die durch Strahlen verunreinigte Atmosphäre lange Zeit brauchen wird, bis sie gereinigt ist. Bis dann wird ein in zweihundert Jahren weltweit mühsam aufgebautes Netz der Festnetztelefonleitungen zum Teil abgebaut sein, da die Menschen meinten, es nicht mehr zu benötigen. Deshalb wird der Ersatz der zusammengebrochenen Funknetze nicht mehr vollständig gewährleistet sein. Die wirtschaftlichen Kommunikationswege der Menschheit laufen aber dann über diese Netze. Die Weltwirtschaft wird aufgrund des sich verselbstständigten „freien" Marktes und infolgedessen zu großen und zu komplizierten Strukturen sehr empfindlich reagieren. Die daraus resultierenden Fehler werden sich sehr schnell verselbstständigen, da aufgrund der fehlenden Einfachheit in den wirtschaftlichen Strukturen keine wirkliche Übersicht mehr herrscht. Die Weltwirtschaft wird schließlich überhitzt, das heißt panisch reagieren, und deshalb nicht mehr richtig funktionieren. Die wirtschaftlichen Schaltstellen werden aufgrund der Ausrichtung auf einseitige und kurzfristige Gewinnmaximierung und dem daraus resultierenden wirtschaftlichen Ungleichgewicht nicht im Stande sein, die richtigen Auswege aus dieser Misere zu bieten.

Es wird sich dann zeigen, dass wichtige Schlüsselstellen der Weltwirtschaft mit unreifen Menschen besetzt sind. Sie verfügen effektiv über zu wenig Lebensweisheit. Die anfänglichen Fieberschübe der globalen Wirschaft werden sich schließlich in eine ernsthafte Infektion ausweiten. Um überleben zu können, müssen die Menschen auf einfache regionale landwirtschaftliche Strukturen zurückgreifen können. Diese Strukturen existieren aber nicht mehr in ausreichender Form. Besonders in den westlichen Ländern sind Kreisläufe der Monokultur geschaffen worden, die die Böden ausgelaugt haben. Große landwirtschaftliche Flächen werden so ausgezehrt sein, dass sie 10 bis 20 Jahre brauchen, um für einen normalen, natürlichen Ertrag der Lebensmittelerzeugung wieder tauglich zu sein.

Die Handelswege der Weltwirtschaft, durch verschiedene terroristische Anschläge zu gefährlich geworden, werden dann größtenteils eingestellt sein. Der globale Handel kann deshalb die Defizite nicht mehr ausgleichen. Es wird zunächst ein Mangel an Waren des täglichen Lebens entstehen, der allmählich in eine Hungersnot übergeht. Da aufgrund von Sparmaßnahmen die Vorratsspeicher mit Notreserven der Völker zunehmend abgebaut wurden, werden sehr schnell keine Lebensmittel mehr verfügbar sein.

Dann wird klar, dass sich etwas ändern muss. In den spirituellen Zentren wird der Umkehrprozess in die Einfachheit des Denkens eingeleitet, da die vielfältigen Probleme nur noch in Einfachheit gelöst werden können. In den spirituellen Zentren werden geistige Energiefelder geschaffen, die einen Einblick in Strukturen ermöglichen, die aus diesem gesellschaftlichen Dilemma herausführen können. Die Zentren werden geografisch so platziert sein, dass durch ihr natürliches Zellwachstum neue Städte entstehen. Zu Urzeiten haben dort schon Städte existiert. Diese neuen Orte werden zu Lichtstädten werden. Viele von den derzeitigen Großstädten sind zu groß und liegen an sehr fragwürdigen Orten.

Das ungebremste, aber bereits anfällige, technologische Wachstum wird schließlich stagnieren bzw. zurückgehen. Telefonleitungen, die zum Teil aufgegeben, teilweise sogar vollständig demontiert wurden, müssen wieder aufgebaut werden. Es werden dafür nicht genügend Rohstoffe vorhanden sein. Die Welt wird in einen islamischen und einen westlichen Teil gespalten sein, die sich immer feindlicher gegenüberstehen. Deshalb werden die Probleme nicht gemeinsam angegangen werden können. Die arabischen Länder werden ihrem in Jahrhunderten angestauten Hass über die Vorherrschaft der westlichen Länder nachgeben. Kollektives Karma und die karmische Reaktion der mittelalterlichen Kreuzzüge wird sich entfesseln. Letztendlich wird es auf einen Krieg zwischen der EU und den arabischen Staaten hinauslaufen. Die EU wird von den USA unterstützt werden, die die militärische Vorherrschaft auf dem Planeten aber nicht mehr haben werden. Dieser Konflikt, der ursprünglich aus verschiedenen Ideologien entstanden ist, wird übergehen in einen direkten Überlebenskampf.

Die westeuropäischen Staaten werden sich einerseits mit den Folgen der Erderwärmung am Nordpol und den daraus resultierenden Naturgewalten an den Meeren und somit der großen Küstenstädte befassen müssen, als auch mit dem Zorn der arabischen Länder, die den Wasserbedarf ihrer Völker nicht mehr garantieren können. Die arabischen Wüstenstaaten werden aufgrund ihres direkt lebensbedrohend gewordenen Trinkwassermangels und ihrer vor Ort sichtbaren absurden und im höchsten Maße verschwenderischen westlichen Ferieninfrastruktur in einen großen Zorn geraten. Das Mittelmeer wird sich so aufgeheizt haben, dass einerseits Dürren, andererseits unverhältnismäßige, zerstörerische Regenfälle die ehemals fruchtbare Mittelmeer-Region vor unlösbare Probleme stellen wird.

Die geistige Degeneration der Vereinigten Staaten wird zu diesem Zeitpunkt ihren Höhepunkt erreicht haben. Der nordamerikanische Kontinent wurde in den letzten Jahrhunderten auf der Grundlage von Völkermord an den indianischen Völkern besiedelt. Der Wohlstand des Landes wurde zum Teil mit Sklaverei begründet. Die karmische Entsprechung dazu wird sich unter anderem in der Wüste von Arizona zeigen, wo in der Vergangenheit verhängnisvolle atomare Versuche stattgefunden haben.

Es werden dort gefallene Außerirdische landen, die das Karma des Völkermordes und des direkten rohen Kolonialismus in Verbindung mit der Sklaverei auf diesen Kontinent zurückbringen wollen. Den amerikanischen Geheimdiensten ist längst bekannt, dass die Gefahr einer außerirdischen Invasion besteht. Die ehemals sehr mächtigen Vereinigten Staaten werden dieser Aggression nicht sehr viel entgegenzusetzen haben. Trotzdem wird es den Außerirdischen nicht gelingen, das Volk der USA zu unterwerfen und zu dezimieren. Dieses ist im Plan der irdischen Schöpfung nicht enthalten. Da die USA durch eine unkluge Außenpolitik nicht mehr viele Koalitionspartner haben werden, wird es zunächst so aussehen, dass sie diese Probleme nicht bewältigen können.

Doch, in dem Grad, wie sich auf dem amerikanischen Kontinent das Bewusstsein des Neuen Zeitalters ausbreitet, wird sich eine Überlegenheit des amerikanischen Volkes aufbauen, die letztendlich dazu führen wird, das Problem der Invasion der Außerirdischen zu lösen. Das Bewusstsein der Liebe und der universellen Wahrheit wird eine gewaltige Kraft freisetzen. Es wird sich das Gesetz der Umkehrung durch die Lichtkräfte erfüllen. Aus der ursprünglichen Degeneration des amerikanischen Volkes wird durch diese Herausforderung eine große spirituelle Kraft entstehen, die sich auf dem gesamten Planeten ausbreiten wird. Auf dem nordamerikanischen Kontinent wird sich demzufolge das Licht des Neuen Zeitalters zuerst zeigen.

Das gegenwärtig vergessene Wissen der amerikanischen Ureinwohner wird von diesem Kontinent ins Kollektivbewusstsein des Planeten zurückkehren, da die Inkarnationen der geistigen Führungspersönlichkeiten der uramerikanischen Nationen zurückkehren. Sie werden ihre Meisterschaft entfalten und letztendlich wieder übernehmen. Die Vereinigten Staaten werden sich in ihre natürlichen Stammesstrukturen zurückverwandeln. Die ehemals geistig hochstehende Konföderation der nordamerikanischen Urvölker, die Anfang des 15. Jahrhunderts vor ihrem Ende stand, wird im neuen Kleid wieder auferstehen.

Dieses ist keine Aufspaltung, sondern eine Rückverwandlung in die natürlichen Zellen des Kontinents. Es spielt auch keine Rolle, ob die dazugehörigen Menschen Weiße, Afroamerikaner oder Indianer sind. Es geht darum, dass sich der höchste Entwurf der Region wieder einstellt, mit allen dort lebenden Menschen. Dann steht der Heilung des nordamerikanischen Kontinents nichts mehr im Wege.

Über die Kraft des menschlichen dritten Auges werden bald innere Kommunikationswege entstehen, die die äußeren Kommunikationswege nach und nach überflüssig machen. Menschen werden sich der Aufgabe widmen, Wissen aus allen möglichen Themengebieten innerlich direkt zu erschließen, zu übersetzen und für andere Menschen zugänglich zu machen. Kommunikation zwischen Menschen, zwischen Staaten und Ländern werden auf diese Art in großer Perfektion geschaffen werden. Es werden geistige Verbindungslinien aufgebaut, geschaltet und mit Energie versorgt. Es wird keine Energie, wie bei den heutigen äußeren Kommunikationswegen verbraucht, sondern sie wird gleichzeitig Heilung und Energiezuführung für die Menschen sein.

Die heute sehr unvollkommene Technologie des Fernsehens und der Computer wird nach und nach durch öffentliche Stätten des inneren Schauens und der inneren Schulung ergänzt bzw. ersetzt. Die neue Kommunikationsform wird das innere Schauen über die inneren Bildschirme sein, geschaffen durch die Licht-Schaltungen geistig hoch inspirierter Menschen. Dadurch können gewaltige innere Welten erschlossen werden. Alle Epochen der Menschheitsgeschichte können genau angeschaut werden. Alles Wissen des Seins kann aus reinen Quellen geschöpft werden. Die gesamten Möglichkeiten des Lebens können ergründet werden.

Die unheilvollen Mechanismen der vielfältigen Unterhaltungsmedien haben sich mittlerweile verselbstständigt. Viele Menschen, es werden täglich mehr, verbringen schon zwei Drittel ihrer Freizeit damit, sich irgendwelchen nutzlosen und sogar schädlichen Beeinflussungen auszusetzen. Wenn dieses Verhalten über längere Zeit praktiziert wird, werden die entsprechenden Menschen immer weniger dem Leben zugewandt funktionieren können. Derart ferngesteuerte Menschen entfernen sich immer mehr von der universellen Wahrheit. Letztendlich wird es sich auf ihre Handlungen auswirken.

Diese „Unterhaltung" ist mittlerweile in der Gesellschaft zur Sucht geworden. Sie hat nicht nur eine verflachende Wirkung, sondern verbreitet ständig Negativ-Botschaften mit einer Ansammlung von Gehässigkeiten, Gräueln und sexuellem Fehlverhalten. Es wird den Menschen ständig einsuggeriert, dass das Leben eine Anhäufung von zufälligen Gemeinheiten ist. Da dieses nicht mit der universellen Wahrheit vereinbar ist, führt es zu von der Wahrheit abgetrennten Realitäten, die sich nun sternenförmig ausbreiten. Ein vernünftiger Umgang mit den Massenmedien, vor allem mit einem gesunden Abstand, ist deshalb sehr wichtig. Beachtet es, aber macht kein Dogma daraus. Bringt lediglich Weisheit, Liebe und vor allem Disziplin in den Umgang mit den Medien.

Durch all die wunderbaren Manifestationen, die durch das Suchen und Finden der innersten geistigen Essenz der Menschen im Neuen Zeitalter entstehen, werden sich die Dimensionen des Möglichen in der materiellen Schöpfung immer mehr vergrößern und vervollkommnen. Das Leben wird im wahrsten Sinne des Wortes hochauflösend werden. Die Menschen werden durch innere Kommunikation, durch inneres Schauen, in alle Realitäten der Menschheitsgeschichte vordringen können.

Es wird ein großes Interesse der Menschen entstehen, Lehren bewusst aus ihrer Vergangenheit zu ziehen, bewusst Korrekturen vorzunehmen, um bewusst aus diesen karmischen Verstrickungen herauszutreten. Dadurch wird die universelle Freiheit der Menschen zunehmen. Die menschliche Freiheit wird aufgrund einer erhöhten Bewusstheit immer weniger missbraucht werden. Dadurch fallen die entsprechenden karmischen Folgen weg. Es ist etwas schwierig, den Menschen diese zukünftige geistige Kommunikation zu erklären. Die Menschen des frühen Mittelalters haben sich auch nicht die Entwicklung des Fernsehens, des Automobils, der Computer, der Flugzeuge und der Raumschiffe vorstellen können.

Bald wird es ganz selbstverständlich sein, dass sich der Fortschritt in die von innen inspirierte, lichte, organische Technologie verlagert. Nur so wird die Menschheit überleben können. Die Technologie der heutigen Zeit ist so unvollkommen, so einseitig aufgebaut, so in der Polarität verstrickt, dass ihre Kapazitätsgrenze längst erreicht ist und sogar ständig überschritten wird. Es dringt längst ins Kollektivbewusstsein der Menschen ein, dass sich etwas ändern muss. Die Änderungen sind aber so zaghaft und unzureichend, dass sie einem Tropfen Wasser für einen verdurstenden Menschen gleichen. Die Anstrengungen der Menschen reichen bei weitem nicht aus, um die Probleme zu lösen. Stattdessen verfolgen gut bezahlte Spezialisten in ihrer Arbeitszeit irgendwelche abgetrennte Theorien, lassen sie gut klingen und gehen ohne ein wirkliches Ergebnis wieder nach Hause. So wird sich nichts ändern.

Es müssen jetzt die Menschen übernehmen, die sich mit ihrem ganzen Sein, mit ihrer ganzen Aufmerksamkeit absolut und ohne Kompromisse für die universelle Wahrheit und die Liebe einsetzen. Halbherzig ausgeführte Berufe werden nichts mehr bewirken. Die Art, wie Privilegien für die derzeitigen Entscheidungsträger verteilt werden, steht der Problemlösung direkt entgegen. Diese Menschen können keine Lösungen für die Gesellschaften herbeibringen. Seit den frühen achtziger Jahren haben zahlreiche spirituell interessierte Menschen Wege der Bedürfnislosigkeit auf sich genommen, um ihrem inneren Ruf zu folgen. Sie werden diese Bedürfnislosigkeit bald nicht mehr leben müssen. In der Bedürfnislosigkeit wurde ihnen der Weg gezeigt, ohne Anhaftung an materielle Dinge frei den richtigen Weg zu gehen.

Im anbrechenden Neuen Zeitalter werden diese Menschen deshalb ohne Mühe die Materie gestalten können und deshalb Reichtum auf eine natürliche Art hervorbringen. Sie können spielerisch mit der Materie umgehen. Dieses Verhalten beinhaltet aber, dass die Sinnesbefriedigung nicht an erster Stelle steht. Die Sinne sollen nicht unterbunden werden, sondern lediglich an ihrem normalen gesunden Platz stehen. Sie sollen sich nicht aufblähen und frei von Süchten sein. Süchte sind Boten von Krankheit und Tod. Deshalb müssen die Süchte angegangen werden. Übermäßig gelebte Sinnesbefriedigung öffnet der Gewalt und dem Missbrauch Tür und Tor.

Die Menschen erhielten die Sinne, um die Schönheit eines neuen Tages bewusst wahrzunehmen und sich daran zu erfreuen. Sie sind dazu da, um in der Natur den Duft der Pflanzen wahrzunehmen und die Schönheit und Wärme der Sonnenstrahlen bewusst auf sich wirken zu lassen. Die Sinne erlauben es dem Menschen, sich im Rahmen einer verantwortungsvollen liebevollen Partnerschaft aneinander zu erfreuen. Die Menschen sollen über die Sinne die Schönheit einer Rose erfassen können oder sich daran erfreuen, dass einem Menschen etwas Gutes getan wurde. Das Strahlen dieses Menschen soll über die Sinne erfasst werden. Erst wenn sich die Sinne auf diese Art immer mehr sensibilisieren und ausbauen, benötigen die Menschen weniger Anreize für eine wirkliche Sinnesbefriedigung.

Die Sinnesreizung, wie sie gegenwärtig von Menschen, besonders in den wohlhabenden Schichten der westlichen Welt praktiziert wird, führt zu Ungleichgewichten mit sehr viel sozialem Sprengstoff. In Urlaubsgebieten, die diesem Lust-Prinzip unterworfen sind, sei es am Mittelmeer oder an anderen Orten des Planeten, werden ungeheure Mengen an materiellen Ressourcen verschleudert und verschmutzt. Die dort ansässigen einheimischen Menschen werden auf sehr fragwürdige Weise gedemütigt und ausgebeutet. Dieses kann und wird nicht ohne Folgen bleiben.

Der Zeitpunkt nähert sich nun in Riesenschritten, wo definitiv der Strich gezogen wird. Dann ist der Lichteinfall auf dem Planeten so intensiv, dass die karmischen Lasten, wenn sie nicht abgeworfen wurden, die Menschen in ungeahnte Tiefen ziehen werden. Unweigerlich! Unerbittlich! Wenn die karmischen Lasten abgeworfen wurden, durch Vergebung an sich und anderen, durch Liebe, durch wirkliches Verständnis, durch einen gewährten Beistand, werden die Menschen in der Konsequenz Höhen erreichen, die ebenfalls unvorstellbar sind.

Menschliche Irrtümer der Vergangenheit gründeten auf falschen Beobachtungen der Natur, da das Abbild der Natur, so wie es sich über das äußere Auge darstellt, nur ein vorläufiger Entwurf ist. Dieser vorläufige Entwurf ist eine Quersumme des gesamten Bewusstseins der vorläufigen materiellen Schöpfung.

Nach Ablauf des nun bald anbrechenden Zeitalters wird sich die Menschheit als ein ganzheitliches Lichtwesen majestätisch in das Universum ausbreiten. Demzufolge wird das Neue Zeitalter die Vorbereitung eines riesigen kosmischen Lichtfestes sein. Wenn sich das vollendete Lichtwesen der Menschheit dann schließlich in großer Perfektion und in Lichtgeschwindigkeit in das Universum begeben wird, wird es von den anderen Lichtwesen auf anderen Planeten in großer Freude empfangen werden. Dann wird sich die irdische Menschheit freudig mit anderen Lichtwesen in einer neuen Lichtqualität vermählen können.

Die höher entwickelten Lichtwesen anderer Planeten, die gegenwärtig mit den verfügbaren technischen Mitteln des Planeten nicht geortet werden können, warten seit sehr langer Zeit auf diesen Zeitpunkt. Sie schicken unablässig Energie auf die Erde, um dieses Ereignis vorzubereiten. Die göttliche Evolution soll im gesamten Universum stattfinden. Der Planet Erde wird dann sein Leben im Universum entfalten und es dadurch bereichern. Die vorläufige gegenwärtige Evolutionsstufe der Menschheit ist zu unvollkommen, um zu überleben. Trotzdem trägt sie einen so starken Lichtimpuls in sich, dass der Evolutionsschritt in die nächste höhere Stufe nicht aufgehalten werden kann. Je mehr menschliche Seelen diesen Schritt der Transformation ins Neue Zeitalter vollziehen, desto erhabener und lichtvoller wird er für die gesamte Menschheit sein. Ab einem gewissen Zeitpunkt soll das Wissen darum nicht mehr zu stark behütet werden, sondern es muss bekannt werden.

Teilt die frohe Botschaft der nun kommenden Befreiung mit so vielen Menschen wie nur möglich. Helft so vielen Menschen, Befreiung zu erlangen, wie es nur geht. Grenzt euch nur dort ab, wo es einen klaren Widerstand gibt. In diesen Fällen des Widerstands bittet das Göttliche um Unterstützung. Lasst euch nicht aufhalten, die notwendigen Schritte zu tun und andere Menschen in ihren Schritten der Transformation ins Neue Zeitalter zu unterstützen.

Schlüssel 8

Bemühe dich täglich um das richtige Verständnis in der Einheit,
und überwinde dadurch das menschliche Missverständnis.

9. Vergebung

Vergebung löst Karma auf – Vergebung heilt.
Sie lässt wirklichen Fortschritt entstehen und macht frei.
Ohne Vergebung ist keine Heilung möglich – nur weitere
Verstrickungen entstehen.
Freiheit ist das Ziel aller Lebewesen!
Vergebung ist ein machtvolles Mittel dazu.

Als Jesus Christus vor 2000 Jahren auf der Erde wandelte, brachte er den Menschen einen neuen Aspekt des göttlichen Bewusstseins: die Vergebung. Jesus Christus sagte: „Die Menschen haben ein seltsames Gesetz: Was der eine mir getan hat, das tue ich ihm. Die Menschen erkennen nicht, dass sie das, was nicht gut ist und deshalb nicht sein sollte, dadurch mehren." Dieses war eine völlig neue Information. Im Alten Testament wurde noch klar definiert: „Auge um Auge, Zahn um Zahn". Der Satz war aber anders gemeint, als die Menschen ihn interpretierten. Es beschrieb damit lediglich das Gesetz des Karmas. Weil die Menschen diese Worte nicht richtig deuten konnten, gebrauchten sie sie für rachsüchtige Motive.

In der damaligen organisierten Religion hatten die Pharisäer und Schriftgelehrten im Laufe der Jahre ein kompliziertes Strafsystem entwickelt. Die damals definierten Untaten und Verbrechen zogen sehr erbarmungslose Strafen nach sich. Die Menschen meinten, dass sie durch Bestrafungen Verbrechen und Verfehlungen ausschalten könnten. Das Gegenteil war der Fall. Sie vermehrten sich unaufhörlich. Es gab in den verschiedenen Reichen und im Mittelpunkt der damaligen Welt, in Jerusalem, noch keine statistischen Zählungen, die die „Erfolge" dieser „Rechtsprechung" zählen konnten. Vor allem war nicht bekannt, dass diese Art der Vergeltung und der Rache die Menschheit mittlerweile an den Rand des Untergangs geführt hatte. Doch der Untergang sollte nicht sein. Der Messias wurde erwartet. Täglich beteten viele Menschen für die Wiederkehr des Messias. Durch die Kraft des kollektiven Gebets wurde schließlich das Kommen des Messias möglich.

Jesus Christus wurde in eine sehr einfache Familie geboren. Früh war klar, dass er ein besonderes Kind war. Deshalb wurden Aufzeichnungen über sein Aufwachsen gemacht. Sie endeten ungefähr in seinem zwölften Lebensjahr, weil Jesus im Alter von 12 Jahren mit den 3 Weisen in einer Karawane ins Morgenland zog. Er wurde in etlichen fernen Ländern in Lebens- Licht- und Weisheitsschulungen initiiert, bis er im Alter von 28 Jahren die Vervollkommnung erreicht hatte. Jesus war zum Christus geworden. Nun war die Kraft der Vergebung in der absoluten Vollkommenheit entwickelt und Jesus konnte die im Neuen Testament vielfältig beschriebenen Wunder tun.

Nachdem Jesus Christus aus dem fernen Morgenland zurückgekehrt war, machte er sich direkt ans Werk. Er griff über die Vergebung direkt in die Materie ein. Die verhängnisvollen Wirkungen, die aus dem rachsüchtigen Verhalten der Menschen entstanden waren, konnte Jesus Christus an einzelnen Menschen rückgängig machen. Die Wunder waren offensichtlich. Jesus Christus konnte Kranke augenblicklich heilen, Tote wiedererwecken. Jegliche Ansammlung von Karma konnte rückgängig gemacht werden. Dazu brauchte es lediglich die geistige Umkehr des entsprechenden Menschen. Die Menschen mussten sich und anderen vergeben und Gott um Heilung bitten.

Dieses rief die etablierte Priesterschaft auf den Plan, die um ihre organisierte Kirche fürchtete, die reich an weltlichen Privilegien war. Ihr Prinzip der Rechtsprechung und der Religionsausübung schien in Gefahr zu sein. Ihre Wahrnehmung war nicht falsch. Jesus Christus zog frei praktizierend und vollständig bedürfnislos durch das Land. Er strahlte eine unvorstellbar hohe Lichtenergie aus, die bei Dunkelheit in der Nacht tatsächlich als Licht erkennbar war, da seine Kraft vollkommen eins mit dem höchsten göttlichen Bewusstsein war.

Die Priesterschaft schickte schließlich ihre Spione, die herausfinden sollten, was es mit dieser Kraft, was es mit Jesus Christus auf sich hatte. Diese Menschen kamen mit Skepsis, mit Täuschung und einer bösen Absicht. Jesus Christus, der jedem Menschen sein reines Herz schenkte, jedem vergab und dadurch jedem Menschen Vergebung brachte, konnte natürlich bei diesen Menschen nichts ausrichten. Dieses führte dazu, dass die Spione der organisierten Kirche berichteten, dass dieser Jesus von Nazareth ein Betrüger sei. So wurden die Pharisäer, die täuschen wollten, getäuscht. Deshalb konnten sie die Wahrheit über Jesus Christus nicht erkennen und glaubten, dass die Berichte über Jesus

Christus falsch seien. Sie fürchteten, es war in der Tat Furcht, dass im Gewand des erwarteten Messias eine Gefahr für die etablierte Ordnung daherkommt.

Sie erwarteten die Wiederkehr des Messias in ihren eigenen Reihen und gingen davon aus, dass er in einer Priesterfamilie geboren wird und nicht in einer Zimmermannsfamilie. Das wäre eines Messias unwürdig. So konnte die Wiederkunft des Messias nur vorgetäuscht sein. Sie glaubten an einen Umsturz, und dass den Menschen falsche Geschichten über Wunderheilungen erzählt wurden, um die Obrigkeit zu überrumpeln. Gesellschaftliche Umstürze waren überall zu allen Zeiten gefürchtet und wären auch das Ende der Priesterschaft gewesen. Dem wollten die Pharisäer zuvorkommen.

Jesus Christus ließ sich von all dem nicht beeindrucken. Er wusste von seiner Mission und seiner Verfolgung. Er wusste, dass er den Aspekt der Vergebung der Menschheit kollektiv bringen muss, damit keine Zerstörung auf dem Planeten stattfindet, die fast die gesamte Menschheit dezimiert. Jesus Christus fuhr fort, an verschiedenen Orten im Zentrum der damaligen Welt zu heilen. Dadurch baute sich die göttliche Kraft in ihrer absoluten Vollständigkeit auf. Schließlich war Jesus Christus nicht mehr von dieser Welt, er war nun wirklich Gott auf Erden. Der Zeitpunkt der endgültigen Vervollkommnung war gekommen. Bis zu diesem Zeitpunkt war die Person Jesus Christus geschützt. Die Häscher der Obrigkeit und der Pharisäer konnten ihm nichts anhaben. Die zwölf Jünger und das einfache gemeine Volk schützten ihn zu sehr. Jesus Christus war an ständig wechselnden Orten zu Gast. Er konnte deshalb nicht ausfindig gemacht werden.

Als Jesus Christus glorreich in Jerusalem einzog und ihm ein Empfang würdig eines Königs bereitet wurde, dachten seine Jünger, dass die weltliche und kirchliche Obrigkeit ihm nichts mehr würde anhaben können. Jesus Christus in seiner Meisterschaft, in seiner Vollkommenheit, wusste aber, dass dem nicht so sei. Um die Vollkommenheit des Göttlichen auf die Erde zu bringen, musste sich nun die Polarität in voller Stärke und Konsequenz aufbauen. Jesus Christus wusste, dass jeder einzelne der 12 Jünger einerseits sein engster Schüler war, andererseits einen der zwölf menschlichen Aspekte verkörperte. Er wusste, dass die Polarität sich des Verrates bedienen würde, um sich gänzlich zu entfesseln. Die Schlange der Falschheit würde ihn scheinbar ans Messer liefern, was aussähe wie ein Untergang, aber letztendlich die endgültige Befreiung des Bewusstseins wäre. Dafür mussten beide Pole verschmelzen. Die Vergebung würde somit in das Kollektivbewusstsein der Menschheit als unumstößliche Eigenschaft eingehen. Die Vollendung des Christusbewusstseins auf Erden würde geschehen. Da Jesus Christus selbst aus einem menschlichen Bewusstsein zum göttlichen Christusbewusstsein aufgestiegen war, wusste er, dass die körperlichen Schmerzen, die Demütigungen, die Geißelung, alles, was ihn erwartete, ihn nur am Rande berühren würde. Durch das vollendete Christusbewusstsein würde es in seiner Intensität unwirklich gemacht.

Zunächst wurde sein Wegbereiter, Johannes der Täufer, festgenommen und aufgrund einer Festlaune hingerichtet. Dieses war das Zeichen für Jesus Christus, dass es nicht mehr lange bis zur Vollendung seines Werks dauern würde. Die göttliche Kraft hatte sich vollständig aufgebaut und er konnte nun kollektives Karma übernehmen. Deshalb ließ sich Jesus Christus schließlich widerstandslos gefangen nehmen. Er nahm den Leidensweg bewusst auf sich, um das kleine Nadelöhr seiner Existenz, die nicht mehr irdisch, sondern rein göttlich war, ins Licht, ins Absolute, zu durchschreiten. Ab dem Zeitpunkt der Gefangennahme nahm Jesus Christus die kollektive Schuld der Menschheit auf sich und verbrannte sie über die Vergebung.

Der Schock der zwölf Jünger war sehr groß, als Jesus Christus nach seiner Gefangennahme die ihm zugehörige Macht der himmlischen Heerscharen nicht ausspielte. Die Jünger waren zutiefst erschrocken, da sie sich am Ziel wähnten, nun endlich ihre erwartete Mysterienschule des wahren Christentums begründen zu können. Stattdessen wurde Jesus Christus in seinem weißen göttlichen Licht wie ein Verbrecher abgeführt, gegeißelt und verspottet. Bis auf einen Jünger konnte niemand verstehen, was eigentlich geschah, weshalb die göttliche Macht scheinbar versagte.

Zum Zeitpunkt der Kreuzigung öffnete sich die Himmelspforte direkt aus der Ewigkeit in die Vergänglichkeit der irdischen Ebene. Jesus durchschritt diese schmale Pforte, aus der sich die Kräfte der Ewigkeit direkt auf die Menschheit ausschütteten. Er nahm für einen sehr kurzen Augenblick die gesamte Last, die zu jener Zeit kollektiv auf der Menschheit und der gesamten Schöpfung des Planeten lastete, auf sich. Die Schmerzen, die ihm mit unbändigem Hass und großer Eifersucht zugefügt wurden, erreichten ihn nicht mehr. Jesus Christus hatte seinen Körper verlassen und war in die geistigen Welten des göttlichen Lichts eingetreten.

In einer gigantischen Intensität konnte die karmische Last der Menschheit nun ins Licht transformiert und damit weitgehend aufgelöst werden. Da elf der zwölf Jünger das Geschehen nicht begreifen konnten, war der Schock ungeheuerlich. Die Kräfte des Hasses, der Ignoranz, der Eifersucht und der unbändigen Rachsucht der letzten Jahrtausende entluden sich in einer riesigen Wut über diesen einen Menschen, der es gewagt hatte, sich Gott zu nennen. Dadurch, dass Jesus Christus diese Gefühle auf sich nahm, wurden diese Kräfte überlistet, aus der materiellen Ebene herausgeschleudert und in die Ewigkeit, ins Licht transformiert. So wurde eine große Zerstörung verhindert.

Dieses Ereignis war eine Prüfung für alle beteiligten Menschen. Viele, die Jesus Christus den glorreichen Einzug in Jerusalem bereiteten, waren zwei Tage später unter den Ersten, die ihn aufs tiefste verspotteten, verhöhnten und in die Hölle stoßen wollten. Es zeigte sich, wie dicht beieinander die Pole, wenn sie sich vollständig aufbauen, letztlich sind. Die Freiheit der Menschen, sich im Sein für die eine oder andere Seite zu entscheiden, ist sehr groß. Da Jesus Christus absolut eins mit dem göttlichen Bewusstsein war, spürte er keinen Schmerz, sondern nur absolute Liebe für jeden einzelnen Menschen, der bei der Kreuzigung anwesend war. Er kannte jedes Schicksal und trug bewusst die Last der Menschen. In dem Augenblick, als Jesus Christus direkt vor der Himmelspforte stand, der unbändige Zorn seiner Geißelung auf dem Höhepunkt war, bat Jesus Christus um Vergebung für die Menschen, da sie nicht wissen, was sie tun. Nun war es vollbracht, der Übertritt in die Vergebung für die gesamte Menschheit war vollzogen. Jesus Christus ging endgültig ins göttliche Reich ein.

Jesus Christus hatte damit seine irdische Mission erfüllt und Gott seine Absicht auf der Erde selbst ausgeführt. Somit ist Jesus Christus für alle Zeiten, bis in alle Ewigkeiten, für die Menschen direkt anwesend. Die Menschheit wurde davor bewahrt, die Folgen einer uralten Rachsucht, einer unmenschlichen Brutalität, der Menschenverachtung und der barbarischen Sklaverei in ihrer vollen Wucht abzubekommen. Die natürlichen Elemente, die sich entladen wollten, wurden unmittelbar besänftigt, ihre Negativität größtenteils in die Ewigkeit abgezogen und im Licht verwandelt. Sehr viele Seelen im Astralbereich wurden ebenfalls unmittelbar befreit und gingen in riesigen Formationen direkt ins Licht ein. Eine große Welle der Befreiung erfasste die Erde innerhalb weniger irdischer Sekunden.

Nun kam der Augenblick, an dem die große Zerstörung eigentlich hätte stattfinden sollen, die das Leben auf dem Planeten Erde zu etwa drei Viertel dezimiert hätte.

Es fand eine Sonnenfinsternis mit einem schweren Sturm statt. Dieses ließ die Menschen bis ins Herz erschrecken. Der Sturm begann unmittelbar nach der Kreuzigung und dauerte 9 Stunden. Obwohl viele Menschen starben, sehr große Zerstörungen angerichtet wurden, blieb das große Maß der Zerstörung aus. Die Jünger von Jesus Christus nutzten die Gelegenheit dieser Wirren, um zu fliehen und sich zu verstecken.

Mit solchen Ereignissen hatten die Jünger nicht gerechnet. Sie wurden in einen tiefen Konflikt gestürzt. Dieser Konflikt war es, der bei ihnen den Christus-Weg auslöste. Auch sie mussten den schmalen Grat in der Polarität überqueren, um ins göttliche Bewusstsein gelangen zu können. Judas hatte den Aspekt der weltlichen Falschheit übernommen. Deshalb verriet er Jesus Christus. Er wollte erreichen, dass Jesus Christus seine Macht zeigt, um dann auf den Thron gestellt zu werden. Dieses war in der Außenwelt nicht geschehen, sondern fand innerlich statt, und das absolut bis in alle Ewigkeiten. Judas konnte das nicht erkennen und wollte mit seiner Schuld nicht leben. Er suchte das Gespräch mit der etablierten Priesterschaft, die ihn aber mit seinem großen Leid alleine ließ. Sein Gewissenskonflikt interessierte sie nicht. Nun merkte er, was er äußerlich getan hatte. Da er nicht wusste, dass ihm durch die Kreuzigung bereits vergeben war, nahm er sich das Leben.

Das gemeine Volk, das bei der Kreuzigung direkt zugegen war und anschließend nicht mehr so recht wusste, weshalb es in diesen rachsüchtigen Rausch gegen Jesus Christus geraten war, fing an zu begreifen, dass etwas Ungewöhnliches passiert war. Obwohl es ein Akt der Befreiung der gesamten Menschheit war, wurde er zu einer riesigen karmischen Last für diejenigen, die Jesus Christus nach dem Leben getrachtet hatten. Dadurch bäumten sich riesige gegenteilige Kräfte auf. Diese Kräfte führten in den folgenden Jahren zu den Christenverfolgungen, die in ihrer Intensität beispiellos waren. Sie sollten fast 300 Jahre dauern. Sehr viele Menschen fielen diesen überaus unmenschlichen Verfolgungen zum Opfer. Da Jesus Christus seit dem Zeitpunkt seiner Kreuzigung direkt im Lichtkörper des absoluten Seins auf der Erde anwesend ist, konnte er immer wieder einschreiten, wenn die Not in der Verfolgung um seinetwegen am größten war. Die Christenverfolgungen dienten dazu, die Folgen der Unbewusstheit und des Irrtums, die den Vollzug der Kreuzigung von Jesus Christus möglich machten, über das Abwälzen auf andere Menschen zu verdrängen.

Das Göttliche musste diesen Weg der Befreiung durch Jesus Christus wählen, da die Zerstörungen, die aus dem Karma der Rache entstanden wären, die Menschheit zu stark zurückgeworfen hätten. Jesus Christus nahm daher das Leiden bewusst auf sich. Jesus Christus war so weit im göttlichen Bewusstsein verwirklicht, dass er im Zustand der absoluten göttlichen Liebe das Leiden als unwirklich erfahren konnte. Dieses Leiden wurde bewusst gewählt, bewusst durchlebt, war aber trotzdem nicht existent. Jesus Christus war nach Erfüllung seiner Aufgabe in der reinen göttlichen Liebe, in der absoluten göttlichen Vergebung und dadurch vollkommen im göttlichen Sein. Diese göttlichen Bewusstseinsstufen sind seitdem auf dem irdischen Planeten fest verankert. Jesus Christus hat damit die göttliche Garantie durchgesetzt, dass dieses Zeitalter vollendet werden kann, und hat damit einen wichtigen Schritt für die Menschheit getan.

Das irdische System der Rache und der Vergeltung kommt aus den Gesetzen der Finsternis und ist ein System der Krankheit und des Todes. Würde sich dieses Gesetz vollständig in das universelle Leben schleichen, wie vor 2000 Jahren in die irdische Ebene, würde das Universum in sich zusammenbrechen.

Die scheinbare Widerlegung von Jesus Christus' göttlicher Meisterschaft war in Wirklichkeit ein großer Irrtum, da die Pharisäer durch die Widerspiegelung ihrer eigenen Absichten einer Täuschung unterlegen waren. Nach der Kreuzigung von Jesus Christus wurden Vorsichtsmaßnahmen und auch Vergeltungsmaßnahmen wie Christenverfolgungen eingeleitet, damit die christliche Bewegung ein Ende findet. Trotzdem war nun das Prinzip der göttlichen Vergebung für die Menschen unverrückbar errichtet. Seitdem gibt es in allen menschlichen Beziehungen die Möglichkeit, über die Vergebung Schuld aufzulösen. Damit hatte sich ein wichtiges kosmisches Prinzip auf dem Planeten verankert.

Nach einiger Zeit brach das Römische Imperium zusammen. Es entstand ein Vakuum. Die alten Religionen waren in sich degeneriert. Nach dem Ende der fast dreihundertjährigen Christenverfolgungen setzte sich das Christusbewusstsein bis zu einem gewissen Grade nach und nach durch und rückte an die Stelle der alten Religionen. In verschiedenen Reichen wurde das Christentum Staatsreligion. Darin sahen die Pharisäer und Schriftgelehrten der untergegangenen Staatsreligionen ihre Chance. Sie schlichen sich in diese neue Religion ein. Es dauerte nicht lange, bis die neue christliche Kirche von der etablierten Priesterschaft unterlaufen und vereinnahmt worden war. Die einfache heilige Schrift des Neuen Testaments wurde in der Folge ihrer Einfachheit beraubt. Es wurden schwer verständliche Elemente eingebaut. Das einfache gemeine Volk sollte getäuscht werden. Es sollte nun wieder eine Erb-Priesterschaft mit weltlichen Privilegien errichtet werden.

Schließlich war alles wieder beim Alten, allerdings unter dem Deckmantel des Christentums. Nach und nach wurden karmische Reaktionen fällig, die sich besonders in den Verfolgungen der Inquisition entluden. Die Verfolgungen der Inquisition waren dieselben wie die der Christenverfolgungen. In der darauf folgenden Geschichte der Menschheit gab es immer wieder größere karmische Entladungen, die direkt oder indirekt damit zusammenhingen. Im Holocaust des 2. Weltkrieges fanden sie ihren vorläufigen Höhepunkt.

Jetzt ist die Menschheit endgültig am Punkt angelangt, wo die Vergebung eine Qualität entwickeln muss, die absolut ist. Halbherzige, unvollständige Vergebung wird bald nicht mehr ausreichen. Die Zerstörungen auf dem Planeten, die unmittelbar bevorstehen, können sonst nicht überstanden werden. Die Polarität der irdischen Schöpfung baut sich jetzt in einer gefährlichen Intensität auf. Beide Pole werden sich bald ihrem höchstmöglichen Stand nähern. Jeder Mensch, der sich zur Vergebung nicht durchringen kann, wird auch keine Vergebung erfahren und deshalb Schwierigkeiten bekommen. Jede Rachsucht wird eine Rachsucht nach sich ziehen. Die Elemente werden es vergelten. Jeder Mensch, der versuchen wird, seine Probleme durch rationell begründete intellektuelle Abspaltungen in die „unsichtbaren" Ebenen abzuschieben und dadurch anderen Menschen zu übergeben, wird in der materiellen Schöpfung einer Abspaltung der Elemente im gleichen Verhältnis zum Opfer fallen.

Die Gesetze der Manifestation werden jetzt 1:1 eine Widerspiegelung der inneren Welten aller Wesen auf dem Planeten heraufbeschwören. Es kommt im wahrsten Sinne des Wortes die Stunde der Wahrheit. Wo Hass ist, wird sich Hass zeigen. Wo Liebe ist, wird sich Liebe zeigen. Es wird keine verborgenen inneren Welten mehr geben. Alles wird hervorgekehrt, hervorgezerrt, nichts kann mehr versteckt werden. Deshalb wird es jetzt für die Menschen sehr wichtig, sich auf die Suche nach ihrem inneren göttlichen Kern zu machen. Es ist nicht mehr nur wünschenswert, sondern wird für die Menschen überlebensnotwendig. Die Zeiten sind endgültig vorbei, wo ein so großes allgemeines Energiefeld unsichtbarer negativer Eigenschaften bestehen darf.

Jesus Christus sagte: „Jeder Mensch kann mir nachfolgen. Jeder Mensch kann tun, was ich getan habe." Diese Sätze haben die etablierte Priesterschaft, die sich wieder ins Christentum eingeschlichen hatte, zutiefst erschreckt. Sie fürchteten, überflüssig zu werden. Deshalb ließen sie den Satz ändern in: „Nur wer mir nachfolgt, wird Erlösung erlangen." Dieser Satz ist eindeutig falsch. Es stellt eine Begrenzung dar, die unwahr ist. Das Christusbewusstsein ist für alle Menschen in der vollen Konsequenz erreichbar. Seien sie noch so schuldbeladen, noch so gering. Die Menschen müssen die Bibel nicht kennen, sie müssen nicht mal etwas von Jesus Christus gehört haben. Allein die Liebe reicht aus. Mehr braucht es nicht.

In den kommenden Jahren werden Menschen die Bibel in ihre reine ursprüngliche einfache Botschaft umschreiben. Die einschränkenden, unwahren Sätze werden herausgenommen. Die universelle Botschaft wird wieder aus der Bibel hervorscheinen.

Dieses wird Kräfte auf den Plan rufen, die schon für die Inquisition verantwortlich waren. Auf der karmischen Spur der Christenverfolgungen werden sie wieder versuchen, Einfluss zu nehmen, damit die „Bibelfälscher" für ihren „Gottesfrevel" bestraft werden. Deshalb wird die Befreiung vom Karma in den nächsten Jahren so wichtig sein, um diesen unrechten Menschen keine karmische Grundlage zu bieten. Es wird sehr wichtig sein, dass sich die Menschen in den nächsten Jahren vom Karma der christlichen Mysterien der letzten 2000 Jahre reinigen. Das Aufbäumen der Inkarnationen der etablierten Priesterschaft könnte sonst provoziert werden. Sie halten sich versteckt in gewissen „wahren" christlichen Gruppierungen. Diese Menschen warten auf ihre Stunde und müssen überlistet werden. Das Ziel sollte sein, aus den „wahren" christlichen Wegen wirklich wahre christliche Wege zu machen. Christliche Wege der Versöhnung, der Liebe, der Vergebung, des Miteinanders und der menschlichen Gemeinschaft. Gleich welcher Konfession, welcher karmischen Herkunft, welcher Religion, welcher sonstigen Weltanschauung oder was auch immer dem scheinbar entgegenstehen könnte.

Jesus Christus hat in seiner Vollkommenheit den Weg vorgelebt. Jesus Christus lebte konsequent die Vergebung in einer Situation, wo er zu Unrecht angeklagt, zu Unrecht verspottet, zu Unrecht gegeißelt und schließlich zu Unrecht gekreuzigt wurde. Das ist der Weg und nicht: „Es ist ungerecht. Ich bin im Recht. Ich suche weltliche Macht, um dieser Ungerechtigkeit zu begegnen." Dann ist die Reaktion auf einen ungerechten Weg wieder ein ungerechter Weg. Für solches Denken hat die Menschheit keine Zeit mehr.

Den Menschen ist nicht bekannt, wie unsagbar groß das Leid in den Astralebenen durch solche Gedanken ist. Die Irrtümer, die sich durch viele falsch verstandene Freiheiten in den letzten 20 Jahren verstärkt haben, führen jetzt zu einem regelrechten boomenden Sog in die Astralebenen. Dieses gleicht den Zeiten von vor 2000 Jahren, als sich die Menschheit ebenfalls an den Rand der Zerstörung bewegte. Im Römischen Reich war die Sinneslust verbunden mit äußerster Brutalität den Schwächeren gegenüber. Es gab praktisch keine Grenzen mehr. Den Menschen der gehobenen Schichten war es eine Sinnesfreude, anderen, vor allem den Feinden und den Sklaven, beim höchsten Leiden zuzusehen. Das Volk versammelte sich freudig, um diesen „Schauspielen" beizuwohnen.

Bei näherer Betrachtung fällt auf, dass ein solches Verhalten der heutigen Zeit ähnelt. Es gibt unsägliches Leid auf dem Planeten. Dieses Leid wird den Menschen über die Fernseher im Wohnzimmer präsentiert, ohne dass es sie noch groß berührt. Im Römischen Reich schauten sich die Menschen das Leiden wehrloser Menschen in den Arenen an, um einen zweifelhaften Sinneskitzel zu haben. Heute ist es umgekehrt. Die Menschen schauen sich ohne Anteilnahme Leid und Schmerz an, denn die Sinne ziehen sich immer mehr zurück. Das Resultat ist dasselbe.

Diese Lethargie führt die menschlichen Seelen ebenso in die Astralebenen, wie die Sinnesaufpeitschung durch das Leiden anderer Menschen im dekadenten Römischen Reich. Menschen, die Jahrzehnte ihres Lebens damit verbringen, diese Sinnesabtötung zu leben, werden nach ihrem Ableben das Licht nicht mehr erkennen. Sie werden zwangsläufig in die Astralebenen gezogen, die diese Realitäten spiegeln. Es ist unwichtig, ob sich die Menschen Nachrichten mit tatsächlichen Ereignissen anschauen oder künstlich erzeugte Filme mit den schrecklichen Ereignissen der Menschheitsgeschichte. Diese Realitäten sind direkte Tore in die Astralwelten, die gegenwärtig weit offen stehen.

Zurzeit laufen große wirtschaftliche Anstrengungen, die Menschen verstärkt an diese „Unterhaltungsindustrie" anzuschließen. Es wird ein sehr gefährlicher Pfad beschritten.

Ein Verhalten ohne Mitleid ist mit der universellen Wahrheit nicht vereinbar. So wird es in der menschlichen Realität eine Widerspiegelung dieses Verhaltens geben. In etlichen Hollywood-Filmen wird dieses Szenario bereits durchgespielt. Unbewusst folgen die Menschen den leider verkehrten Gesetzen der Manifestation. Erst wird etwas in einer immer größer werdenden Perfektion durchgespielt, bis es dann in der logischen Konsequenz wirklich eintrifft.

Die Ereignisse vom 11. September 2001 in den USA waren eine direkte Folge dieser Gesetzmäßigkeit. Es war aber erst der Anfang. Da die Schlüsse aus diesen tragischen Ereignissen falsch waren, wurde eine Kettenreaktion ausgelöst, die sich bald mit voller Wucht entladen muss. Es wird sich deshalb im Umgang mit der Unterhaltungsindustrie jetzt schnell etwas ändern müssen. Die Menschen müssen begreifen, was sie eigentlich tun. Es ist ein nicht zu unterschätzendes Spiel mit dem Feuer. Die Gesetze der Manifestation sind klar. Alles, was durchgespielt wird, wird letztendlich Wirklichkeit, besonders, wenn die Menschen es immer wiederholen. Darum sollten die Menschen jetzt endlich andere Themenbereiche wählen, damit die darauf folgenden Realitäten besser werden. Es soll jetzt ein anderes Energiefeld auf der Erde geschaffen werden. Ein Energiefeld, das in die besseren Realitäten des Neuen Zeitalters führt und nicht in die globale Zerstörung.

Jeder Mensch sollte sich darin prüfen, mit welchen Inhalten er sich beschäftigt. „Sind das die Realitäten, die ich anstrebe? Oder sind sie es nicht?" Wenn sie es nicht sind, sollte die Zeit, die nun wirklich immer kostbarer wird, damit nicht mehr verschwendet werden. Auch wenn die Realitäten nur gespielt sind. Aus jedem Spiel wird Ernst. Es kann sehr schwer sein, aus diesem Spiel wieder auszusteigen.

Jeder Mensch kommt in den Zyklen der Wiedergeburten immer wieder an den Punkt, wo entweder Vergebung die Verstrickungen beendet oder das Karma eine Reaktion heraufbeschwört. Die Menschen erkennen in der Regel nicht den Zusammenhang. Sie nehmen lediglich im Außen die Situationen wahr, die eine menschliche Fehlreaktion auslösen. Wenn sie dem Drang, in einer Situation auf eine bestimme Art zu handeln, unkontrolliert nachgeben, wird die karmische Verstrickung ihren Lauf nehmen. Was die Menschen ursprünglich im Außen abspalten wollten, kommt in voller Konsequenz auf die Menschen zurück.

Deshalb können bestimmte menschliche Schlüsselerfahrungen zu einer Entscheidung führen. Ist es eine Entscheidung für die Vergebung und somit für die Auflösung früherer Fehler? Oder ist es eine Entscheidung, die zu weiteren karmischen Verstrickungen führt? Wenn ja, wird sie unweigerlich die karmische Entladung früherer Taten auslösen? Zurzeit wird den Menschen hierzu verstärkt Licht ins Dunkel gebracht. Es dringen immer mehr Informationen aus den geistigen Ebenen durch, die dieses unbewusste Handeln bewusst machen. Gleichzeitig rufen diese Informationen eine Reaktion aus den Reichen der Finsternis hervor. Auch dieses wird nun zunehmend sichtbar. Der Gegenpol des dogmatischen Widerstandes nimmt zu. Rund um den Erdglobus häufen sich die dogmatisch motivierten Anschläge und Rachefeldzüge im „Namen Gottes". Der Hass nimmt stetig zu. Die Menschen können sich in den nun kommenden Zeiten den besten Schutz nur durch Bewusstheit schaffen, die aber der Liebe unterworfen sein muss. Eigene karmische Unzulänglichkeiten müssen nicht nur erkannt, sondern geändert werden, um anderen Menschen, die unbewusst auf einer karmischen Spur einen Schwachpunkt suchen, keinerlei Grundlage zu bieten.

Ein Mensch wird nur sehr schwer vergeben können, wenn ihm gerade ein unbändiger Schmerz zugefügt wurde. Genau dieses ist die Absicht hinter den im wahrsten Sinne des Wortes aus „Gottesfurcht" begangenen Rachefeldzügen. Solche Taten entstehen in dunklen Herzen, die nicht verzeihen wollen, die am Dunklen festhalten. Sie haben einen früheren, oft weit zurückliegenden Schmerz tief in sich eingekapselt, den sie im Außen wieder hervorrufen wollen. Die Lösungen dieser Probleme sind noch nicht sichtbar, werden es aber in den nächsten Jahren sein. Es werden bald innere spirituelle Zirkel zur Heilung dieser Probleme entstehen, die im Verborgenen wirken, wie es in früheren Zeiten üblich war. Das sich nun ausbreitende Misstrauen auf dem Planeten macht diese Vorsichtsmaßnahmen nötig.

In einer Zeit der erfolgreichen Werbebotschaften ist es nur eine Frage der geschickten Vermarktung, wie die Menschen in eine bestimmte Richtung beeinflusst werden können. Die dunklen Mächte bedienen sich dieser Mittel der Informationsgesellschaft. Im Mantel der sogenannten Aufklärung werden, ähnlich der Inquisition des Mittelalters, regelrechte Aufdeckungsserien konstruiert, die immer mehr zu einer gesellschaftlichen Hetzjagd führen. Die Menschen, die sich fast ausschließlich an der Oberfläche des gesellschaftlichen Lebens befinden, können geistige Wege nicht erkennen.

Am 17. Juli 2007 kam der Planet Erde in eine astrologische Konstellation, in der sich die Kräfte des Lichts und der Finsternis weiter voneinander entfernten. Seitdem verhalten sich diese Kräfte in ihren Kernen verstärkt antimagnetisch. Werden in einem Bereich der menschlichen Angelegenheiten Probleme gelöst, entstehen in der Folge in einem anderen Bereich große Probleme. Dieses ist in den Kreisläufen der Weltwirtschaft mittlerweile klar ersichtlich.

Die zunehmende Energieknappheit führt zu einer bedenklichen Verlagerung. Die Brennstofferzeugung für Autos wird zunehmend über die Landwirtschaft abgedeckt. Diese höchst fragwürdige Entwicklung, die im Gewand des Umweltschutzes daherkommt, wird sehr schnell zur Folge haben, dass Lebensmittel knapp und damit teurer werden, um schließlich in nicht mehr ausreichender Menge vorhanden zu sein. Das starke wirtschaftliche Wachstum der asiatischen Länder hat eine so große Geschwindigkeit erreicht, dass sie den Weltmarkt bald regelrecht leer kaufen werden. Die ehemaligen Kolonien der europäischen Länder werden nun zu einer ernsthaften Konkurrenz auf dem Weltmarkt.

Trotzdem halten die westlichen Länder insgesamt an einer der Konkurrenz unterworfenen Wirtschaftswachstums-Haltung fest, die bald nicht mehr aufrechtzuerhalten ist. Die Menschheit wird ab einem gewissen Zeitpunkt nur noch überleben können, wenn sie sich als eine Menschheit, als ein Ganzes definiert. Es reicht nicht aus, dass sich lediglich Zusammenschlüsse wie die EU bilden, um gegen andere Zusammenschlüsse verbündet zu sein.

Eine wichtige Richtschnur des menschlichen Strebens in der Evolution ist die Freiheit. Jede Veränderung, jede Revolution in der Menschheitsgeschichte, die zu einer Verbesserung der Lebensumstände führte, fand über den Ruf nach Freiheit statt. Hierfür waren immer wieder Menschen bereit, ihre gesamte Energie einzusetzen. Sie opferten sogar ihr Leben dafür. Freiheit ist wie die Luft zum Atmen. Wie die unendlichen Weiten des offenen Himmels. Wie ein erfrischendes Bad im sommerlich warmen Meer. Jedes Wesen möchte frei sein.

Deshalb wird die Freiheit für die nun anstehenden Veränderungen auf dem Planeten ein wesentlicher Antrieb sein. Die Veränderungen müssen in die Freiheit führen. Die Freiheit wird sehr wichtig im Neuen Zeitalter sein. Nur wenn die Veränderungen die Menschen wirklich freier machen, sind sie richtig. Wenn sie in die Unfreiheit führen, sind sie falsch. Darum seht genau hin. Haben Veränderungen stattgefunden, die für alle mehr Freiheit brachten? Oder waren es

Veränderungen mit mehr Freiheiten nur für einige wenige Menschen? Dann ist es nicht das neue, sondern noch das alte Bewusstsein.

Dieses war der menschliche Trugschluss vor dem Zweiten Weltkrieg. Die Menschen, die den unterschiedlichsten neu entstandenen einseitigen Ideologien angehörten, hatten mehr Freiheiten, andere hatten überhaupt keine Freiheiten mehr. Die Gefahren der heutigen Zeit dürfen aufgrund jener Erfahrungen nicht übersehen werden. Die Geschichte wiederholt sich nicht. Es formiert sich nun aber alles neu, um ähnliche Verhältnisse in einem neuen Gewand hervorzubringen.

Stellt euch auf die Seite der Freiheit. Stellt euch auf die Seite der Toleranz. Stellt euch vor allem auf die Seite der Liebe. Dann kann nichts falsch sein. Stellt euch der ungezügelten Freiheit für einige wenige entgegen. Lasst keine negativen Eigenschaften, wie Neid, Missgunst und Misstrauen, zu. Nach gesundem menschlichen Ermessen darf es reichere und ärmere Menschen geben, nicht aber die gegenwärtige Zügellosigkeit und Habgier. Habgier ist etwas anderes als Reichtum. Habgier ist Raub. Da nimmt sich ein Mensch mehr, als er wirklich braucht. Andere Menschen werden aufgrund dieser Habgier unfreier, ärmer sein. Erkennt dieses deutlich.

Wenn ein Mensch viel für andere Mitmenschen tut, einen Wohlstand erzeugt, von dem auch andere Menschen profitieren, dann darf dieser Mensch reich sein. Das ist kein Widerspruch. Die materielle Schöpfung ist unerschöpflich. Sie bietet Möglichkeiten zu unermesslichem Reichtum für die gesamte Menschheit, wenn das Bewusstsein dementsprechend ist. Darum ist die Abschaffung des Reichtums sicher nicht der richtige Weg. Es sollen lediglich negative Eigenschaften wie Habgier, Lieblosigkeit und innere Verblendung beim Streben nach Reichtum aufhören. Wenn die Menschheit einmal so weit entwickelt ist, dass keine riesigen Summen in die Armee, Polizei, Justiz, Gefängnisse usw. fließen müssen, wird in jedem Land großer Wohlstand entstehen. Sehr viele materielle Mittel fließen noch in die manifestierten Formen des Misstrauens, wie die Zahlen der Militärbudgets der USA, Chinas und Russlands belegen.

Die Menschheit wird insgesamt eine Chance haben, wenn sie das Misstrauen verlässt und den Weg des Vertrauens geht. Der Weg des Misstrauens führt immer mehr in die Unsicherheit und letztendlich in die Zerstörung. Die Formel für die Rettung und Weiterentwicklung der Menschheit ist ganz einfach: Je mehr Liebe, je mehr Vertrauen – desto mehr Leben und Wachstum, mehr wirklicher Fortschritt, Frieden und Glück. Wenn aber immer mehr Misstrauen, Abgrenzung und Sicherheitsmaßnahmen vorherrschen, wird es immer schwieriger für die Menschen werden.

Auch Völker werden Vergebung praktizieren müssen. Auch sie müssen ihre Schritte im Bewusstsein vollziehen. Die immer zahlreicher werdenden Ablenkungen über die Massenmedien, die immer erbarmungsloser werdende Arbeitswelt und der immer größer werdende Konkurrenzdruck erschwert es den Menschen zunehmend, zu sich selbst zu finden. Deshalb müssen die Möglichkeiten, zu sich selbst zu finden, über die sich nun ausbreitenden inneren Wege des Lichts genutzt werden. Die einfachen Menschen vergangener Tage, die auf dem Land einfache Arbeiten in der Stille verrichtet haben, hatten auf diese Weise täglich Kontakt mit ihrem inneren Selbst. Eingebettet in den Traditionen waren diese Menschen zufrieden. Diesen inneren Frieden gilt es, wiederzufinden. Fast alle Völker des Planeten verlassen aber ihre Traditionen. Das ist nicht unbedingt falsch, denn Traditionen sind immer mit ausgrenzenden Tendenzen durchzogen.

Da alle Menschen im Bewusstsein eins sind, sind die Menschen gegenseitige Überbringer vom Karma früherer Existenzen. Vor 2000 Jahren hatte Jesus Christus gesagt: „Wer vergibt, dem wird vergeben." Die Menschen können jede Schuld abstreifen. Keine Schuld ist zu groß. Nichts ist unmöglich. Jedes Karma kann überwunden werden. Die Möglichkeiten, Schuld aufzulösen, waren auf dem Planeten noch nie so groß wie heute. Die Menschen, jeder Einzelne, Gruppen oder Völker müssen sich lediglich dazu entscheiden.

Je größer das Energiefeld der Vergebung auf dem Planeten sein wird, desto wirksamer wird die Vergebung sein. Es werden wahre Wunder geschehen. Das Tor der Vergebung kann von der Menschheit nun endlich kollektiv durchschritten werden. Dann werden alle Menschen frei sein.

Schlüssel 9

Widerstehe den dunklen Gefühlsimpulsen der Vergeltung
und des Hasses,
setze an ihre Stelle die heilende Kraft der Vergebung und lasse damit
verhängnisvolle menschliche Verstrickungen hinter dir.

10. Göttliche Freude

Göttliches Bewusstsein ist grenzenlose Freude.

Höheres Bewusstsein ist an dieser Freude zu erkennen.

Tanze, Lache, Singe!

Freude – das Prinzip des Göttlichen.

Wie kann ein Mensch böse sein, wenn er Freude hat?

Wirkliche Freude ist, sich für andere zu freuen.

Sie tut gut und heilt so viel.

Gib Freude da, wo Traurigkeit herrscht.

Lasse deine Freude ansteckend sein.

Freude löst negative Energien auf.

Freude ist und gibt Lebensenergie.

Freude transformiert.

Gott will nicht, dass auch nur ein Lebewesen
keine Freude verspürt!

Sei dir der Wichtigkeit der Freude bewusst.

Suche, gib und empfange deshalb ständig Freude.

In der heutigen Welt wird immer weniger Freude empfunden, obwohl die Menschen, besonders die in der westlichen Welt, Freude zu ihrem obersten Ziel erklärt haben. Viele Barrieren, die in der Vergangenheit menschliche Freude verhindert haben, sind weggeräumt worden. Trotzdem erfahren die Menschen immer weniger Freude. Das trifft auch auf die Menschen in früheren Entwicklungsländern, den heutigen Schwellenländern zu, weil sie sich vermehrt den westlichen Weg der „Freude" kopieren.

Das Streben nach Freude in der westlichen Welt ähnelt dem menschlichen Umgang mit der Perfektion einer Rose. Um die Schönheit und Anmut der Rose zu besitzen, wird sie von den Menschen abgeschnitten und in die Wohnung geholt. Damit ist die Vergänglichkeit, das Sterben der Rose eingeleitet worden. Die Menschen versuchen, die Freuden dadurch zu mehren, indem sie das Angebot zweifelhafter Freuden erweitern. Dadurch wird lediglich eine sich ständig vermehrende Quantität erreicht. Die Qualität der Freude, der wirklich erhabene Moment, wird aber dadurch immer seltener. Viele ältere Menschen, die schwierige Zeiten erlebt haben, entdecken im Rückblick ihres Lebens große Momente der Freude, die sie heute bei den Menschen vermissen. Sie fragen sich zu Recht: „Was ist passiert, dass sich vermehrt freudlose Verflachung einstellt, obwohl es den Menschen immer besser geht?"

Es gibt auf dem Planeten noch vereinzelt Naturvölker, die in einer natürlichen, unschuldigen Ursprünglichkeit leben dürfen. Dort fehlt die Freude nicht. Die Tage dieser Naturvölker sind allerdings gezählt. Auch sie müssen noch ihren Weg in die Evolution des zivilisierten Menschen antreten. Das Neue Zeitalter wird von Menschen begründet werden, die den Evolutionsprozess vervollkommnet haben. Es geht nicht um Rückständigkeit. Die Menschheit würde als Ganzes nicht überleben können, wenn sie mit einfachen primitiven Mitteln Ackerbau und Viehzucht betreiben würde. Es braucht den Evolutionsschritt in eine Technik, die aus einer vollkommenen Ganzheit entsteht.

Das Gleichnis des Herausfallens aus dem Paradies, aus der vollkommenen Ganzheit des Geistes, ist im Alten Testament beschrieben: Vom Baum der einseitigen Erkenntnis sollte nicht gegessen werden. Die Menschen taten es doch und fielen damit aus der Ursprünglichkeit des freien Geistes heraus. Nun trat der unterscheidende Verstand an die erste Stelle. Was zunächst als Problemlösung gedacht war, schuf nun Probleme.

Das Herausfallen aus der kindlichen, unschuldigen Einfachheit des Geistes wurde durch die Überlegung ausgelöst, das Sein sei nicht perfekt, es könnten darin Probleme auftauchen. Diesem Mangel an Vertrauen folgte eine Umpolung im Gehirn der Menschen. Es entstand der Verstand, der die Probleme angehen wollte. So schlichen sich wesentliche Fehler in das Denken der Menschen und dadurch in die Schöpfung ein. Zuerst entstanden aber nicht die äußerlich sichtbaren Fehler in der Schöpfung, sondern es entstand ein Zulassen von fehlerhaftem menschlichen Bewusstsein. Der menschliche Geist gab vor, dass die Probleme, die ja theoretisch erdacht waren, durch den Verstand gelöst werden könnten. Dadurch gelangten Fehler in die Schöpfung, die sonst nicht gewesen wären.

Dieses war der Sündenfall, der den menschlichen Evolutionsweg erheblich verlängerte. Die alttestamentarische Erkenntnis des Sündenfalles wurde im Mittelalter falsch gedeutet, zum Teil auch bewusst umgeschrieben, um die Menschen in Abhängigkeit zu halten. Als Ablenkung und um Verwirrung zu stiften, wurde stattdessen ein Sündenfall konstruiert, dessen Ursache die Sexualität war. Instinktiv wussten die damals herrschenden Klassen, dass ein Mensch, der Angst vor der Sexualität hat, leichter zu manipulieren ist. Die Rechnung ging auf. Die Obrigkeit, sowohl kirchlich als auch weltlich, damals ein starkes Bündnis, konnte sich weiterhin an ihren Privilegien erfreuen.

Diese bewusst eingebauten Fehler in den heiligen Schriften führten zu einer immer stärkeren Verfälschung der christlichen Religion, die in der viktorianischen Zeit im neunzehnten Jahrhundert ihren Höhepunkt fand. In dieser Zeit fand im Christentum eine regelrechte Verstümmelung und Verklemmung der Sexualität über Schuldgefühle statt. Dieses Fehldenken hatte in der zunehmend „aufgeklärten" Zeit zur Folge, dass die Religionen sich zunehmend aus ihrem Wirklichkeitsanspruch verabschiedeten. Anfang des 20. Jahrhunderts war diese Entwicklung auf dem Höhepunkt. Da wollten sich die Menschen in den Kirchen all diese verdrehten Religionstheorien nicht mehr erzählen lassen.

In der Folge wuchsen revolutionäre Ideologien, die nach der Reinigungswelle des Ersten Weltkriegs schließlich Revolutionen auslösten. Im russischen Imperium entstand noch während des Krieges die atheistische kommunistische Ideologie und damit die Verfolgung der Religionen. Die alte Machtelite um einen sehr schwachen Zaren wurde abgesetzt und Russland trat aus dem Krieg aus. Da anstatt der alten Ordnung nicht Liebe und Gerechtigkeit in den Vordergrund rückten, sondern Neid, Rachsucht und Missgunst, führte die Revolution in Russland lediglich zu einer verdrehten Gesellschaft. Die Menschen, die vorher die Macht hatten, wurden weitgehend eliminiert oder mussten Zwangsarbeit leisten. Es sollten nun Menschen die Verantwortung übernehmen, die vor der Revolution Leibeigene waren. Dieses ging natürlich nicht gut, da die Elite der Gesellschaft nicht mehr vorhanden war. Die daraus resultierenden Probleme wurden durch noch größere „Säuberungen" angegangen. Es vergrößerten sich die riesigen Lager in den unwirtlichen Weiten von Sibirien, in denen viele Menschen unter äußerst schwierigen Bedingungen Zwangsarbeit verrichten mussten. Es entstand die Sowjetunion, die aber in sich krank und brüchig war.

In Europa gab es zu dieser Zeit leicht abgemilderte Revolutionen. Das Deutsche Reich, das ähnlich wie Russland mit Schwierigkeiten aufgrund des vorangegangenen Krieges zu kämpfen hatte, versuchte sich durch die destruktive Ideologie des Nationalsozialismus zu regenerieren, die immer mehr Zulauf bekam. Schließlich waren in Deutschland die nationalsozialistischen Kräfte stärker als die der Kommunisten und der demokratischen Parteien.

Im Zweiten Weltkrieg standen sich die verschiedenen neuen, zum Teil sehr gegensätzlichen Ideologien schließlich feindlich gegenüber. Durch diesen Krieg wurde erstmals seit Menschengedenken die Ökologie des gesamten Planeten empfindlich gestört. Die riesige Kriegsmaschinerie und die daraus entstandene gewaltige Zerstörungswelle hat das ökologische Gleichgewicht des Planeten, das ja gleichzeitig die materielle Entsprechung eines geistigen Ungleichgewichts ist, verschoben.

Seitdem zeigt sich ganz klar, dass sich die Menschheit den einseitigen Materialismus nicht mehr lange wird leisten können. Seit den achtziger Jahren des letzten Jahrhunderts wird das Problem der gestörten Ökologie des Planeten vor allem in der westlichen Welt offen thematisiert. Um die Jahrtausendwende wurden die ersten zögerlichen Schritte zur Besserung eingeleitet. Seit 2004/05 erkennt die Menschheit den Ernst der Lage. Das Abschmelzen der Polkappen ist eine Realität. Die Klimaveränderungen schreiten voran. Seit 2 Jahren gibt es Computersimulationen, die das Maß der kommenden Zerstörungen auf dem Planeten genau simulieren können. Die Ahnungen sind zur Gewissheit geworden. Es werden Zerstörungswellen auf die Menschheit zukommen, die den 1. und den 2. Weltkrieg bei weitem übertreffen. Es bleibt nicht mehr viel Zeit, um sich auf die vorausberechneten Katastrophen vorzubereiten. Einerseits sind diese Katastrophen an gewissen Orten des Planeten bereits im Gange, andererseits verzögert sich die Lösung der Probleme, weil sich die westlichen Staaten zu so großen Einheiten formieren, die politisch zu schwerfällig sind. Es gibt in der EU zu viele neue Mitgliedsstaaten, die zunächst vom Wachstumskuchen etwas abbekommen wollen, bevor sie zu Opfern für das Ganze bereit sind.

Dieses macht die Menschheit insgesamt immer träger und führt dazu, dass die nötigen Maßnahmen nicht rechtzeitig eingeleitet werden können. Die westlichen Gesellschaften haben die Individualität der Menschen in großen Schritten gefördert, deshalb ist eine wirkliche Solidarität nicht in ausreichender Form möglich. Es werden dem Westen auch die einseitigen Schlussfolgerungen aus dem 1. und 2. Weltkrieg zum Verhängnis. Durch einen nun falsch aufgezogenen

Nationalismus, ein unzureichend definiertes Miteinander, wird es die nötigen gemeinsamen Anstrengungen nicht geben, um den Problemen Herr zu werden. Zu viele Menschen wollen von gemeinsamen nationalen Anstrengungen nichts mehr wissen. Der Ruf nach einer vereinten Kraftanstrengung wird deshalb zunächst ungehört verhallen.

Die westlichen, ehemals reichen Länder werden schließlich auf ein Niveau zurückgeworfen werden, das längst überwunden schien. Genau in dieser neuen Einfachheit, die dann zwangsläufig entsteht, liegt die Chance für den Neubeginn. Ohne die Einfachheit der Naturvölker, die es auf der Erde noch gibt, übermäßig idealisieren zu wollen, birgt genau deren Einfachheit die Möglichkeit, zunächst überleben zu können. Die Menschen brauchen nicht so viel, wie sie gegenwärtig aus ihrem geistigen Mangel heraus meinen, haben zu müssen. Es braucht dann ein vertrauensvolles Miteinander. Es braucht die Liebe. Es braucht die Kreativität. Es braucht die Freiheit. Wenn die Menschen diese Eigenschaften wirklich leben, stellt sich das Überleben von selbst ein. Die Freude ist die Kraft, um im Rahmen dieser Eigenschaften wieder etwas entstehen zu lassen. Dann wird sich auch wieder Wohlstand einstellen und sich stetig vermehren.

Die Transformation beginnt im Bewusstsein und arbeitet sich von innen nach außen in eine freudige Neuschöpfung der Manifestationen. Dadurch werden Städte entstehen, die den Formen der Natur harmonischer angepasst sind. Die heutigen Städte, entstanden aus rationellen Berechnungen, werden dem immer mehr weichen. Auch wenn viele historische Städte schöne Baustil-Formen haben, sind sie doch Ausdruck des Kolonialismus, der auf Unterdrückung und Ausbeutung von Menschen begründet war. Die neuen natürlichen Formen der Lichtstädte des Neuen Zeitalters werden zunehmend auf Einheit, auf die Verbundenheit aller Menschen gegründet sein. Dadurch kann sich die Materie den Menschen immer harmonischer zur Verfügung stellen. Alles ist Energie, alles wirkt. Dieses war gemeint mit: „Macht euch die Erde Untertan."

Als die Menschen aufgrund eines Mangels an Vertrauen die Wege der Freude verließen, folgten sie den Umwegen der verschiedenen Ängste. Die Ängste haben sich seitdem stetig auf dem Planeten ausgebreitet. Ursprünglich waren die Ängste nur dazu da, die Menschen vor Gefahren zu warnen, vor einem Waldbrand oder vor einem wilden Tier zum Beispiel. Für zwischenmenschliche Beziehungen existierte die Angst nicht, ebenso wenig als Grundlage des Lebens. Im Laufe der Jahrhunderte, Jahrtausende nahm die Angst einen so starken Raum ein, dass in regelmäßigen Abständen genau das passieren musste, wovor sich die Menschen kollektiv fürchteten.

Die Pestepidemie des Mittelalters war eine direkte Manifestation großer Angstschübe der vorangegangenen Jahrhunderte. Der Dreißigjährige Krieg entstand durch das Ausmalen der Höllenqualen, die eine so starke Angst erzeugten, dass die Menschen schließlich auszogen, um diesem unsichtbaren Feind im Außen zu begegnen. Es traf das ein, was befürchtet wurde. Folglich taten sich die Menschen im Dreißigjährigen Krieg gegenseitig sehr schreckliche Dinge an. Bis zum heutigen Tag gibt es in der Menschheitsgeschichte ein ständiges Hin und Her. Zuerst die Ängste – dann deren Manifestation. Aktion – Reaktion. Dieses ist die Ursache all der bekannten Katastrophen der Menschheitsgeschichte. Deshalb wird die Überwindung der verschiedensten menschlichen Ängste eine große Herausforderung der nächsten Jahre sein.

Dr. Siegmund Freud, der Begründer der Psychoanalyse, war Anfang des letzten Jahrhunderts der erste Psychiater, der die destruktive Kraft und Wirkung der verschiedenen Ängste, der unterdrückten Sexualität und der daraus entstehenden Komplexe definieren konnte, wenn auch noch auf eine sehr unbeholfene Weise. Er stellte für diese Zeit sehr einleuchtend dar, wo Ängste hinführen. Dieses Wissen wurde schließlich in verschiedene Richtungen weiterentwickelt. Heute ist es sogar möglich, durch sogenannte Familienaufstellungen, vergangene dramatische Szenarien der Menschen realistisch und wahrheitsgetreu nachzuerleben, um Fehler, die aus Ängsten entstanden sind, zu entdecken. Dieses wird in den nächsten Jahren stetig weiterentwickelt werden. Die verschiedenen Ängste werden schließlich aus den Linien der menschlichen Familien herausgenommen und ins Licht transformiert werden können.

Es ist bekannt, dass Licht sich in sehr viele Farben aufspalten lässt. Dieser Prozess kann endlos weitergehen. Es gibt so viele verschiedene Farben, wie die Menschen es sich nicht vorstellen können. Genauso ist es mit den Möglichkeiten des menschlichen Seins. Alles, wozu sich die Menschen entscheiden, kann auch sein. Jede Realität kann angestrebt und manifestiert werden. Es ist nur eine Frage der Zeit. Doch in den letzten Jahrtausenden wusste die Menschheit nicht so genau, was sie wollte. Die Menschheit folgte Trugbildern, die aus Ängsten, falsch verstandenem Machtbewusstsein, aus Hass und Rachsucht entstanden waren. Dementsprechend traten die Ergebnisse ein.

Jedes höhere Ziel kann erreicht werden, wenn es kompromisslos für alle Menschen, alle Wesen definiert wird. Wenn ein Ziel für eine kleine privilegierte Menschengruppe begrenzt ist, birgt es natürlich auch diese Begrenzung. Zurzeit können sich nur wenige Künstler um den Preis der materiellen Unsicherheit ein freies, kreatives Leben leisten. In der zukünftigen Kreativität liegt große Freude, die die heutigen Künstler noch nicht kennen, da das nahtlose Miteinander, das die Menschen bald leben werden, fehlt. Die letztlich befreiten Menschen werden die Zerstörungen der nahen Übergangszeit sehr effizient beheben können und dann immer mehr Vollkommenheit in den menschlichen Manifestationen ausdrücken.

Die Menschheit wird in den nächsten Jahrtausenden erheblich weniger dem Lebenskampf ausgesetzt sein, bis er in naher Zukunft nicht mehr existiert. Auch der Tod wird überwunden sein. In der Übergangszeit werden die Menschen noch freiwillig aber sehr bewusst ihre Körper ablegen. Die Zellalterung wird immer schwächer, bis sie gänzlich aufhört. Die Menschen werden nach Abschluss ihres Körperwachstums mit ungefähr 20 Jahren in ein sehr lichtvolles Schwingungsfeld eintreten. Kein Leid war vergebens. Keine Anstrengung war nutzlos. Jeder Lernschritt, den die Menschen gemacht haben, ist in den Zellinformationen gespeichert. Deshalb werden die Zellinformationen perfekt sein. Dann können die Zellen so viel Licht aufnehmen, dass sie nicht altern und nicht mehr sterben. Damit dies eintritt, müssen die Menschen sich von den negativen Eigenschaften der letzten Jahrtausende verabschiedet haben. Freude ist dafür ein wesentliches, wichtiges Element. Nötig ist aber auch die absolute Abwesenheit von Hass, Neid, Angst, Rachsucht und Machtstreben.

Wenn die Menschen das Ziel der Zellvervollkommnung kollektiv erreicht und dadurch die Unsterblichkeit erlangt haben, nimmt der vollkommene menschliche Entwurf, wie vorgesehen, überhaupt erst Gestalt an. Dann wird sich das Zitat verwirklicht haben: „Wie im Himmel so auf Erden." Für dieses Ziel hat jede menschliche Seele den schwierigen Gang durch die Evolution auf sich genommen. Dafür findet das ganze Lernen statt. Die Evolution wird immer weiter in die Perfektion voranschreiten. Die Menschen werden sich weiter vervollkommnen. Es gibt keine Grenzen! Die Materie wird immer feinstofflicher werden, bis sie vollständig im Licht aufgeht.

Es wird deshalb auf dem Planeten keinen Umsturz geben, der das Bewusstsein der Menschen dauerhaft ins Gegenteil lenken könnte. Das ist garantiert. Das Ergebnis des 2. Weltkrieges zeigt es. Nach irdischem Ermessen waren die Rüstungsanstrengungen Hitler-Deutschlands so groß, dass nach den Gesetzen der Logik das deutsche Reich den Krieg hätte gewinnen müssen. Weil ein Sieg der damaligen destruktiven Ideen nicht vorgesehen war, kam es durch die Verkettung unvorhergesehener Ereignisse ganz anders. Es siegten die Kräfte, die dem vorläufigen, humanen Evolutionsziel der Menschheit am nächsten waren. Dieses Ergebnis des damaligen Evolutionszieles ist aber bald abgelaufen. Formuliert deshalb klare Ziele. Lasst euch nicht treiben. Seid vorsichtig mit vergangenheitsbezogenen Schlussfolgerungen. Die Elemente werden in den nächsten

Jahren anders reagieren, als die Menschen es aus der Vergangenheit kennen. Sie werden einen verhängnisvollen Magnetismus auf diejenigen ausüben, die in irgendeiner Form karmisch damit belastet sind.

Es wird im Neuen Zeitalter eine stark abgemilderte Form von Karma geben. Das Karma wird bei weitem nicht mehr in der Intensität wirksam sein wie heute. Die Menschen können sich dann endlich ihrem inneren Sein zuwenden und in das Paradies eintreten. Das Paradies ist das eigentliche Zuhause der Menschen, das sie dann mit ihren Sternen-Schwestern und -Brüdern teilen werden.

So wird das ewige Leben auf dem Planeten Erde verwirklicht werden. Jesus Christus sprach von diesem ewigen Leben, das er in seiner Vollkommenheit erreichte. Das ewige Leben ist für alle Wesen in allen Welten vorgesehen. Die Menschheit kommt aus den Lichtwelten und soll die gesamte Schöpfung zurück in dieses Licht führen. So lautet der Auftrag an die Menschheit. Letztendlich wird sich auch die Zeit auflösen. Denn das Ziel der Menschheit heißt: „Wie im Himmel so auf Erden, in Ewigkeit!" Auch wenn dieses Ziel in einer großen Vollkommenheitsstufe erreicht wird, gibt es noch vollkommenere Evolutionsstufen ins Licht, die mit Worten nicht ausgedrückt werden können.

Freude kann in Wirklichkeit nicht für sich allein existieren. Freude will mit anderen geteilt und großzügig verschenkt werden. Freude auf Kosten eines anderen Wesens gibt es nicht. Eine solche Freude trägt eine Last in sich, die irgendwann zum Tragen kommt. Sie ist ein der Polarität unterworfenes Ziel und deshalb fragwürdig. Dieses kann ein Ziel des angeblichen Überlebens sein. Oder auch ein Ziel der Habgier, des Machtstrebens oder der Rachsucht. Diese Ziele führen aber zwangsläufig zu dem, was in ihrer inneren Natur verborgen ist. Die Konsequenzen werden letztendlich für die Menschen, die den Illusionen solcher Freuden unterliegen, dieselben sein wie für die vermeintlichen Opfer dieser Irrtümer. Wirkliche Freude ist in der Einfachheit und der Liebe verwirklicht und verletzt deshalb auch nicht die Rechte anderer Wesen, sondern führt zur Bereicherung des Lebens. Deshalb ist sie ein göttliches Attribut und führt, konsequent angewandt, ins göttliche Bewusstsein.

Freude kann demzufolge nur in der Einfachheit und in der Liebe erfahren werden. Bei den Naturvölkern ist dieses ansatzweise der Fall. Die wenigen verbliebenen Naturvölker der Gegenwart kennen noch die Einfachheit des natürlichen Lebens. Diese Völker sind aber dem Überlebenskampf unterworfen und leben in einer Polarität, die Konflikte mit den inneren Welten auslöst. Diese Konflikte bringen im mystischen Empfinden jener Völker große Ängste hervor. Der Umgang mit den Lichtkräften und der göttlichen Realität muss aber auf bewusster Ebene stattfinden. In den vergangenen Jahrhunderten, Jahrtausenden führten diese Ängste zum Untergang der Naturvölker. Das darf weiterhin nicht so bleiben. Im Neuen Zeitalter wird es deshalb keine Naturvölker in dieser Form geben. All diese Völker haben noch den Weg der Evolution in die Zivilisation anzutreten, um zu einer ganzheitlichen Einfachheit zu finden. Archaische Urängste haben in diesem Sein nichts mehr zu suchen.

Die profitgierige Holzindustrie und die letzten verbliebenen Naturvölker im Amazonasgebiet bilden eine geistige Einheit. Das eine bedingt das andere. Die Holzindustrie folgt, ohne es zu wissen, der energetischen Spur der Ängste und der unbekannten Bedrohungen der von den Naturvölkern wahrgenommenen dunklen Mächte. Dadurch nimmt die unheilvolle Manifestation ihren Lauf. Es können noch so gut gemeinte Initiativen entstehen, um diese Völker zu schützen. Diese Initiativen gab es schon seit Anfang des 16. Jahrhunderts. Die Urängste der Ureinwohner Nordamerikas brachten das kriegerische Bewusstsein hervor, das schließlich in die fast vollständige Vernichtung der nordamerikanischen Völker führen musste.

Am Anfang jeglicher Manifestationen steht das Bewusstsein, aus dem die Wirkung hervorgeht. Nichts passiert, ohne dass vorher eine Angst, eine Ahnung oder eine Handlung stand. Deshalb können in den nächsten Jahren, vorausgesetzt die verschiedenen Urängste werden überwunden, die Lebensbedrohungen in ihren vielfältigen Formen global zurückgehen. Gegenwärtig passiert das Gegenteil. Es werden täglich neue Formen der Bedrohungen geistig erschaffen. Die Menschen nutzen immer vielfältigere Formen, um Ängste und Bedrohungen entweder zu Zwecken der „Unterhaltung" künstlich darzustellen, oder in realer Form zu artikulieren, um z. B. ein Existenzrecht aufgrund einer Existenzangst abzustecken. Dieses ist natürlich ein Widerspruch in sich selbst, da aus einer Existenzangst kein Existenzrecht entstehen kann. Wenn ein Mensch, eine Gruppe oder gar ein Volk sich eine Existenzbedrohung ausdenkt und damit erschafft, wird die Existenz dieses Menschen, dieser Gruppe oder dieses Volkes bedroht sein.

Der Weg aus der Spirale dieser Bedrohungen wird nur möglich sein, wenn Existenzängste als unwirklich erkannt und damit aus der Realität entfernt werden können. Nur so kann eine dauerhafte Sicherheit, ein dauerhafter Frieden unter den Menschen hergestellt werden. Die Menschen werden ihr Sein bald nicht mehr als eine Anhäufung von ungerechten Zufällen wahrnehmen. Alles, was ist, war so gewollt. Alles, was sich ändern soll, kann sich im Laufe der Zeit auch ändern. Die Menschen müssen sich nur dazu entscheiden. Das sogenannte „Gleichgewicht des Schreckens", wie die atomare Aufrüstung des sogenannten

Kalten Krieges zwischen dem Warschauer Pakt und der Nato im letzten Jahrhundert genannt wurde, hat in Wirklichkeit nie funktioniert. Die Konsequenz dieser Bedrohungen hätte unweigerlich zu einem 3. Weltkrieg führen müssen. Da dieser drohende 3. Weltkrieg aufgrund des atomaren Potenzials eine zu große globale Zerstörung zur Folge gehabt hätte, die das höhere Evolutionsziel des Planeten unmöglich gemacht hätte, wurde der 3. Weltkrieg wie von Zauberhand verhindert. Trotzdem führte dieses „Gleichgewicht des Schreckens" zu einem ökologischen und bewusstseinsmäßigen Ungleichgewicht.

Viele Menschen in der westlichen Welt definieren ihr Leben nun fast nur noch über den materiellen Besitz. Ihm wird fast alles untergeordnet. Sogar Kinder stören inzwischen das Streben nach materiellen Gütern. Die europäischen Völker schrumpfen bereits in der Bevölkerungsanzahl, da nicht mehr genügend Menschen geboren werden. Andererseits wächst die Bevölkerung in den Schwellenländern bedrohlich an. Die Verhältnisgrößen der Weltbevölkerung werden in eine gefährliche Schieflage gebracht. Sowohl wirtschaftlich als auch ökologisch zeigt sich das Ungleichgewicht, was viel sozialen Sprengstoff in sich birgt. Bald werden die karmischen Ursachen, die dem Prozess zugrunde liegen, sichtbar sein.

Lösungsansätze werden daraus entstehen, wie die Menschen in Einfachheit die verschiedenen Stufen des Lebensprinzips beobachten, begreifen und schließlich in ihren Lebensplan integrieren. Wenn sich das daraus resultierende einfache Bewusstsein auf dem Planeten ausbreitet, werden sich ungeahnte Lösungen ergeben. Die Ansätze falsch verstandener Lebensbewältigung können dadurch ganz einfach verschwinden. Die Menschen werden sich im Bewusstsein eines Kindes und doch in der intelligenten Weisheit eines Lichtwesens in der Materie bewegen. Die Definitionen des Göttlichen werden dann keine Schatten mehr werfen, weil das göttliche Bewusstsein in den Menschen, die zu Lichtwesen geworden sind, wohnen wird. Dieses gilt es, zu begreifen, um die Schatten unvollkommen definierter Geistigkeit endgültig unwirklich machen zu können. Die geistigen Schatten des Seins entstehen, wenn Gott ins Außen projiziert und das Selbst als sündig und unwürdig definiert wird. Dadurch entstehen tatsächliche Höllen auf Erden, die in der Konsequenz des Bewusstseins entsprechend intensiv sind.

Diese Bewusstseinsfehler haben im Mittelalter zu einer großen Dezimierung der Bevölkerung geführt. Die Pestepidemie war eine Folge der großen Angstschübe vor der Strafe eines ins Außen definierten Gottes. Diese starken Ängste mussten sich schließlich manifestieren, denn sie wurden vom Bewusstsein der Menschen in die Materie gezogen. So existierte die Hölle auf Erden, wie sie viele Jahre lang jeden Tag von den armen eingeschüchterten Menschen befürchtet wurde. Die Pest wurde als Strafe Gottes angesehen. Deshalb wurden die Menschen, die dieser heimtückischen Krankheit zum Opfer fielen, aus der Gesellschaft ausgegrenzt und verstoßen.

Der Weg zur Rettung aus diesen verhängnisvollen Mechanismen führte über die Aufklärung. Um den Schatten des nach außen projizierten Gottes zu entgehen, wurde in der „aufgeklärten" Zeit jegliches freie Schaffen aus dem göttlichen Bewusstsein untersagt. So fing die Menschheit an, den Weg der stetigen Aktion-Reaktion zu gehen, der zu all den verhängnisvollen Ereignissen der letzten Jahrhunderte führte. Nun geht es ins Finale. Dieser verhängnisvolle Prozess bindet in einem sehr großen Potenzial Materie an sich. Es steht nun einerseits die gewaltigste Zerstörungswelle aller Zeiten auf dem Planeten bevor, andererseits war die Chance für die kollektive Befreiung der Menschheit nie so groß. Möglichst viele Menschen sollen ins Neue Bewusstsein erwachen. Dieses Erwachen wird sich in der Wirkung im Verhältnis 2-4-8-16-32 und so weiter potenzieren. Dadurch wird sehr viel Energie sehr schnell in die ganzheitliche Richtung freigesetzt werden können. Der andere Pol des Festhaltens am alten Bewusstsein läuft in einem anderen Verhältnis: 1-2-3-4-5 und so weiter.

Vergesst all die menschlichen Entscheidungen der vergangenen Jahrhunderte und Jahrtausende. Um bestimmte menschliche Ziele zu erreichen, wurden sehr oft Freude und damit auch die Lebenskraft beiseitegeschoben. Die Tragik nahm ihren Lauf, letztendlich für alle Menschen, auch für diejenigen, die diese Entscheidungen für ein vermeintlich besseres Ziel getroffen haben.

Die verkörperten Wesen auf den höher entwickelten Planeten des Universums verbringen ihre Existenz in einer immer währenden Freude und Kreativität, in einer ständigen Ekstase. Alles ist eins. Alle Wesen sind deshalb absolut frei. Der Zwang der gefallenen Materie, der Zwang in die Krankheit und den Tod existiert dort nicht mehr.

Da die Menschheit nun kollektiv den Schritt in die nächste Vollkommenheitsstufe gehen soll, wie von Jesus Christus vor 2000 Jahren vorgelebt, wird ihr jetzt klar aufgezeigt, dass sie nicht mehr so wie bisher weitermachen kann. Es gibt keinen Gott außerhalb des Menschen. Diese Sichtweise ist Illusion, auch wenn die Betrachtung eines heiligen Menschen scheinbar im Außen stattfindet. Gott wird durch die Einswerdung der Menschen direkt auf der Erde wandeln. Da die gesamte Schöpfung eine Absicht Gottes ist, wird Gott sichtbar, wenn die Einswerdung im Sein sich vollendet.

Die vergebliche Warterei auf einen Messias, der im Außen alles richtet, wird bald endgültig vorbei sein. Der Messias wird durch das Eine Bewusstsein zu den Menschen kommen. Die Menschheit wartet schon so lange und hat ihn, wenn er da war, aufgrund all der dogmatischen Vorstellungen über ihn, nicht erkannt. Er wurde erst lange nach seinem Erscheinen wahrgenommen, da er in all den dogmatischen Definitionen keinen Platz hatte. Wenn sich die Menschen endlich mit dem Leben beschäftigten anstatt mit deren Hilfsmitteln, würden sie den Messias auch erkennen.

Jede menschliche Seele entscheidet sich in den Zwischenbereichen der göttlichen Einheit, wie sie dieses gemeinsame Evolutionsziel erreichen kann. Jeder Mensch entstammt den Lichtbereichen, ist ein Lichtwesen und hat deshalb auch eine Aufgabe des Lichts. Jede menschliche Seele wird deshalb irgendwann das Ziel erreichen, um diese Aufgabe im Licht zu erfüllen.

Die Lektionen des Karmas dienten nur als Sicherungsmaßnahme des Universums. Es darf sich kein unvollkommenes Leben im Universum ausbreiten. Nur darum geht es. Nicht um Strafen. Nicht um Schuld, die vergolten werden soll. Schuld gibt es in dem Sinne nicht. Jedes Wesen in der materiellen Schöpfung ist bedingungslos geliebt. Jedes Wesen erfährt bewusst diese unbegrenzte Liebe, wenn es in den Zwischenbereichen des göttlichen Seins ankommt.

Je größer das Energiefeld der universellen Einheit wird, umso mehr werden sich die Manifestationen der Finsternis wie Krankheit und Tod auflösen. Die Menschheit kommt nun erstmals in ihrer langen irdischen Geschichte an den Punkt, wo sie sich direkt für das kollektive Erwachen ins universelle Bewusstsein entscheiden kann. Je umfassender die Entscheidung für das Neue Zeitalter ist, desto stärker wird das Ergebnis sein. Es sind aufgrund der energetischen Potenzialität nicht sehr viele Menschen nötig, um diesen Sprung kollektiv für die ganze Menschheit zu vollziehen. Der Augenblick des kollektiven Erwachens nähert sich deshalb unumstößlich und absolut.

Schlüssel 10

Betritt so oft wie möglich das unbeschwerte Feld der Freude, um in dieser lebendigen Leichtigkeit die schweren Illusionen des menschlichen Leids überwinden zu können.

11. Göttlicher Mut und Stärke

Wo göttliches Bewusstsein ist, ist auch Mut und Stärke.
Deshalb stehe mutig für Wahrheit und Liebe ein.
Du bist stark!
Du musst dich nur daran erinnern!
Sei ein Krieger des Mutes und der Stärke in jeder Situation!
Sei so stark, wie es nur geht.
Gib Stärke an jeden Menschen weiter!
Jedes Wesen sucht nach Mut und Stärke und bekommt sie,
wenn es nach ihr verlangt.
Gebrauche die Stärke aber weise und in Liebe.

Traumatische Erfahrungen in der Menschheitsgeschichte führen zu Trugschlüssen über Eigenschaften wie Mut und Stärke. Die Menschen glauben, dass die Abwesenheit von Mut und Stärke zu Frieden führt. Diese Annahme ist eine verhängnisvolle Illusion. Mut und Stärke sind positive Eigenschaften, die erhaltend und bewahrend auf die materielle Schöpfung einwirken sollen. Mut und Stärke sind demzufolge göttliche Eigenschaften. Das Prinzip des Lebens offenbart sich in seiner Ursprünglichkeit über Mut und Stärke. Dieses ist bewusst so eingerichtet, damit sich das Prinzip des Lebens in den der Polarität unterworfenen Manifestationen, die vorläufig und deshalb nicht konstant sind, durchsetzen kann.

Das globale Energiefeld der Angst war noch nie so stark wie heute, auch wenn die Geschichtsschreibung etwas anderes suggeriert. Es stehen nun bald gefährliche zerstörerische Manifestationen bevor, die aus diesem Angstfeld entstanden sind. Solange es Menschen gibt, die kollektiven Ängsten unterworfen sind, werden sie unbewusst eine Resonanz auf die Wirkungen dieser Ängste hervorrufen. Die Menschen werden erst davon befreit sein, wenn ihnen die multiplen Ängste nicht mehr suggeriert werden. Dann werden ganz selbstverständlich Mut und Stärke entstehen. Menschen, die in ihrem inneren wirklichen Sein ruhen, haben innere Stärke. In vielen alten Mythologien tritt das Göttliche immer mit Mut und Stärke auf. In der nun nahenden Übergangszeit wird Mut und Stärke sehr wichtig sein. Die nun drohenden Zerstörungen auf dem Planeten gilt es, durch einen Bewusstseinswandel abzumildern, der Mut und Stärke in sich trägt. Wo der menschliche Bewusstseinswandel regional nicht mehr rechtzeitig einsetzen kann, muss mit richtigen Maßnahmen einzelner Menschen den verhängnisvollen zerstörerischen Manifestationen begegnet werden. Unentbehrlich werden dafür Mut und Stärke sein. Ein spiritueller Mensch der Übergangszeit wird demzufolge sehr mutig sein müssen.

Aufgrund der Schlussfolgerungen aus den beiden letzten Weltkriegen sind Mut und Stärke endgültig in Verruf geraten. Vereinzelt gibt es noch Länder, in denen solche Eigenschaften in der gleichen Form missbraucht werden wie damals. Diese Beobachtung gibt den Menschen weiterhin die scheinbare Legitimation, Mut und Stärke als nicht förderungswürdig anzusehen. Durch dieses Verhalten fehlt den Menschen ein wichtiges Hilfsmittel im Leben. Ohne Mut und Stärke werden sie letztendlich verloren sein.

Die menschlichen Stärken, seien sie noch so tief verborgen, müssen zurück ins menschliche Sein geholt werden. Jeder, der sich für eine menschliche Inkarnation entschieden hat, hat es ursprünglich aus Mut und Stärke heraus getan. Wer diese Eigenschaften nicht lebt, ist deshalb nicht richtig verkörpert. Die Angst und die daraus resultierende Feigheit, auch wenn dieser Begriff in den letzten Jahrhunderten sehr missbraucht wurde, führen zu dem, was befürchtet wird.

Die Angst hat sich in jeden Lebensbereich eingeschlichen und nimmt immer mehr verschiedene Formen an. Die Angst vor dem Arbeitsplatzverlust. Die Angst vor den Fremden. Die Angst vor der Zukunft. Die Angst vor der Krankheit. Die Angst vor dem Alter. Die Angst vor dem Tod usw. Die Angst frisst sich immer weiter in eine Welt, die in den letzten Jahren große materielle Fortschritte gemacht hat. Doch was läuft schief, dass sich die Angst immer weiter ausbreitet? Es geht doch vielen Menschen gut. Kein Berufsstand im Westen hat mehr Zuwachsraten wie die Psychiater und Psychologen, die sich mit den Folgen der verschiedenen Ängste beschäftigen.

Das Problem ist physikalisch. Jeder Mensch, der eine Resonanz zu irgendeiner Angst entstehen lässt, wird aufgrund der immer stärker werdenden Anziehungskräfte in das große kollektive Feld der Angst hineingezogen. Schwierige Lebensumstände, die die Menschen vor 30 Jahren nur am Rande berührt haben, können nun innerhalb von 2 Jahren dazu führen, dass Medikamente eingenommen werden müssen, um eine Situation zu verkraften. Es wird immer mehr Angst erfahren und immer mehr Angst gemacht. Das Neue Zeitalter kann nicht entstehen, wenn dieses kollektive Energiefeld der Angst bestehen bleibt.

Das freudige und vertrauensvolle Bewusstsein eines kleinen Kindes sollte sich stattdessen ausbreiten. Freudig und ohne Angst geht das Kind in seinen Tag und erfährt deshalb genau das, was das vollkommene Bewusstsein dieses Kindes erwartet.

Zum Ende des Mittelalters begannen sich durch die zunehmende Aufklärung die Eigenschaften des Mutes und der Stärke zu spalten. Im frühen Mittelalter setzte ein Ritter Mut und Stärke noch oft für edle Motive des Herzens ein. Die sich verstärkende Polarität zog aber dann die eigentlich positiven Eigenschaften verstärkt in die eine oder andere Richtung. Vorher gab es auch die Vergeltung und die Rachsucht mit den entsprechenden Menschen, die es vollzogen haben. Doch nun kam es in eine neue Dimension. Durch den aufkommenden überbetonten menschlichen Verstand entstanden rund um den Planeten verschiedene, neu eingefärbte Aspekte des Mutes und der Stärke. Die menschlichen Gefühle wurden nun zwangsläufig stärker mit dem Verstand verbunden, der nun immer öfter in einen Widerspruch zu den eigentlichen menschlichen Gefühlsimpulsen trat. Dadurch entstanden zunehmend innere Konflikte in den Gefühlen der Menschen, die der Verstand einseitig löste. In der Folge wurden eigentlich richtige Gefühlsimpulse beiseitegeschoben, um einen konstruierten Sachzwang des Verstandes durchzusetzen, wofür die betreffenden Menschen nun Mut und Stärke einsetzten. Seitdem gibt es die menschliche Aussage: „Es geht hier nicht um Gefühle."

Weil der Verstand nun die Richtung vorgab, war es erstmals möglich, dass der Mut und die Stärke dafür eingesetzt werden konnten, um einen Tausch in der Materie zu vollziehen. Die Menschen wurden in den Gesetzen von Aktion und Reaktion durch vom menschlichen Verstand konstruierte Sachzwänge in kollektive Schübe hineingejagt, kollektiv aufgehetzt, was sich schließlich immer wieder in kriegerischen Auseinandersetzungen entladen musste.

Der Verstand schaffte im Laufe der Zeit die vielen einseitig entstandenen und deshalb unvollkommenen technischen Manifestationen, die gewisse Erleichterungen brachten, aber Sachzwänge erzeugten wie die Rohstoffbeschaffung und die daraus resultierenden Besitzansprüche. Die Unterdrückung von Menschen im Arbeitsprozess wurde verstärkt und vor allem die menschliche Habgier zunehmend gefördert. Diese unheilvollen Folgen des neuen menschlichen Bewusstseins fingen schließlich an, sich zu potenzieren und in den Gesetzen von Aktion und Reaktion verhängnisvolle Wirkungen zu entfalten, was in der letzten Konsequenz aufgrund der Potenzialität zu kriegerischen Auseinandersetzungen führen musste.

Infolge dieser kriegerischen Auseinandersetzungen gab es Schlussfolgerungen der menschlichen Vernunft, die in der jeweils dann gereinigten Atmosphäre des irdischen Seins gewisse Fortschritte in der Lebensbewältigung im Außen möglich machten. Ungefähr seit Ende des vierzehnten Jahrhunderts konnte sich deshalb schrittweise eine Technik entwickeln, die den Menschen einerseits das Leben leichter machte, aber auch immer wieder Verlierer zurückließ, da diese Manifestationen einseitig entstanden waren.

Es entstand der Kolonialismus, der eine modernere Form der Sklaverei war. Jetzt ging man direkt in die Länder, um die Menschen zu unterwerfen und auszubeuten. Diese Entwicklung wurde möglich durch die Erfindung der modernen Waffen, denen die technisch niedrig entwickelten Naturvölker nichts entgegenzusetzen hatten. Die Menschen Europas nannten dieses Verhalten Handel und redeten sich sogar noch ein, dass sie den Naturvölkern etwas Gutes brachten. Sie meinten, ihnen den technischen Fortschritt und damit eine bessere Arbeit zu geben. Oft lief es auch unter dem Deckmantel der Christianisierung, was mitunter nahezu lächerliche Züge hatte. Mit den Jahren wurden bestimmte Aufgaben der Kolonialisierung ausgelagert und christlichen Gruppierungen übertragen, die sektiererisch an diese Aufgaben herangingen.

Immer mehr Naturvölker wurden ihres Lebensraumes und ihrer Lebensart beraubt, um dieser Entwicklung Platz zu machen. Dieser Prozess verstärkte sich durch die Jahrhunderte. Die Naturvölker wurden vor die Wahl gestellt, sich der Entwicklung in die Moderne anzupassen oder unterzugehen. Die Form der Sklaverei, die schon im Römischen Reich praktiziert wurde, wurde in etwas veränderter Form in diese neue Entwicklung integriert.

In der neuen Sklaverei, wofür Afrikaner aufgrund ihrer kräftigen körperlichen Konstitution gekidnappt und nach Amerika verschleppt wurden, ging es aber nur noch um Arbeitsbewältigung, allerdings unter Ausschluss der menschlichen Rechte der Sklaven. Das mittlerweile verfälschte Christentum, das sich in Europa durchgesetzt hatte, konnte dem kein entsprechendes Gegengewicht entgegensetzen. Diese Ausbeutung wurde über die Jahrhunderte durchgesetzt über eine mittlerweile verdrehte, verfälschte Auffassung des Mutes und der Stärke. Vor dieser Entwicklung gab es entweder Mut und Stärke in einer reinen edlen Art oder aber Bosheit und Rachsucht. Doch nun konnten sich unter dem Einfluss des menschlichen Verstandes diese Eigenschaften vermischen. Niemand hatte den Durchblick. War es Mut und Stärke? Oder war es Bosheit und Rachsucht? Die Grenzen waren nun fließend und dieses war der Preis des aufkommenden Materialismus, der sich unaufhörlich, vom alten Europa ausgehend, auf dem Planeten ausbreitete.

Im Laufe der Jahrhunderte veränderte diese Entwicklung radikal vor allem den amerikanischen Kontinent. Die Naturvölker wurden ihrer Kultur beraubt, gefährliche Krankheiten eingeschleppt. Da diese Entwicklung gleichzeitig eine Folge der unbewussten Ängste der Indianer vor den dunklen Mächten ihrer Mythologien war, gab sie den Eroberern die scheinbare Legitimation, diesen einfachen Menschen eine neue Religion bringen zu müssen. In Wahrheit war die christliche Religion unehrlich geworden und vor allem war sie keine Religion mehr. Jesus Christus brachte Liebe, Mitgefühl und Verzeihen. Jesus Christus befahl nicht, dass den Naturvölkern das Land geraubt, ihre Kultur weggenommen werden sollte, um dann eine christliche Kirche zu bauen, damit alles wieder besser würde. Diese Auslegungen waren vielmehr Verdrehungen und Verblendungen des aufkommenden Materialismus.

Auf dem süd- und nordamerikanischen Kontinent führte der Kolonialismus, der aus dem sich immer mehr entfaltenden Materialismus entstanden war, zur regelrechten Entvölkerung, was ein Trauma in den Seelen der betroffenen Menschen dieser Völker hinterließ. Diese Seelen verkörperten sich daraufhin zahlreich im alten Europa wieder, entfalteten ihre mitgebrachten Traumata, was wiederum in Europa zu schicksalhaften Krisen führte. Deshalb entstand ein unbewusster Migrationsdrang in die neue Welt, wie der amerikanische Kontinent nun genannt wurde. Die Naturvölker kehrten im neuen Gewand zurück. Es waren die gleichen Seelen, die nun zurückkehrten, um der Transformation ihres Kontinents beizuwohnen. So nahm alles seinen Lauf, bis Ende des 19. Jahrhunderts in Amerika völlig neue Völker entstanden waren.

Diese gewaltige Transformation des amerikanischen Kontinents wurde überschattet. Einerseits war der erreichte technische Fortschritt sehr unvollkommen, andererseits gab es einen starken karmischen Überhang aus der kriegerischen Vergangenheit und den Kolonialisierungen der letzten Jahrhunderte. Dieses Karma musste sich zwangsläufig entladen, und zwar in Europa.

Anfang des zwanzigsten Jahrhunderts baute sich durch scheinbare Zufälle in Europa eine gewaltige Drohkulisse auf. Die ehemals göttlichen Eigenschaften des Mutes und der Stärke waren aufgrund der vorher erwähnten Mechanismen hoffnungslos verdreht und verfälscht. Davon wussten die stark degenerierten Könige und Kaiser in Europa nichts. Wie es der Tradition seit Jahrhunderten und Jahrtausenden in den Königshäusern entsprach, folgten sie während der außenpolitischen Krise dem Mut und der Stärke. Sie drohten sich deshalb gegenseitig mit Krieg. Da der Grund, auf dem sie standen, jetzt aber verfälscht war, führte dieses mutige Drohen mit Stärke nicht zu Frieden, sondern zum Krieg, wie die Menschheit ihn noch nicht erlebt hatte. Es entlud sich schließlich das karmische Potenzial der letzten Jahrhunderte. Die Lasten der Völkermorde in Süd- und Nordamerika, in den afrikanischen und asiatischen Kolonien kamen auf das europäische Festland zurück. Es folgte der 1. Weltkrieg, in dem Millionen Menschen umkamen. Da die Schlussfolgerungen aus diesem Krieg falsch waren, nämlich nicht Versöhnung und Verzeihen, sondern einseitige Schuldzuweisungen für die Verlierer, wurden die Grundsteine für den 2. Weltkrieg gelegt, in dem sich noch mehr Karma entladen musste.

Nach dem Zweiten Weltkrieg verbreiteten sich in der westlichen Hemisphäre weitgehend freiheitliche Ideen, die sich Anfang der siebziger Jahre endgültig durchsetzten. Es war eine Generation herangewachsen, die in ihren vorigen Inkarnationen durch die vielfältigen Mühlen des Ersten und Zweiten Weltkriegs gehen musste. Viele hatten ihr Leben in den Kriegen verloren und sind durch die damit verbundenen Erfahrungen durch verschiedenartige geistige Transformationen gegangen. Diese junge Generation forderte wie selbstverständlich völlig neue Freiheitsrechte und schaffte verschiedene Formen der gesellschaftlichen Gewalt ab. Sexuelle Verklemmung und unnötige Verhaltensregeln in der Gesellschaft wurden angegangen und weitgehend abgeschafft. Deshalb wird heute z. B. gleichgeschlechtliche Liebe vielerorts nicht mehr diskriminiert, sondern zunehmend gesellschaftlich anerkannt oder zumindest toleriert. Es entstanden neue Formen des Zusammenlebens. Die Rechte der Frauen wurden neu definiert und nach und nach durchgesetzt.

Kinder werden seitdem als vollwertige Menschen anerkannt, was vorher nicht der Fall war. Die rohe Gewalt an Kindern in den Schulen und den Elternhäusern hörte tatsächlich auf. Kinder wurden früher als unvollständig und unausgereift angesehen, so dass über die Erziehung massive Schädigungen an den Kinderseelen weitergereicht wurden. Die Menschen dachten, eine restriktive Erziehung würde etwas nützen. Doch die Schöpfung wurde auf diese Weise begrenzt. Die Schöpfung musste sich im Laufe der Jahrhunderte ständig durch kriegerische Auseinandersetzungen von den Irrtümern der Erziehung reinigen, damit die Entwicklung weitergehen konnte. Das Leid der Kinder war zeitweise sehr groß, auch wenn heute dieses Leiden in den oberflächlichen Betrachtungen der Menschen etwas idealisiert wird. Diese Ansicht hält auch als Rechenschaft für die Meinung her, dass die heutigen Erziehungsmethoden nicht streng genug sind. Die positiven Veränderungen der westlichen Gesellschaft seit den siebziger Jahren sind nun aber weitgehend abgeschlossen und tragen jetzt den Samen der Degeneration in sich.

Seit Anfang der neunziger Jahre werden die Freiheiten in der westlichen Welt zunehmend zügellos. Das Bewusstsein, das sich um die dazugehörige Orientierungslosigkeit gebunden hat, hat ein so starkes Energiefeld entwickelt, dass sich immer mehr Materie darum bindet. Dieses negative Potenzial wird sich bald global entladen müssen.

Deshalb geht es jetzt darum: „Alle oder nichts!" Ein Überleben nur für eine elitäre Gruppe wird es nicht geben. Es kann auf dem Planeten Erde nur ein Überleben und einen Fortschritt im Bewusstsein der Einheit aller Wesen geben. Der Zweite Weltkrieg war eine Folge der menschlichen Definition: „Nicht alle können überleben. Deshalb muss sich das ‚edlere' Leben durchsetzen." Der von Hitler angezettelte 2. Weltkrieg war aus äußerlichen Betrachtungen des Lebens entstanden, die sehr oberflächlich und sogar destruktiv waren. Sie waren deshalb nicht zutreffend.

Mütter und Väter haben naturgemäß ab dem Zeitpunkt der Schwangerschaft den Mut und die Stärke, ihr Kind großzuziehen und zu beschützen. So ist es von der Evolution gewollt. Wenn diese Instinkte fehlen, hat sich ein Fehler in die Schöpfung eingeschlichen und wird folglich über das Karma fortgesetzt.

Tiere sind dem Karma noch nicht unmittelbar unterworfen. Sie werden direkt über die Instinkte geleitet, die viel unmittelbarer wirken. Im Tierreich geht es nicht so grausam zu wie bei den Menschen. Dort gibt es nur das Töten, um zu überleben. In der langsamen Evolution der Tiere führt der Tod grundsätzlich in die nächste Evolutionsstufe. Auch bei den Tieren ist nichts vergebens. Die Menschen kommen ursprünglich aus vielen verschiedenen Lichtebenen. Sie sind den langen Weg durch die irdischen Inkarnationen angetreten, um diese Aspekte des Lichts nach und nach in die materielle Schöpfung zu bringen. Die Menschen schaffen sich dadurch ein immer größeres Spektrum an Möglichkeiten, das den kleineren Radius der Tiere, der durch die Instinkte begrenzt ist, bei weitem übertrifft. Je fortgeschrittener das menschliche Bewusstsein in der Evolution ist, desto tiefer kann der Fall sein, wenn sich im menschlichen Bewusstsein etwas ins Destruktive verwandelt hat. Deshalb ist der Satz völlig falsch: „Er benimmt sich wie ein Tier." Ein Tier kann nicht so tief fallen. Ein Tier ist auch nicht sadistisch. Ein Tier kann nicht zu einem Massenmörder werden. Ein Tier kann nicht befehlen, ein ganzes Volk umzubringen. Nur Menschen können das. Aber Menschen stehen mit ihrem Karma dafür ein.

Die Tiere gehen nach ihrem Ableben direkt in die leicht höhere Entwicklungsstufe ihres Seins. Dieses wird ein Tier so lange tun, bis es eine vorläufige Vollkommenheitsstufe erreicht hat, die es ermöglicht, sich einem menschlichen Bewusstsein anzuschließen. Möglich wird diese freiwillige geistige Vereinigung bei der Teilung einer menschlichen Seele. Das menschliche Bewusstsein kann sich in den Zwischenbereichen dazu entschließen, sich in zwei verschiedene Bewusstseinsstufen zu spalten. Diese Bewusstseinsaufspaltung erklärt auch, wie es möglich ist, dass die menschliche Bevölkerung auf dem Planeten stetig wächst. Viele Menschen fragen sich, wo denn all die Seelen herkommen, wenn es immer mehr Menschen gibt?

Jetzt steht eine Evolutionsstufe bevor, die die Vermeidung bestimmter menschlicher Fehler zwingend voraussetzt. Der menschliche Fall wäre sonst zu tief und hätte zu weitgehende Folgen. Um diesen Fall zu vermeiden, wird jetzt eine zusätzliche Sicherheitsstufe in die menschliche Evolution eingebaut. Wenn diese Sicherheitsstufe greift, werden die Menschen eine neue unvorstellbare Freiheit leben können. Mut und Stärke werden im Neuen Zeitalter wieder auf ihren richtigen Platz gestellt. Es werden wieder göttliche Eigenschaften sein. Dieses geschieht nicht von selbst, sondern wird in der nun kommenden Übergangszeit geprüft und eingefordert. Dadurch entwickeln sich diese göttlichen Eigenschaften wieder und nehmen ihren rechtmäßigen Platz in der menschlichen Evolution ein.

Das Blatt eines Baumes kommt nicht auf die Idee, sich abzuspalten, weil es sich ausgenutzt fühlt. Jedes Blatt weiß, dass es mit Licht und Nährstoffen ernährt wird und dass der Baum alles für sein Wachstum tut. Missbräuche entstehen nicht aus dem Leben, sondern aus den Gesetzen der Finsternis. Aus Habgier. Aus Machtstreben. Aus der Degeneration, die die Vergänglichkeit selbst ist und dem Tod unterliegt. Alle Menschen wollen frei sein, da Freiheit im Wesen der Menschen tief verankert ist. Das Universum funktioniert dort am perfektesten, wo das Prinzip der Freiheit am umfassendsten verwirklicht ist. Falsch verstandene Freiheiten breiten sich in der Regel stärker aus, wenn ein nächster Evolutionsschritt bevorsteht. Freiheit muss deshalb jetzt neu definiert werden. Disziplin muss neu gedeutet werden. Die Zusammengehörigkeit aller Menschen muss umfassend erkannt werden.

Die universelle Einheit aller Wesen soll durch Liebe zusammengehalten werden. Es soll jetzt um den Planeten ein starkes Band der Liebe gezogen werden, damit der Planet nicht auseinanderbricht. Dieses Band kann nur gezogen werden, wenn es alle Menschen und alle Wesen einschließt. Sonst ist das Band nicht verknüpft. Es braucht dafür nur das unbedingte Vertrauen in die Einheit des Lebens, in die Einheit allen Seins.

Schlüssel 11

Suche in jedem Moment den göttlichen Mut und die göttliche Stärke.
Du erfährst dadurch immer umfassenderen Schutz
in der irdischen Materie.

12. Göttliches Spiel / Mystik

Der Tanz des Göttlichen ist wunderbar und perfekt!
Göttliches Sein spielt und tanzt in perfekter Harmonie.
Göttliches Bewusstsein kommt, wie es ihm beliebt.
Vedisch Lila – göttliches Spiel, göttlicher Schalk.
Göttliches Spiel überwindet Starrheit und Dogma.
Es offenbart sich fließend, passt sich an und ist flexibel.
Göttliches Spiel überlistet die List.

Seit Urbeginn der Menschheit führten die Religionen, Mystik und Spiritualität immer wieder zu Starrheit und Dogma. Die menschlichen Sprachen, die dem Wandel, dem Unverständnis und der Polarität unterworfen sind, brachten es mit sich, dass sich schwerwiegende Fehler in die Religionen einschleichen konnten. Zusätzlich fanden immer wieder Machtstreben, Habgier und unbewusste Ängste Zugang in die Religionen. Das daraus resultierende Ungleichgewicht führte in der Menschheitsgeschichte immer wieder zum Untergang von Kulturen und Völkern und sogar zu großen globalen Zerstörungen. In der Evolution der Menschheit waren die Irrtümer des Dogmas sehr zahlreich.

Das göttliche Bewusstsein griff immer wieder regulierend ein, um die Folgen dieser Irrtümer zu korrigieren. Viele direkte Korrekturen des Göttlichen sind den Menschen aus zahlreichen überlieferten Mythologien bekannt. Die letzte große Hilfestellung erfolgte durch das Erscheinen von Jesus Christus vor 2000 Jahren. Da wurde für die Menschen ein Samen des Lebens in die Evolution gelegt, der jetzt erst aufgehen kann, da die Menschen auch über dieses Mysterium einen Mantel des Dogmas legten. Die ursprüngliche Botschaft Jesu Christi der allumfassenden Liebe, der Einfachheit und der Vergebung wurde weltlichen Zielen unterstellt und deshalb falsch ausgelegt. Dieses verzerrte Dogma führte in den beiden letzten Jahrtausenden zu sehr schmerzhaften Verfehlungen der Menschen.

Auch die Definitionen des Göttlichen müssen immer wieder dem sich ständig wandelnden Lebensprinzip angepasst werden. Doch es kann nicht etwas aus einem ganzheitlichen Zusammenhang herausgenommen und als weltliches Gesetz in Stein gemeißelt werden. Dieser Stein wird zwangsläufig immer schwerer werden, bis die Menschen schließlich unter seiner Last zusammenbrechen.

Das Lebensprinzip ist flexibel und verzweigt sich ständig in vielfältige neue Formen des Seins. Ein unbiegsamer Baum wird beim nächsten Sturm brechen. Genauso ist es mit den Religionen, der Spiritualität und der Mystik, wenn sie nicht ständig mit dem universellen Lebensprinzip verbunden werden, sondern in der Vergänglichkeit der Dogmen hängen bleiben. In der Folge wird es verzerrte Wahrnehmungen von richtig und falsch geben. Die Menschenwelt wird fälschlicherweise in die „Guten" und die „Bösen" aufgeteilt. Dieses Denken ruft unweigerlich eine Reinigungswelle auf den Plan. Da es aber jetzt um die universelle Einheit geht, muss dieses menschliche Spiel aufhören. Die Menschen sollen Verbindungen schaffen, welche die Religionen, die Spiritualität und die Mystik ständig neu mit dem Lebensprinzip verbinden. Dann wird die Verbindung mit dem göttlichen Bewusstsein ewig sein und zu einer reinen immer währenden Inspirationsquelle werden.

Der mittlerweile großen physikalischen Schwerkraft der Dogmen können bestimmte Menschen nicht mehr widerstehen. Weil sie den Überblick verloren haben, fehlt ihnen die Unterscheidungskraft zwischen richtig und falsch. Auch kennen sie nicht mehr den Unterschied zwischen allumfassender Liebe und menschlicher Freiheit. Sie meinen, Gott will durch sie und ihre Handlungen seinen Zorn ausdrücken, da sie Gottesfurcht als große Tugend über viele Inkarnationen definiert haben. Jesus Christus sprach aber von Vergebung. Er sprach nicht von Strafe. Jesus Christus sagte: „Fürchtet euch nicht!" Er sprach nicht von Gottesfurcht. Begegnet solchen Menschen mit sehr viel Liebe und seid mit ihnen vorsichtig.

Die Dogmen in den Religionen werfen nun einen Schatten, der immer schwerer und schwerer wird. Um diese Schatten aufzulösen, soll das Energiefeld der Liebe jetzt global immer größer werden. Letztendlich werden das Licht und die Liebe stärker sein. Dieses Versprechen ist den Menschen in vielen überlieferten Mythologien immer wieder gegeben worden. In den nun kommenden Zeiten der Apokalypse wird dieses Versprechen bedingungslos eingelöst werden. Es geht jetzt ins Finale, in das gewaltige Ringen zwischen Licht und Finsternis. Die Kräfte des Lichts und der Finsternis prüfen bald die irdische Materie.

Weil Atlantis unterging, hat die bevorstehende Transformation noch eine zusätzliche Absicherung. Atlantis war der mit Abstand auf der höchsten geistigen Stufe entwickelte irdische Kontinent. Auf den anderen Kontinenten wurde diese Entwicklungsstufe bei weitem nicht erreicht. Das Leben im alten Atlantis fand über viele Jahrhunderte in einer großen Harmonie, in einem nahezu perfekten Sein statt. Die Hohepriester, die die ihnen anvertraute Gesellschaft liebevoll und weise im höchsten Bewusstsein führen sollten, es viele Jahre auch taten, waren aber irgendwann nur noch an unbegrenzter Macht interessiert. Sie wollten die Materie vollständig beherrschen. Sie schufen durch Verstärkung der Erdenhüter-Kristalle nicht zu unterschätzende schwarzmagische Entwürfe, um unbegrenzte Macht über die Materie zu erzeugen. Dieses Streben nach Macht war unzulässig. Die Menschen haben sich dem Göttlichen unterzuordnen und nicht umgekehrt. Deshalb mussten sich in Atlantis die Kräfte der Materie fast völlig umpolen. Und es kam der Zeitpunkt, wo die Kräfte des Lebens sich dem Leben direkt entgegenstellten. Ein ganzer Kontinent, fast so groß wie das heutige Australien, musste mitsamt allem Leben untergehen.

Die geistigen Führer von Atlantis erschraken zutiefst, als sie erkannten, was sie getan hatten. Durch das Greifen nach der absoluten Macht wurden sie und die ihnen anvertrauten Menschen in die absolute Machtlosigkeit hineingestoßen. Diese traumatische Erfahrung hatte sehr weitreichende Folgen. Der gesamte Kontinent versank mit allem Leben in einer gigantischen Zerstörungswelle der Elemente im Meer. Die betroffenen Seelen mussten anschließend wieder ganz von vorne anfangen. Die Bewusstseinsleiter musste erneut mühsam erklommen werden. Gezwungenermaßen mussten die Inkarnationen dieser Weisheitsführer in den nachfolgenden Jahrtausenden einiges erdulden. Trotzdem nahmen sie den Neuanfang freiwillig auf sich, da sie in den göttlichen Zwischenbereichen den gesamten perfekten Entwurf der Menschheit und des Planeten Erde sehen konnten. Deshalb begriffen sie auch den übergeordneten Entwurf des Lebens. Sie begannen zum Teil ihre Inkarnationen neu im Mineralreich und entwickelten sich mühsam über das Tierreich zum Menschen empor. Auch dort haben sie viel erduldet. Sie haben ihren geistigen Wiederaufstieg jetzt abgeschlossen und fangen an, sich auf dem gesamten Planeten zu positionieren. Sie sind nun geläutert und gereinigt.

Diese Seelen sollen gemeinsam mit anderen Menschen die Führerschaft im Neuen Zeitalter übernehmen. Doch jetzt soll diese Führerschaft mit einem klaren Bekenntnis zur universellen Einheit unverrückbar verknüpft sein. Persönliche Macht hat in diesem Entwurf nichts mehr zu suchen. Durch den umfassenden gemachten Lernschritt ist das höhere Bewusstsein dieser Seelen so tief verankert, dass von ihnen, wenn sie ihr höheres Sein erreicht haben, keine Gefahr mehr ausgehen wird. Der Lernschritt war zu tief, zu stark und ist nicht mehr rückgängig zu machen. Deshalb wird die nun kommende Einswerdung aller Menschen auf dem Planeten sehr klar von diesen Menschen mitbegründet werden. Von allen Ebenen des menschlichen Seins, aus den übergeordneten Reichen des Lichts, von erleuchteten Planeten des Universums und direkt aus den göttlichen Reichen bis hinauf zum Throne Gottes werden sich viele hoch entwickelte Seelen auf der Erde verkörpern, um der Menschheit bei diesem Kraftakt beizustehen.

Es werden in den jetzt kommenden Zeiten der Umwandlung keine ganzen Kontinente mehr untergehen. Trotzdem kann es bald gewaltige Zerstörungen geben. Die Zerstörungskräfte in den Elementen werden ihren Tribut fordern, wodurch sich die geistigen Kräfte entladen, die dem zugrunde liegen. Viel menschliches Bewusstsein wird sich in einer magnetischen Wechselbeziehung mit diesen Zerstörungen befinden und deshalb davon betroffen sein, auch wenn die tragischen Ereignisse für den äußerlichen Betrachter unwillkürlich, zufällig und ungerecht aussehen mögen.

Alle Seelen werden sich letztendlich wieder auf der Bewusstseinsebene verkörpern, auf der sie vorher standen. Nichts geht verloren, was nicht verloren gehen soll. Dieses besagt die göttliche Garantie, dass jeder Mensch, der sich für das Bewusstsein des Neuen Zeitalters entscheidet, auch geschützt sein wird. Jede Seele, die ins Bewusstsein des Neuen Zeitalters erwacht, wird ihren Platz im Neuen Zeitalter haben, auch wenn es während der Umbruchzeiten zunächst nicht so aussieht oder nicht so ist. Lasst euch nicht von den vielen Skeptikern durch oberflächliche Denküberlegungen verwirren. Die materielle Schöpfung erneuert sich ständig. Das Leben verkörpert sich immer wieder neu.

Darum lasst euch nicht entmutigen von dem, was bald kommen wird. Arbeitet vielmehr unermüdlich daran, das göttliche Bewusstsein in immer vielfältigeren Formen willkommen zu heißen, und vergesst auch alle verhängnisvollen Dogmen vergangener Tage. Die physikalischen Gesetzmäßigkeiten der nun kommenden globalen Zerstörung können noch beeinflusst werden. Das Bewusstsein des Lichts und der Liebe kann die Elemente besänftigen. Da, wo die Gesetzmäßigkeiten der universellen Einheit, der Liebe und des göttlichen Lichts vorherrschen, beruhigen sich die negativen Kräfte in den Elementen. Das Energiefeld muss aber stark genug sein. Die Liebe muss nur groß genug sein. Das Feld der Vergebung muss nur bestellt sein.

Macht euch jetzt an eure lichtvolle Arbeit. Zögert nicht mehr. Geht vertrauensvoll den Weg der Liebe und der Wahrheit. Geht vertrauensvoll den Weg der Vergebung. Fürchtet euch nicht! Alles wird bald gut sein. Die Menschheit wird nun bald endlich in der universellen Einheit sein. Der gesamte Planet wird bald in die universelle Einheit erhoben sein. Gott wird bald wieder direkt auf der Erde wandeln. Dieses ist den Menschen seit Urzeiten garantiert. Bis in alle Ewigkeiten! Niemand wird es aufhalten können.

Deshalb wird alles, was nun bald geschehen wird, letztendlich zum Wohle der gesamten Menschheit, zum Wohle der gesamten Schöpfung des Planeten Erde stattfinden. Darum fürchtet euch nicht, sondern sucht vielmehr Schutz unter dem Dach der Einfachheit, der allumfassenden Liebe, der universellen Wahrheit und der universellen Einheit. Dann werdet ihr auch umfassend geschützt sein.

Schlüssel 12

Lasse begrenzende Vorstellungen des Göttlichen los.
Versuche stattdessen durch die Verwirklichung
der allumfassenden Liebe für alle Lebewesen
das Göttliche in deinem Leben willkommen zu heißen.

Der Autor freut sich über konstruktive Zuschriften. Bei Interesse nach individuellen medialen Beratungen mit dem Autor (auch telefonisch möglich) können weitere Informationen angefordert/bzw. auf der Homepage angesehen werden.

Homepage: http://homepage.bluewin.ch/spiritualhealing/
E-mail: spiritualhealing@bluewin.ch

oder per Post:
spiritualhealing
Jürgen Majewski
Postfach 185
CH- 3065 Bolligen/ Schweiz

Leben aus dem Sein
Ein Buch über Babaji

von Radhe Shyam, Übersetzung aus dem Amerikanischen
368 Seiten
14 Fotos, 15 x 21 cm,
ISBN 3-926388-17-X   EURO 16,35

Ich bin Du - BABAJI
Botschaften des Meisters vom Himalaya
Maria Gabriele Wosien (Hrsg.)
118 Seiten, 11 Fotos
11,5 x 18,5 cm, ISBN 3-926388-2   EURO 8,60

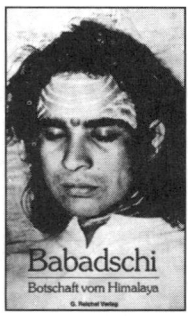

BABADSCHI
Botschaft vom Himalaya
von Maria-Gabriele Wosien,
mit zahlr. Abbildungen, erweitert um das
Kapitel „Der Weise Vasishta", 135 S.
11,5 x 18,5 cm,   ISBN 3-926388-00-5   EURO 10,10

BABAJI - Pforte zum Licht
Ein Erlebnisbericht
von Gertraud Reichel, 168 S., 9 Fotos
14,5 x 21 cm , ISBN 3-926388-12-9   EURO 10,10
Auch in Englisch und Japanisch erschienen

G. Reichel Verlag, Reifenberg 85, D-91365 Weilersbach, Tel. 09194-8900, Fax 09194-4262
Internet: www.reichel-verlag.de   E-Mail: info@reichel-verlag.de

Gespräche mit Tieren
Praktische Anleitungen

von Penelope Smith, aus dem Amerikanischen

200 Seiten, gebunden, 14,5 x 21 cm
ISBN 978-3-926388-69-8 € 18,50

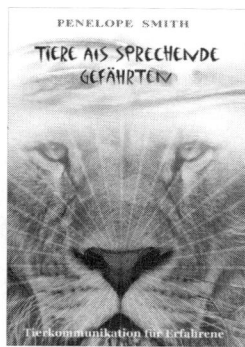

Tiere als sprechende Gefährten
Tierkommunikation für Erfahrene

von Penelope Smith, aus dem Amerikanischen

344 Seiten, gebunden
ISBN 978-3-926388-70 -4 € 18,50

Hörbuch auf CD

Gespräche mit Delfinen

von Penelope Smith
79 Minuten, ISBN 978-3-9808707-7-1 € 18,00

Tierisch gute Sprüche
mit 65 Farbfotos

von Heidegund Leithe und Katrin Weber
Constans-Verlag, 144 Seiten,
ISBN 978-3-9808707-0-2 € 12,50

G. Reichel Verlag, Reifenberg 85, D-91365 Weilersbach, Tel. 09194 - 8900, Fax – 4262
Internet: www.reichel-verlag.de E-Mail: info@reichel-verlag.de

Ich höre, was die Seelen sprechen

von Vicki Monroe, aus dem Amerikanischen
146 Seiten, geb., 14 x 20,5 cm
ISBN 978-3-926388-78-0 € 16,95

Heilbuch der Schamanen
mit Trommel CD
von Felix Paturi

272 Seiten, gebunden
ISBN 978-3-926388-72-8 € 29,90

HADO

Die Kraft der heilenden Schwingung
vonToyokoMatzusaki u. Natsumi Blackwell
135 Seiten, gebunden
ISBN 978-3-926388-75-9 € 14,00

Alles über Bach-Blütentheraphie
und Neue Therapien mit Bach-Blüten nach Dietmar Krämer

von Hagen Heimann
220 S., 14,5 x 21 cm
ISBN 978-3-926388-77-3 € 16,95

G. Reichel Verlag, Reifenberg 85, D-91365 Weilersbach, Tel. 09194 - 8900, Fax – 4262
Internet: www.reichel-verlag.de E-Mail: info@reichel-verlag.de